Friederike-Marianne Gawlik

Möglichkeiten der Raucherprävention bei Jugendlichen

Pilotstudie zu einem Raucherpräventionsprogramm der Universitätsklinik
Freiburg und dessen Auswirkungen auf das Verhalten von Schülern

Dankwort

Ich bedanke mich bei den vielen lieben Helfern, durch deren Unterstützung dieses Buch erst möglich geworden ist:
Dr. Stefanie Roos, Technische Universität Dortmund
Dr. med. Jens Leifert, Universitätsklinik Freiburg
Dr. med. Christian Stremmel, Universitätsklinik Freiburg
Frau Welk, Walter-Eucken-Gymnasium und Kaufmännische Schulen Freiburg
Den teilnehmenden Schülern des Walter-Eucken-Gymnasiums und der Kaufmännischen Schulen Freiburg
Meinen Eltern Sieglinde und Theodor Lutz
Gisela Gawlik, Louisa Mallig, Isabell Umierski, Daniel Göers, Nadine Bockbreder

Zudem bedanke ich mich besonders bei meinem lieben und geduldigen Ehemann Christoph Gawlik, der mich während meiner Arbeit stets unterstützt und ermutigt hat.

Friederike-Marianne Gawlik

Möglichkeiten der Raucherprävention bei Jugendlichen

Pilotstudie zu einem Raucherpräventionsprogramm
der Universitätsklinik Freiburg und dessen Auswirkungen
auf das Verhalten von Schülern

GESELLSCHAFTSWISSENSCHAFTEN

Friederike-Marianne Gawlik

Möglichkeiten der Raucherprävention bei Jugendlichen

1. Auflage 2009 | ISBN: 978-3-86815-175-6

© IGEL Verlag GmbH , 2009. Alle Rechte vorbehalten.

Die Deutsche Bibliothek verzeichnet diesen Titel in der Deutschen
Nationalbibliografie. Bibliografische Daten sind unter http://dnb.ddb.de verfügbar.

Inhaltsverzeichnis

Abbildungsverzeichnis	III
Tabellenverzeichnis	IV
Abkürzungsverzeichnis	IV
1. Einleitung	1
2. Jugendalter	3
2.1 Begriffsbestimmung	3
2.2 Die Entwicklungsaufgaben im Jugendalter	6
2.3 Schwierigkeiten in der Bewältigung von Entwicklungsaufgaben	9
2.4 Gesundheitsrelevantes Verhalten im Kontext von Entwicklungsanforderungen	12
2.4.1 Definition von Gesundheit	12
2.4.2 Gesundheitsrisiken und Risikoverhalten im Zusammenhang von Entwicklungsaufgaben	14
3. Zigarettenkonsum von Jugendlichen	17
3.1 Historischer Überblick	17
3.2 Diagnostik und Epidemiologie der Tabak- bzw. Nikotinabhängigkeit unter Jugendlichen in Deutschland	19
3.2.1 Definition und Diagnostik von Nikotinabhängigkeit	19
3.2.2 Epidemiologie	22
3.2.3 Datenquellen	23
3.2.3.1 Entwicklungstrends des Zigarettenkonsums von Jugendlichen	24
3.3 Einflussfaktoren auf den Zigarettenkonsum Jugendlicher	25
3.3.1 Soziodemographische Variablen	26
3.3.1.1 Altersspezifische Konsummuster	26
3.3.1.2 Geschlechtsspezifische Konsummuster	26
3.3.1.3 Schulformspezifische Konsummuster	28
3.3.2 Umgebungsbedingte und personale Faktoren	30
3.3.2.1 Modelle, Vorbilder und Konformitätsdruck	30
3.3.2.2 Einstellungen zum Rauchen	32
3.3.2.3 Selbstwertschätzung	34
3.3.2.4 Psychisches Befinden	35
3.3.3 Rauchen aus funktionaler Perspektive	36
3.4 Die Entwicklungsstufen zum Zigarettenraucher	38
3.4.1 Erklärungsmodelle bezüglich der Nikotinabhängigkeit	42
3.4.2 Ausstiegsmotivation und Aufhörversuche	46
3.5 Gesundheitliche Folgen des Zigarettenrauchens	48
3.5.1 Inhaltsstoffe und gesundheitliche Folgen des Zigarettenrauchs	48
3.5.2 Passivrauchen	52

4. Prävention   **56**
4.1 Allgemeine Grundlagen der Prävention   56
4.2 Allgemeine Methoden der Prävention   61
    4.2.1   Gesundheitsaufklärung   62
    4.2.2   Gesundheitsberatung   64
    4.2.3   Training als Methode zur Gesundheitsförderung und Prävention   65
    4.2.4   Systemorientierte Prävention   66
4.3 Tabakprävention   67
    4.3.1   Primäre Prävention des Zigarettenrauchens   68
    4.3.1.1   Ansatz zum sozialen Einfluss   68
    4.3.1.2   Ansatz zur generellen Kompetenzentwicklung   69
    4.3.1.3   Ansatz zur Veränderung von Einstellungen   71
    4.3.1.4   Beispiel für primärpräventive Maßnahmen   74
4.4 Das Raucherpräventionsprogramm der Universitätsklinik Freiburg und seine Zielsetzung   77
    4.4.1   Vorgehensweise   77
    4.4.2   Ablauf der Veranstaltung   78
    4.4.3   Zukunftsperspektive: 81
5. Empirie   **82**
5.1 Beschreibung der empirischen Untersuchung   82
5.2 Forschungsgegenstand   83
5.3 Auswahl der Forschungsmethode   85
5.4 Stichprobe des Fragebogenprojekts   87
5.5 Erstellung der Fragebögen   88
5.6 Konstruktion der Fragebögen   95
5.7 Durchführung des Fragebogenprojekts   106
6. Auswertung der empirischen Untersuchung   **108**
6.1 Zusammensetzung der Stichprobe   108
6.2 Rauchverhalten der Schüler   114
6.3 Bewertung der Präventionsveranstaltung   124
6.4 Einstellungen der Schüler bezüglich des Rauchens   131
7. Schlussbetrachtung und Ausblick   **146**
Literaturverzeichnis   **155**

Abbildungsverzeichnis

Abb. 1:   Ständige und gelegentliche Raucher von 1997 bis 2005   24
Abb. 2:   Nie-Raucher, Jugendliche 12 bis 19 Jahre   25
Abb. 3:   Raucher und Nichtraucher nach Schultyp   29
Abb. 4:   Fragen zu Person   96
Abb. 5:   Fragen zum Rauchverhalten, FB 2   98
Abb. 6:   Fragen zum Rauchverhalten, FB 3   99
Abb. 7:   Fragen zur Veranstaltung 2.1 bis 2.6, FB 2   100
Abb. 8:   Fragen zur Veranstaltung 2.7 bis 2.8, FB 2   101
Abb. 9:   Fragen zur persönlichen Einstellung gegenüber dem Rauchen
          3.1 bis 3.10   102
Abb. 10: Fragen zur persönlichen Einstellung gegenüber dem Rauchen,
          FB 1 und FB 2   103
Abb. 11: Fragen zur persönlichen Einstellung gegenüber dem Rauchen,
          FB 3   105
Abb. 12: Zusammensetzung der Stichprobe, Geschlecht   108
Abb. 13: Anteil Raucher/Nichtraucher   109
Abb. 14: Anteil Raucher/Nichtraucher nach Klassen   110
Abb. 15: Anteil weiblich/männlich der Raucher   111
Abb. 16: Kontrollfrage 2.1 aus FB 3   115
Abb. 17: Kontrollfrage 2.2 aus FB 3   115
Abb. 18: Frage nach dem Alter bei Rauchbeginn   117
Abb. 19: Rauchverhalten der Familienmitglieder   118
Abb. 20: Rauchverhalten der Freunde und Bekannten   119
Abb. 21: Frage zur Beeinflussung durch Freunde/Bekannte   120
Abb. 22: Gründe für das Nichtrauchen, Nichtraucher   121
Abb. 23: Gründe für das Nichtrauchen, Raucher   122
Abb. 24: Fragen zur Veranstaltung   124
Abb. 25: Abschreckende Wirkung der Veranstaltung   126
Abb. 26: Informationsgehalt der Veranstaltung   127
Abb. 27: Neue und wichtige Informationen der Veranstaltung   128
Abb. 28: Verbesserungsvorschläge bezüglich der Veranstaltung   130
Abb. 29: Einfluss auf das Rauchverhalten anderer   139
Abb. 30: Personen die versucht wurden vom Rauchen abzubringen   139
Abb. 31: Erfolgs bzw. Misserfolgs bei dem Versuch jemanden vom
          Rauchen abzubringen   140
Abb. 32: Veranstaltung als Auslöser, andere vom Rauchen abzubringen   141
Abb. 33: Meinung bezüglich Zigarettenwerbung   142
Abb. 34: Zukunftsperspektiven der Befragten bezüglich des Rauchens   144

Tabellenverzeichnis

Tab. 1: ständige/gelegentliche Raucher – weibl./männl.   27
Tab. 2: Geschlecht   109
Tab. 3: Anteil Raucher/Nichtraucher   110
Tab. 4: Anteil Raucher/Nichtraucher nach Klassen   112
Tab. 5: Einstellung der Probanden bezüglich des Rauchens   134

Abkürzungsverzeichnis

a. a. O.	am angeführten Ort
BZgA	Bundeszentrale für gesundheitliche Aufklärung
et al.	et alii (lat.: und andere)
FB	Fragebogen bzw. Fragebögen

1. Einleitung

In einem Aufsatz von W. R. Horn, welcher die Tabakprävention für Kinder und Jugendliche thematisiert, heißt es: „Wer raucht der stirbt, wer nicht raucht stirbt auch". [1]

Was verbindet aber nun diese Aussage mit dem Inhalt der vorliegenden Untersuchung? Diese und ähnliche Ausführungen zählen nach Auffassung der Autorin zu den meist genannten Äußerungen bzw. Rechtfertigungen von rauchenden Jugendlichen. Sie verdeutlichen einerseits ein vorhandenes Bewusstsein Jugendlicher über die Gefahren des Rauchens, andererseits den Unwillen bzw. die Unfähigkeit aus diesem Wissen Konsequenzen für das eigene Verhalten zu ziehen. Jugendliche begegnen dem Thema Rauchen häufig mit einer Verharmlosung der Risiken, was in dem Zitat von W. R. Horn ebenfalls zum Ausdruck kommt. Daher sollte verstärkt Kindern und Jugendlichen bewusst gemacht werden, dass Zigarettenrauchen die bedeutendste Einzelursache vermeidbarer Erkrankungen, frühzeitiger Alterserscheinungen und vorzeitigen Todes darstellt. Insbesondere, da die Raucherkarriere oft bereits im 5. bis 6. Schuljahr beginnt und ein früher Einstieg in das Rauchen den besten Einzelprädikator für die Beibehaltung des Rauchens darstellt. [2] Dass Zigarettenrauchen trotz seiner bekannten Risiken zu einer alltäglichen und selbstverständlichen Form des Konsums von Tabakwaren geworden ist, verdeutlicht noch einmal die Notwendigkeit, mit der durch präventive Maßnahmen diesem Trend entgegen gewirkt werden muss.

Das Ziel der vorliegenden Studie ist es, zu untersuchen, ob Präventionsveranstaltungen Auswirkungen auf das Rauchverhalten und die Einstellung zum Rauchen von Jugendlichen haben. Dies wird im konkreten Fall anhand einer Pilotstudie über die Präventionsveranstaltung der Universität Freiburg im Zeitraum August 2007 bis November 2007 genauer untersucht und dargestellt. Daraus resultiert die Unterteilung der vorliegenden Untersuchung in einen theoretischen und einen empirischen Teil.

---

[1] Horn, W.-R., 2001: Kinder und (Mit)Rauchen – können die Kinder- und Jugendärzte einen Beitrag zur Tabakprävention leisten; in: Haustein, K.- O. (Hrsg.): Rauchen und Kindliche Entwicklung – Raucherschäden und Primärprävention, Nürnberg: Verlag Perfusion, S. 139

[2] vgl. Wiborg, G., 2001: Primärprävention des Rauchens in Kindheit und Adoleszenz. Evaluation einer Kampagne zur Primärprävention des Rauchens an Schulen, in: Haustein, K.- O. (Hrsg.): a. a. O., S. 111

1

Der theoretische Teil befasst sich zunächst mit dem zu untersuchenden Personenkreis, dem Zigarettenkonsum dieser Personengruppe und den Grundlagen der Prävention in Bezug auf Jugendliche. Abschließend wird das Primär Präventive Konzept der Universitätsklinik Freiburg vorgestellt, dessen Auswirkungen auf das Rauchverhalten bzw. auf die Einstellung bezüglich des Rauchens es im empirischen Teil dieser Studie zu untersuchen gilt.

Diesem liegt eine regionale Befragung von Schülern eines Freiburger Gymnasiums zugrunde: Anhand dreier Fragebögen, die zu drei unterschiedlichen Untersuchungszeitpunkten an die Teilnehmer des Präventionsprogramms verteilt wurden, sind die sozialstatistischen Angaben der Zielgruppe und ihre Erfahrungen und Einstellungen gegenüber dem Rauchen und der Präventionsveranstaltung selbst erfasst worden.

2. Jugendalter

2.1 Begriffsbestimmung

Um das Jugendalter zeitlich erfassen zu können, muss es innerhalb der menschlichen Entwicklung abgegrenzt werden. Die Grenzen zwischen den unterschiedlichen Entwicklungsphasen sind jedoch nicht eindeutig identifizierbar. Zu Beginn des 19. Jahrhunderts vertrat G. Stanley Hall die Auffassung, dass das Jugendalter eine Lebensphase sei, die durch extreme Stimmungsschwankungen sowie durch ein unberechenbares, problematisches Verhalten gekennzeichnet sei: "Sturm und Drang"[3]. In der europäischen Entwicklungspsychologie wurden Pubertät und Adoleszenz zu Beginn des 20. Jahrhunderts als ein Lebensabschnitt beschrieben, in dem dramatische Veränderungen als „normative Krise" zum Zusammenbruch und der Reorganisation der Individuum– Umwelt– Beziehung führen[4]. Allerdings wird dieses Konzept einer aufwühlenden, mehrheitlich negativ erlebten Phase inzwischen als überholt angesehen.[5]

Aktuelle Ansätze beschreiben diesen Entwicklungsabschnitt nicht mehr als allgemeine Gefährdung, sondern als eine „Chance mit überwiegend positiven Optionen".[6] Wie Kracke[7] beschreibt, wird seit Mitte der 60er Jahre das Jugendalter als „ein Zusammenspiel biologischer, sozialer und psychischer Veränderungen" betrachtet. Durch die Geschlechtsreife, die sogenannte „Pubertät", kommt es zu einem plötzlichen „Ungleichgewicht in der körperlichen Entwicklung und psychischen Dynamik der Persönlichkeit." Dies wiederum führt dazu, dass es sowohl auf der psychologischen wie auch physiologischen und sozialen Ebene zu einer „Neuprogrammierung" kommen muss.[8] Eine Definition von Schlesky wird hier stellvertre-

---

[3] vgl. Zimbardo, P. G. & Gerrig, R. J., 1999: Psychologie, Berlin, Heidelberg: Springen, S. 493

[4] vgl. Ewert, O., 1983: Entwicklungspsychologie des Jugendalters, Stuttgart: Kohlhammer; Schenk-Danzinger, L., 1999: Entwicklung, Sozialisation, Erziehung: Schul- und Jugendalter, Stuttgart: Klett-Cotta

[5] vgl. Fend, H., 2000: Entwicklungspsychologie des Jugendalters, Wiesbaden: Verlag für Sozialwissenschaften

[6] vgl. Flammer, A. & Alsaker, F., 2002: Entwicklungspsychologie der Adoleszenz, Bern: Verlag Hans Huber

[7] vgl. Kracke, B., 1993: Pubertät und Problemverhalten bei Jungen, Weinheim: Psychologische Verlagsunion. S. 4

[8] Hurrelmann, K., 2004: Lebensphase Jugend, Weinheim, München: Juventa Verlag, S. 26

tend für viele ähnliche Formulierungen aus Psychologie und Jugendsoziologie erwähnt: „Jugend im soziologischen Sinne ist die Verhaltensphase des Menschen, in der er nicht mehr die Rolle des Kindes spielt [...] und in der er noch nicht die Rolle des Erwachsenen als vollgültigen Träger der sozialen Institutionen [...] übernommen hat".[9] Der Heranwachsende befindet sich demnach in einer Phase, in der er in manchen Situationen noch gänzlich Kind ist, in anderen wiederum Verhaltensweisen Erwachsener zeigt. Das Verschwinden der Differenz zum Erwachsenenalter zeigt sich jedoch immer stärker in verschiedenen Bereichen, wie z.B. im Sexualverhalten, der Mediennutzung und der Technikbeherrschung. Jugendliche weisen hier im Vergleich zu Erwachsenen oft die gleichen oder sogar mehr Kenntnisse auf.[10]

Nach Hurrelmann wird das Jugendalter als eine Zwischenstufe „zwischen dem abhängigen Kind und dem unabhängigen Erwachsenen" angesehen.[11] Grundsätzlich vertritt er jedoch die Auffassung, „dass eine altersmäßige Festlegung der Jugendphase nicht möglich und nicht sinnvoll" sei.[12] Da sich in den letzten 25 bis 30 Jahren die Ausbildungsdauer deutlich verlängert hat, und eine finanzielle Unabhängigkeit oft erst mit Mitte/Ende 20 erreicht wird, hat sich die Zeitspanne zwischen abhängigem Kind und unabhängigem Erwachsenen zunehmend vergrößert.[13] Der Trend zu höheren Abschlüssen sowie längeren Ausbildungszeiten hat sich in Deutschland seit 1990 noch einmal deutlich verstärkt. Diesem Entwicklungstrend nach gilt die Lebensphase Jugend nicht mehr als Übergang vom Kind zum Erwachsenen, sondern als eigenständiger Lebensabschnitt.[14]

---

[9] Schelsky, H., 1957. Die skeptische Generation. Düsseldorf, Köln: Eugen Diedrichs Verlag, S. 16

[10] vgl. Stange, H., 1995: Kindheit und Jugend zwischen Chancen und Risiken. Gesellschaftliche Voraussetzungen von Erziehung heute, in: Perspektiven für pädagogisches Handel, Nyssen, E. & Schön, B., S. 57ff

[11] Hurrelmann, K., 2004: a. a. O.; S. 36

[12] Ferchhoff, W., 1999: Jugend an der Wende vom 20. zum 21. Jahrhundert, Opladen: Leske & Budrich, S. 69

[13] vgl. Hurrelmann, K., 2004: a. a. O.; Baacke, D., 2004: Jugend und Jugendkulturen, Weinheim: Beltz; Stange, H., 1995: a. a. O.

[14] vgl. Hurrelmann, K., Albert, M., Quenzel, G. & Langness, A., 2006: Die Lebensphase Jugend im gesellschaftlichen und demographischen Wandel, in: Shell Deutschland Holding (Hrsg.), Jugend 2006. Eine pragmatische Generation unter Druck, Frankfurt am Main: Fischer Verlag

Eine Unterteilung der Jugendphase findet sich bei Schäfers,[15] der zwischen Adoleszenz und Postadoleszenz unterscheidet. Heranwachsende zwischen 12 und 18 Jahren zählen zu der ersten Gruppe, 18-25 Jährige bezeichnet er als Postadoleszenten. In der Phase der Postadoleszenz liegt eine weitgehende Autonomie bezüglich der kulturellen, politischen und freizeitbezogenen Gestaltung der Lebensführung vor, eine berufliche und somit finanzielle Unabhängigkeit steht jedoch noch aus.[16] Elemente des Jugend- und des Erwachsenenstatus werden auf diese Weise zusammengefügt.

Oerter und Dreher verwenden den Begriff „Adoleszenz" als Oberbegriff für das 10. bis 21. Lebensjahr. Weiter teilen sie die Adoleszenz in Unterphasen auf, wobei sie unter „Jugendalter" die Zeit vom 11. bis einschließlich 17. Lebensjahr verstehen.[17] Bei Kasten findet sich schließlich eine detaillierte Aufgliederung in Vorpubertät (12-14 Jahre), Pubertät (14-16 Jahre), frühe Adoleszenz (16-17 Jahre) und späte Adoleszenz (19-21 Jahre).[18] Der Begriff „Pubertät" soll sich dabei eher auf die erste Hälfte dieser Altersabschnitte und primär auf die körperlich-biologischen Veränderungsprozesse und deren Verarbeitung beziehen. Der Begriff „Adoleszenz" hingegen auf die zweite Hälfte und somit auf innerseelische Auseinandersetzungen mit dem Erwachsenwerden[19].

Das Jugendalter beschreibt aber nicht nur den Zustand des Zusammenwirkens körperlicher, sozialer und psychischer Veränderungen, sondern ist auch charakterisiert durch typische Entwicklungsaufgaben, auf die im nächsten Kapitel näher eingegangen wird. Was den Beginn und vor allem die Dauer der Pubertät betrifft, so sind diese stark abhängig von der physischen und psychischen Konstitution und der Fähigkeit zur Entwicklung der einzelnen Person.

---

[15] Schäfers, B., 2002: Soziologie des Jugendalters. Eine Einführung. Opladen: Leske & Budrich
[16] Vgl. Ferchhoff, W., 1999: a. a. O., S. 69
[17] Vgl. Oerter, R. & Dreher, E., 1995: Jugendalter, in: Entwicklungspsychologie. Ein Lehrbuch, (3. Aufl.), Oerter, R & Montada, L., Weinheim: Psychologie Verlags Union
[18] Vgl. Kasten, H., 1999: Pubertät und Adoleszenz. Wie Kinder heute Erwachsen werden., München, Basel: Ernst Reinhard Verlag
[19] vgl. Göppel, R., 2005: Das Jugendalter. Entwicklungsaufgaben, Entwicklungskrisen, Bewältigungsformen, Stuttgart: Kohlhammer, S. 5

Festzuhalten ist, dass die Lebensphase Jugend heute eine eigenständige Spanne durch folgende gesellschaftliche Entwicklungen im Lebenslauf darstellt und ihren ursprünglichen Übergangscharakter zu den vollwertigen Erwachsenenpositionen verloren hat.[20] Hierfür sind folgende Entwicklungen konstitutiv:

- Lebenslanges Lernen
- Selbstgestaltung des Lebens
- Verlängerte Ausbildungszeit
- Veränderte Familienstrukturen.[21]

In Bezug auf die Begriffsbestimmung sollte abschließend darauf aufmerksam gemacht werden, dass die drei Kernbegriffe „Jugend", „Pubertät" und „Adoleszenz" nach Auffassung von Fend wenig abgrenzbare oder einzuordnende Altersphasen darstellen, sondern auf unterschiedliche Forschungstraditionen und Betrachtungsperspektiven hinweisen: „Soziologen sprechen von der Jugend, Psychologen von der Adoleszenz, Biologen von der Pubertät"[22] und Erziehungswissenschaftler unterstreichen nach Auffassung von Göppel[23] ihren interdisziplinären Charakter, indem sie alle drei Begriffe verwenden.

2.2 Die Entwicklungsaufgaben im Jugendalter

Das Konzept der Entwicklungsaufgabe geht auf eine im Freud´schen Verständnis formulierten Kinder- und Jugendpsychologie der 30er Jahren zurück.[24] In den letzten Jahrzehnten hat sich jedoch ein Wandel im Verständnis des Entwicklungskonzeptes vollzogen.

Jugendliche stehen heute während der Übergangsphase zum Erwachsenenalter einer Reihe Anforderungen gegenüber, die sich auf das Lösen von „strukturell vorgegebenen Problemkonstellationen

---

[20] vgl. Hurrelmann, K., Albert, M., Quenzel, G. & Langness, A., 2006: a. a. O., S. 34

[21] vgl. Grob, A. & Jaschinski, U., 2003: Erwachsen werden, Weinheim: Beltz-Verlag, S. 13

[22] Fend, H., 2000: a. a. O., S. 22

[23] vgl. Göppel, R., 2005. a. a. O., S. 5

[24] vgl. Oerter, R., 1985: Lebensbewältigung im Jugendalter, Weinheim: Ed. Psychologie, VCH, S. 30

beziehen"[25] und von ihnen eigenständig bewältigt werden müssen, damit die weitere Persönlichkeits- und Identitätsbildung gewährleistet werden kann. Nach Franzkowiak ergeben sich Entwicklungsaufgaben aus dem Zusammenwirken „des organismischen Wandels mit soziokulturellen Ansprüchen an das Individuum"[26] und den damit verbundenen psychischen Veränderungen. Allgemeingültige Entwicklungsaufgaben können nach Meinung von Göppel für das Jugendalter nicht formuliert werden, da sie immer wieder auf ihr kulturelles Umfeld und die entsprechende Zeit hin angepasst und aktualisiert werden müssen.[27] Auch Oerter und Brandstädter verweisen darauf, dass Entwicklungsaufgaben nur die Bereiche und Zielstellungen markieren, die zu verschiedenen Lebensabschnitten die Entwicklung innerhalb einer bestimmten Gesellschaft regulieren.[28]

Havighurst galt lange Zeit als Orientierungslinie bei der Definition von Entwicklungsaufgaben. Mit seiner Einordnung der Entwicklungsphasen nach Entwicklungsaufgaben hat er versucht, typische Merkmale der verschiedenen Altersabschnitte darzulegen. Diesbezüglich spricht er von „sensiblen Perioden".[29] Oerter und Drehen haben das Modell Havighursts abgewandelt und stellen folgende Bereiche in den Mittelpunkt, die von Veränderungen im Jugendalter betroffen sind:[30]

- Peer[31]: Aufbau eines Freundeskreises beiderlei Geschlechts

- Körper: Veränderungen des Körpers und Annehmen des eigenen Aussehens

---

[25] Nordlohne, E., 1992: Die Kosten jugendlicher Problembewältigung- Alkohol, Zigaretten und Arzneimittelkonsum im Jugendalter, München: Juventa Verlag, S. 28

[26] Franzkowiak, P. Nach: Laaser, U., 1987: Prävention und Gesundheitserziehung, Berlin: Springer, S. 68

[27] vgl. Göppel, R., 2005: a. a. O., S. 73

[28] vgl. Oerter, R., 1985: a. a. O., S. 31

[29] vgl. Havighurst 1962/1972, nach: Olbrich, E. & Todt, E., 1984: Probleme des Jugendalters. Neuere Sichtweisen, Berlin, Heidelberg, New York, Tokyo: Springer Verlag

[30] vgl. Oerter,R. & Dreher, E., 2002: Das Jugendalter, in: Entwicklungspsychologie, Oerter, R. & Montada, L., Weinheim, Basel, Berlin: Beltz, S. 271

[31] „Peer" bezeichnet eine Gruppe Gleichaltriger und Gleichgesinnter. Vgl. Oerter, R., 1981: Entwicklung und Sozialisation, (2. Aufl. Von Bd. 3), Donauwörth: Auer

- Rolle: Aneignung geschlechtstypischen Verhaltens
- Beziehung: Aufnahme von engen Beziehungen zu Freund/in
- Ablösung vom Elternhaus, Entwicklung von Autonomie
- Beruf: Berufswahl treffen
- Partnerschaft/Familie: Entwicklung von Vorstellungen über eigene Familie/Partnerschaft
- Selbst: Entwicklung von Selbstbewusstsein
- Werte: Ausbildung eigener Wertvorstellungen
- Zukunft: Entwicklung von Zukunftsperspektiven

Eine weitere Entwicklungsaufgabe wird von Hoppe-Graff und Kim[32] ergänzend zu der Liste von Oerter und Dreher erwähnt. Sie plädieren für die Medienkompetenz als Entwicklungsaufgabe. Darunter verstehen sie die Entwicklung von Fähigkeiten und Fertigkeiten im Umgang mit Medien. Da in der heutigen Zeit in vielen Berufsfeldern verstärkt Wert auf kompetenten Umgang mit modernen Medien gelegt wird und selbst alltägliche Aktivitäten immer stärker an Medienkompetenz gebunden sind, sollte auch diese Entwicklungsaufgabe Beachtung finden.

Ein weiterer Vorschlag für eine fest formulierte Entwicklungsaufgabe, die bezüglich dieser Untersuchung eine wichtige Rolle spielt, ist der Vorschlag von Jessor: Auch eine Auseinandersetzung und das Erlernen eines „gesunden" Umgangs mit Alkohol, Tabak und anderen Drogen sieht er als Entwicklungsaufgabe Jugendlicher an. Am Beispiel Alkohol- und Tabakkonsum lässt sich diese Forderung veranschaulichen. Beide Substanzen werden heute bereits vor dem 9. Lebensjahr von einigen Kindern konsumiert.[33] Mit dem Erreichen und Durchlaufen der Pubertät steigt der Konsum meist schnell an. Wie eine Studie von Hurrelmann und Hesse[34] zeigt, werden Tabak und Alkohol nicht aus geschmacklichen Gründen, sondern überwiegend aus „Demonstrationsgründen" gegenüber Freunden, Gleichaltrigen oder älteren Jugendlichen konsumiert. Da der Konsum von

---

[32] Hoppe-Graff, S. & Kim, H.-O., 2002: Die Bedeutung der Medien für die Entwicklung von Kindern und Jugendlichen, in: Entwicklungspsychologie, Oerter, R.& Motada, L., Weinheim, Basle, Berlin: Beltz, S. 911

[33] vgl. Seiffge-Krenke, I., 1994: Gesundheitspsychologie des Jugendalters, Götingen: Hogref

[34] vgl. Hurrelmann, K. & Hesse, S., 1991: Drogenkonsum als problematische Form der Lebensbewältigung, in: Sucht, 37, S. 240-252

Tabak und Alkohol heute schon fast als „normal" bei Jugendlichen angesehen wird, ist es umso wichtiger, dass diese lernen, sich gedanklich und handelnd mit dem Konsum dieser Drogen auseinander zusetzen, um für sich einen Umgang zu finden, der es ihnen ermöglicht, die Balance zwischen Kontrollverlust und Selbstverantwortung zu erproben.[35] Womit wieder an die Forderung von Jessor (s.o.) angeschlossen werden kann.

Diese verschiedenen Bereiche der Entwicklungsaufgaben können sich gegenseitig beeinflussen. Oerter und Dreher sprechen in diesem Zusammenhang von Interdependenzen. Das heißt, dass je nach Ausrichtung des einen Bereichs (beispielsweise der der Wertvorstellungen) sich dieser auf weitere auswirken kann (z.B. auf den der Zukunftspläne). Nach Göppel[36] können die Entwicklungsaufgaben als mehr oder weniger parallel laufende Entwicklungsthemen des Jugendalters betrachtet werden, mit denen eine Auseinandersetzung im Jugendalter (siehe folgendes Kapitel 1.3) jedoch unumgänglich ansteht. Auch Nordlohen[37] sieht eine Auseinandersetzung bzw. Bewältigung dieser Entwicklungsaufgaben als Voraussetzung für die Entwicklung einer persönlichen und sozialen Identität und somit auch für eine „gesunde" Persönlichkeitsentwicklung und Ich-Identität an, die dafür verantwortlich ist, später ein eigenständiges und autonomes Leben als Erwachsener führen zu können. Schwierigkeiten, die sich jedoch bei der Bewältigung der Entwicklungsaufgaben ergeben können, werden im folgenden Abschnitt näher erläutert.

2.3 Schwierigkeiten in der Bewältigung von Entwicklungsaufgaben

Im Jugendalter beginnt das Individuum ein Bild von sich zu entwickeln. Dabei steht es zwischen den Entwicklungsabschnitten Kindheit und Erwachsenenalter, was für den Jugendlichen zu Problemen führen kann, da er sich in einer Phase des „Nicht-mehr-Kind-und-noch-nicht-Erwachsener-sein"[38] befindet. In dieser Phase sehen Jugendliche die Bewältigung der Entwicklungsaufgaben häufig

---

[35] vgl. Hurrelmann, K. & Bründel, H., 1997: Drogengebrauch Drogenmiss-
     brauch, Darmstadt: Wissenschaftliche Buchgesellschaft, S. 44
[36] Göppel, R., 2005: a. a. O.
[37] Nordlohne, E., 1992: a. a. O., S. 29
[38] Masche, 1999: Entwicklungspsychologische Überlegungen, in: DVJJ-
     Journal. S. 31

als große Herausforderung an. Es wird in dieser Lebensphase viel von ihnen abverlangt, den Willen und die Bereitschaft sich mit Problemen auseinander zu setzen, sowie das Vorhandensein von Problemlösekenntnissen. In der Fachliteratur finden sich dafür die Begriffe „Bewältigungsstrategien" oder auch „Coping-Strategien".[39] Aus den Anforderungsstrukturen im schulischen und familiären Bereich und dem Bereich der Peer-Groups ergeben sich Belastungen und Überbeanspruchungen, die sich schließlich auch in gesundheitlichen Beeinträchtigungen psychischer, physischer oder auch sozialer Art äußern können.[40] Diese Phase, die durch gesellschaftliche Institutionen und damit verbundenen Verhaltenserwartungen gegliedert ist, in z.b. „Schulbesuch und -abschluss, berufliche Ausbildung und Berufseintritt, Zwischenmenschliche/ gegengeschlechtliche" oder gleichgeschlechtliche Annäherung und Beziehungsbindung, kann als soziokulturelle Übergangsphase angesehen werden.[41] Am Ende dieses Lebensabschnitts, in dem eine außerfamiliäre Nachsozialisation in Gleichaltrigengruppen und Subkulturen erfolgt, sollten sich Jugendliche zu eigenständigen Gesellschaftsmitgliedern entwickelt haben.

Es ergeben sich jedoch immer wieder Probleme in der Lösung von Entwicklungsanforderungen; unter anderem aus der Folge der strukturellen und konjunkturellen ökonomischen Entwicklung durch die sich die „Verweildauer in Bildungseinrichtungen" verlängert hat. Daraus folgt, dass der Übergang in das Beschäftigungssystem und der damit verbundene Beginn des Erwachsenenstatus für viele Jugendliche heute schwerer und vor allem auch oft sehr spät zu erreichen ist.[42] Dieser problematische Übergang macht es Jugendlichen immer schwerer, Zukunftsperspektiven und ihre damit verbundene Identität aufzubauen.[43] Eng damit verbunden ist auch die Ablösung von der Herkunftsfamilie. Durch die immer länger werdenden Ausbildungszeiten findet diese erst sehr spät statt, das

---

[39] Eine nähere Erläuterung dieser Strategien kann in der vorliegenden Studie aufgrund der Notwendigkeit einer Beschränkung nicht erfolgen. Daher verweist die Autorin bei Interesse auf das Buch „Entwicklungspsychologie" von Flammer, A. & Alsaker, F., 2002

[40] vgl. Engel & Hurrelmann 1989; Fend.1990; Mansel & Hurrelmann 1991, Nach: Nordlohne, E., 1992: a. a. O.

[41] vgl. Franzkowiak, P., 1987: Risikoverhalten als Entwicklungsaufgabe, in: Prävention und Gesundheitserziehung, Laaser, U., Sassen, G., Murza, G. & Sabo, P. (Hrsg.), Berlin: Springer Verlag

[42] vgl. Stange 1995. a. a. O. S. 86

[43] vgl. Hurrelmann, K., Rosewitz, B. & Wolf, H., 1985: Lebensphase Jugend. Eine Sozialwissenschaftliche Einführung, Weinheim, München: Juventa

heißt, dass der Ablösungsprozess in verschiedenen Dimensionen (emotional, sozial vs. materiell) nicht parallelisiert ist, sondern zu unterschiedlichen Zeitpunkten erfolgt. Im persönlichen Freizeit- und Konsumbereich können Jugendliche heute schon sehr früh unabhängig werden, in materieller Hinsicht dauert es bis zur vollkommenen Ablösung jedoch häufig länger.[44]

Dadurch, dass Jugendlichen der Kindheitsstatus nicht mehr, und der Erwachsenenstatus noch nicht gewährt wird, sehen sie sich in verschiedenen gesellschaftlichen Teilbereichen (z.B. Schule, Familie, Peer-Group) mit ganz unterschiedlichen, unklaren und zum Teil widersprüchlichen Verhaltenserwartungen konfrontiert. Einerseits erwarten Lehrer und die Schule eigenverantwortliches und selbstständiges Handeln, während andererseits das Elternhaus sie oft weiterhin als Kind behandelt, das keine eigenständigen Entscheidungen treffen kann. Rechte und Pflichten sind somit oft stark situationsabhängig und erschweren Jugendlichen die Orientierung.

Diese häufig erlebte Diskrepanz zwischen selbstempfundener und selbstzugeschriebener Handlungskompetenz und der fremdzugeschriebenen Inkompetenz führen dazu, dass die Bedeutung der gleichaltrigen Bezugsgruppe stark zunimmt. Oerter und Dreher[45] heben hervor, dass die Peer-Group eine wichtige Funktion für die Jugendlichen hat, da sie die aktive und erprobende Auseinandersetzung unter Gleichgestellten ermöglicht und dadurch eine entscheidende Funktion für den Verlauf der Identitätsbildung einnimmt.

Diese unterschiedlichsten Verhaltenserwartungen können bei vielen Jugendlichen eine Statusunsicherheit hervorrufen, die sich in zeitweise tiefgreifenden Orientierungskrisen äußern können.[46]

Bestimmte Risikopraktiken, wie die Reizung, Gefährdung und Erschöpfung des Körpers, während dieser Orientierungskrisen sieht Franzkowiak als Versuche, sich Sinn und Zukunftsperspektiven über eine aktuell verfügbare Option anzueignen.[47]

---

[44] vgl. Hurrelmann, K., 1988: Sozialisation und Gesundheit. Somatische, psychische und soziale Risikofaktoren im Lebenslauf. Weinheim, München: Juventa

[45] Oerter, R. & Dreher, E., 2002: Das Jugendalter, in: Entwicklungspsychologie, Oerter, R. & Montada, L. (Hrsg.), Weinheim, Basel, Berlin: Beltz

[46] Nordlohne, E., 1992: a. a. O., S. 31

[47] Franzkowiak, P., 1987: a. a. O.

Insgesamt zeigt sich, dass dem Jugendalter viele Entwicklungsaufgaben und Erschwernisse unterliegen, was sich häufig in Form von gesundheitsgefährdenden Praktiken (wie z.B. Rauchen, Alkoholtrinken etc.) bei Jugendlichen äußert. Bevor sich im Kontext der Entwicklungsaufgaben auf das Gesundheitsverhalten von Jugendlichen bezogen wird, soll zunächst der Begriff Gesundheit definiert werden.

2.4 Gesundheitsrelevantes Verhalten im Kontext von Entwicklungsanforderungen

2.4.1 Definition von Gesundheit

Je nach Fokus und Standpunkt lässt sich eine große Vielfalt von Definitionen des Gesundheits- und Krankheitsbegriffs unterscheiden. Im Folgenden werden daher nur einige Definitionen exemplarisch vorgestellt und diskutiert.

Eine eher negative Begriffsbestimmung ist eine frühere Definition, die Gesundheit als das Fehlen und die Abwesenheit von Krankheiten charakterisiert.[48] Hier wird Gesundheit nicht als bewusst und eigenständig erlebbar dargestellt, sondern ausschließlich durch die Abwesenheit und das Fehlen für das Individuum relevant. Eine wichtige Definition in Abgrenzung zu einer rein medizinischen Sichtweise, ist die der World Health Organisation (WHO) aus dem Jahr 1974: Gesundheit ist ein „Zustand des vollkommenen geistigen, sozialen und körperlichen Wohlbefindens, und nicht nur das Fehlen von Krankheiten und Gebrechen."[49] Neben der rein körperlichen bzw. medizinischen Dimension, betont diese Definition auch die psychischen und sozialen Seiten des Wohlbefindens und stellt dadurch eine positive Begriffsbestimmung dar. Obwohl die WHO damit eine Verknüpfung des Wohlbefindens mit allen Dimensionen des täglichen Lebens herstellt, weist auch diese Definition Schwachstellen auf:[50] Zum einen ist nach Auffassung von Sassen

---

[48] Hartmann, F., Linzbach, J. Nissen, R. & Schaefer, H., 1959: Fischer Lexikon der Medizin, Frankfurt: Fischer Verlag

[49] Erben, R., Franzkowiak, P. & Wenzel, E., 1985: Die Ökologie des Körpers- Konzeptionelle Überlegungen zur Gesundheitsförderung, in: Die Ökologie des Körpers, Wenzel, E. (Hrsg.), Berlin: Suhrkamp Verlag, S. 13

[50] vgl. Bundeszentrale für gesundheitliche Aufklärung (BZgA) 2006: Leitbegriffe der Gesundheitsförderung, Schwabenheim an der Selz: Fachverlag Peter Sabo, S. 52

diese Definition statisch und betont einen Zustand, obwohl gerade die Dynamik von Gesundheit von großer Bedeutung ist. Gesundheit lässt sich seiner Meinung nach „nur aus der Prozesshaftigkeit des Lebens beschreiben."[51] Zum anderen wird der Geltungsbereich der Definition stark eingeschränkt, indem der Zustand als „vollkommenes Wohlbefinden" hervorgehoben wird. Liegen irreparable gesundheitliche Schäden vor, würde dies nicht als Gesundheit gelten, sondern nur in Annäherung als solche verstanden werden. Wobei hier nach Franzkowiak[52] anzumerken ist, dass ein Übersetzungsfehler vorliegt. Seiner Auffassung nach sollte das englische „complete" eher mit „umfassend" übersetzt werden. Des Weiteren wird auf die Schwierigkeiten in der vorliegenden Definition aufmerksam gemacht, die zum einen durch die Hervorhebung der subjektiven Aspekte von Gesundheit auftreten, zum anderen durch „mangelnde Operationalisierbarkeit der Definition".[53] Denn auch bei einer subjektiv als vollkommen empfundenen Gesundheit kann eine gravierende Gesundheitsgefährdung vorliegen (wie z.B. beim Rauchen).

Als weitere Grundlage dieses Kapitels wird die Gesundheitsdefinition von Hurrelmann angeführt, mit der die vorherige Problematik umgangen werden kann. Gesundheit ist seiner Auffassung nach ein „Zustand des objektiven und subjektiven Befindens einer Person, der gegeben ist, wenn diese Person sich in den psychischen und physischen und sozialen Bereichen ihrer Entwicklung im Einklang mit den eigenen Möglichkeiten und Zielvorstellungen und den jeweils gegebenen äußeren Lebensbedingungen befindet". Weiterhin definiert er Gesundheit als ein „aktuelles Ergebnis der jeweils aktiv betriebenen Herstellung und Erhaltung der sozialen, psychischen und körperlichen Aktionsfähigkeit eines Menschen im gesamten Lebenslauf."[54] Das Positive an dieser Definition ist, dass die persönlichen Möglichkeiten eines Menschen und dessen Handlungsfähigkeiten miteinbezogen werden und vor allem die Vermeidung des Anspruchs eines „vollkommenen Wohlbefindens" und die Rela-

---

[51] Sassen, G., 1987: Der Gesundheitsbegriff in der Gesundheitserziehung, in: Prävention und Gesundheitserziehung, Laaser, U., Sassen, G., Murza, G. & Sabo, P. (Hrsg.), Berlin, Heidelberg, New York, London, Paris, Tokyo: Springer-Verlag, S. 3

[52] vgl. Franzkowiak, P. & Hurrelmann, K., 2006: Gesundheit in: Leitbegriffe der Gesundheitsförderung, Bundeszentrale für Gesundheitliche Aufklärung, Schwabenheim a. d. Selz: Fachverlag Peter Sabo, S. 53

[53] Brandstädter, J., 1982: Prävention als psychologische Aufgabe, in: Psychologische Prävention, Brandstädter, J. & Eye, A., Bern: Verlag Hans Huber

[54] vgl. Hurrelmann, K., 1990: Familienstress, Schulstress, Freizeitstress, Weinheim, Basel: Beltz Verlag, S. 62

tivierung des subjektiven Wohlbefindens. Ein Individuum mit irreparablen gesundheitlichen Schäden, welches aber im Einklang mit seinen Fähigkeiten und Lebensbedingungen ist, gälte nach dieser Definition als gesund. Ferner wird durch die Relativierung des subjektiven Wohlbefindens das Problem gelöst, dass auch bei subjektiver Gesundheit Gefährdungen (z.B. durch das Rauchen) vorliegen können.

Im Folgenden sollen nun Aspekte der Entwicklungsaufgaben und Gesundheitsrisiken aufeinander bezogen werden, um ein Fundament für den weiteren Verlauf der Untersuchung zu schaffen.

2.4.2 Gesundheitsrisiken und Risikoverhalten im Zusammenhang von Entwicklungsaufgaben

Der Begriff „gesundheitliches Risikoverhalten" ist in den letzten 40 Jahren zu einer festen Redewendung im epidemiologischen und gesundheitserzieherischen Wortschatz geworden. Als Risikoverhalten werden Handlungen von Individuen oder Gruppen angesehen, die, je nach Dauer, Intensität und wechselseitiger Beeinflussung, zur Ausprägung sogenannter Risikofaktoren beitragen, wie z.B. auch das Zigarettenrauchen.[55] Besonders im Jugendalter scheint das „gesundheitsgefährdende" Risikoverhalten eng mit jenen Problemen verknüpft zu sein, die die Bewältigung von Anforderungen während der Übergangsphase zum Erwachsenenalter hervorruft. Von einem „gelungenen" Sozialisationsprozess im Jugendalter kann nur dann ausgegangen werden, wenn Jugendliche es schaffen, die Entwicklungsaufgaben zu bewältigen und damit die Anforderungen der Individuation und Integration miteinander zu verbinden.[56]

Bei der Mehrheit der Jugendlichen kann jedoch nicht von einem direkt gelungen Sozialisationsprozess ausgegangen werden. Häufiger zeigen sich gesundheitsgefährdende Verhaltensweisen, die nach Nordlohne[57] als ein Ausdruck der Bemühungen gesehen werden können, sich mit entsprechenden Anforderungen, Belastungen, Orientierungskrisen oder Verhaltensunsicherheiten auseinander zusetzen und diese zu bewältigen. Wie verschiedene Forschungser-

[55] vgl. Franzkowiak, P, 1986: Kleine Freuden, Kleine Fluchten, in: Die Ökologie des Körpers, Wenzel, E. (Hrsg.),Frankfurt am Main: Suhrkamp, S. 124
[56] vgl. Hurrelmann, K., 1984, 1995: nach: Hurrelmann, K., 2004: Lebensphase Jugend, Weinheim, München: Juventa Verlag, S. 157
[57] vgl. Nordlohne, E., 1992: a. a.O.

gebnisse belegen können, zeigt sich, dass für viele Jugendliche besonders der legale Drogengebrauch (Tabak-, Alkohol-, Arzneimittelkonsum) zur Befriedigung vielfältiger Bedürfnisse dienen kann.[58] Jugendliches Problemverhalten weist eine ganze Spannbreite von psychosozialen Funktionen auf, die sich im Einzelfall überschneiden und auch ergänzen können,[59] im Folgenden werden, von Jessor[60] zusammengefasst, einige erwähnt. Gesundheitsgefährdendes Verhalten Jugendlicher kann folgende Funktionen erfüllen:

- die bewusste Verletzung elterlicher wie auch gesellschaftlicher Wertvorstellungen signalisieren, insbesondere dann, wenn z.B. Zigaretten zu einem verfrühten Zeitpunkt konsumiert werden,

- der demonstrativen Vorwegnahme des Erwachsenenverhaltens dienen,

- als Mittel des Auslebens individueller Freiheit eingesetzt werden,

- als jugendtypischer Ausdruck des Mangels an Selbstkontrolle eingesetzt sein,

- als einsetzbares Instrument zur Aufnahme und Eingliederung in Peer-Groups dienlich sein,

- die Teilhabe an subkulturellen Lebensstilen symbolisieren,

- dem Versuch dienen, sich auf einfach Weise Entspannung durch Genuss und Verdrängung von Langeweile zu verschaffen,

- als Entlastungs-, Kompensations- oder Ersatzhandlung auf heftige psychische und soziale Entwicklungsstörungen sowie psychosozialer Belastung in Erscheinung treten.

Festzuhalten bleibt, dass gesundheitsgefährdendes Verhalten wie z.B. Rauchen und Alkoholkonsum eng mit der Entwicklung von Ju-

---

[58] vgl. Engel, U. & Hurrelmann, K., 1998: Was Jugendliche wagen- Eine Längsschnittstudie über Drogenkonsum, Stressreaktion und Delinquenz im Jugendalter, München: Juventa Verlag

[59] vgl. Franzkowiak, 1985; Hurrelmann & Vogt, 1985; Jessor, 1984; Silbereisen & Kastner, 1985, nach: Nordlohne, E., 1992: a. a. O., S. 34

[60] vgl. Jessor, R., 1984: Adolescent development and behavioral health, in: Behavioral health: A handbook of health enhancement and disease prevention, Matarazzo, J.D,. Weiss, S. M., Herd, J.A., Miller N.E. & Weiss S. M. (Eds.), New York: Wiley, S. 78 f.

gendlichen zusammenhängt und als Ersatzhandlung und Kompensationsversuch eine entscheidende Rolle spielen kann, gerade bei ökonomischen, ökologischen und kulturellen Belastungen. Insbesondere von Jugendlichen wird der Genussmittelkonsum (von Tabak und Alkohol) für eine momentbezogene Bewältigung bzw. Betäubung von erlebten Belastungen, zwischenmenschlichen Problemen, oder „nur" aus Langeweile in Anspruch genommen. Aber auch zur subjektiven Entlastung von bedrohten Selbstwertgefühlen greifen Jugendliche immer häufiger zu gesundheitsgefährdenden Verhaltensweisen.[61] Nach Auffassung von Nordlohne[62] dienen demnach Risikoverhaltensweisen Jugendlichen häufig zur Befriedigung vielfältiger alterstypischer und entwicklungsbezogener Bedürfnisse.

Das Problem liegt allerdings nicht ausschließlich in den Belastungen, denen Jugendliche ausgesetzt sind, sondern in der Art und Weise ihrer Bewältigung. Wie Jugendliche damit umgehen, hängt aber selbstverständlich von ihren individuellen Fähigkeiten und den sozialen Ressourcen, die ihnen angeboten werden, ab. Im folgenden Kapitel wird speziell der Zigarettenkonsum Jugendlicher ausführlicher betrachtet.

---

[61]   vgl. Franzkowiak, P 1987: a a. O., S. 76
[62]   vgl. Nordlohne, E., 1992: a. a. O., S. 32

16

3. Zigarettenkonsum von Jugendlichen

3.1 Historischer Überblick

Die Tabakpflanze (Nicotana tabacum L., benannt nach Jean Nicot, der die Tabakpflanze als Heilpflanze in Frankreich einführte) wurde bereits 1492, als Christoph Columbus in Kuba an Land ging, in Amerika von Indianern zu kultischen Zwecken konsumiert.[63] Tabak wurde unter anderem mittels eines ypsilonförmigen Rohres in beide Nasenlöcher inhaliert und galt bereits bei den Azteken und Tolteken als heiliges Kraut mit halluzinatorischer und betäubender Wirkung, das jedoch auch zu einem tödlichen Kollaps führen konnte.[64] Zu Beginn des 18. Jahrhunderts wurde die Tabakpflanze, nachdem Portugiesen und Spanier ihren Gebrauch in Amerika kennen gelernt hatten, nach Europa importiert.[65] Tabakblätter, -rauch und -brühe wurden in Europa nicht nur als Genussmittel oder Zierpflanze hoch geschätzt, sondern auch als Heilmittel zur Behandlung gegen Würmer, Krätze, Kopfschmerzen, Hühneraugen, gegen Schwellungen des Zahnfleisches, Kurzatmigkeit, Husten, Wassersucht und der Pest eingesetzt.[66]

Vom 17.-19. Jahrhundert rauchte man hauptsächlich Pfeife. Schon damals wurde der Tabakkonsum mit Ruhe, Entspannung und Besinnlichkeit gleichgesetzt, von dem man sich eine erhöhte Konzentrationsfähigkeit und Schärfung der Gedanken versprach.

Zu Beginn des 19. Jahrhunderts kam die Zigarre hinzu und erst Mitte des Jahrhunderts wurde die Zigarette dominierend.[67] Die Zigarette stand schon damals als Symbol für Erfolg und Genuss und hielt dadurch Einzug in immer mehr Gesellschaftsschichten. Ende des 19. Jahrhunderts wurde das Rauchen in zahlreichen Ländern mit hohen Zöllen belegt und durch Gesetze verboten, Verstöße wurden mit Strafen geahndet.[68] „Da das Rauchen immer gewissen

---

[63] vgl. Barta, A. & Buchkremer, C., 1999: Nikotin, in: Lehrbuch der Suchterkrankungen, Gastpar, M., Mann, K. & Rommelspacher, H., Stuttgart, New York: Georg Thieme Verlag S. 208; Kölli, T., 2004: Von der Zierpflanze zur Jugenddroge, in: pro Jugend 2/2004, S. 4

[64] Beckmann, H. & Mechnich, S., 2001: Kinder vor dem Rauchen schützen, Frankfurt am Main: Fischer, S. 21

[65] vgl. Hurrelmann, K. & Bründel, H., 1997: a. a. O.

[66] vgl. Beckmann, H. & Mechnich, S., 2001: a. a. O.,S.21

[67] vgl. Franzkowiak, P., 1986: a. a. O., S. 140

[68] vgl. Haustein, K.-O., 2001: Tabakabhängigkeit, Köln: Deutscher Ärzte Verlag, S. 29

Begrenzungen unterlag, war es seit dem 19. Jahrhundert mit politischen Freiheitsbewegungen verbunden."[69] Im Jahr der Französischen Revolution 1848 wurde das Rauchverbot aufgehoben und die Zigarette trat ihren Siegeszug an. Durch diese Zeit geprägt, „umweht das Rauchen bis heute das Image von Protest und Auflehnung gegen Autoritäten."[70] Dass dieses Bild der Zigarette eine gewisse Rolle bei der Entstehung bzw. Aufrechterhaltung von Rauchgewohnheiten unter Jugendlichen spielt, wurde bereits in Kapitel 1.4.2 anhand eines Beleges von Jessor dargestellt, der dem Rauchen die Funktion der „[...] Verletzung elterlicher und gesellschaftlicher Wertvorstellungen [...]" zuschreibt, worin man eine Form des Protests- und des Auflehnungsverhaltens gegenüber Autoritätspersonen sehen kann.

Obwohl das Wissen um die Schädlichkeit des Rauchens für die Gesundheit im Laufe dieses Jahrhunderts immer umfangreicher wurde, ist Tabak noch immer ein gesellschaftlich akzeptiertes „Genussmittel, das zu der weitverbreitetsten Suchtform der westlich modernen Kulturen zählt."[71]

Durch besonders einfallsreiche und auffällig gestaltete Werbung werden vor allem seit dem 19. Jahrhundert verstärkt Kinder und Jugendliche als Zielgruppe angesprochen. Aus diesem Grund haben sich in der 2. Hälfte des 19. Jahrhunderts Anti-Tabak-Vereinigungen gegründet, was jedoch die Tabakindustrie nicht davon abhält, weiter für Zigaretten unter den Jugendlichen zu werben.[72] Die Tabakindustrie hat natürlich ein besonderes Interesse, Kinder und Jugendliche möglichst früh anzusprechen, um die entstehenden Verluste, die durch Raucher, die ihren Konsum beenden oder an den Folgen des Rauchens streben, auszugleichen. Seit dem 18. Juni 1974 dürfen in Deutschland Zigaretten nicht mehr im Hörfunk und Fernsehen beworben werden und 2005 kam es schließlich zur Durchsetzung des europaweiten Tabakwerbeverbots, das alle Formen der Rundfunkwerbung und Werbung in den Printmedien einschließt. Weiter sind Aktivitäten oder Sponsoring von Veranstal-

---

[69] Kölli, T., 2004: a. a. O., S. 4

[70] Beckmann, H. & Mechnich, S., 2001: a. a. O., S. 21

[71] Meister, R., 1987: Rauchgewohnheiten und Prävalenz broncho-pulmonaler Symptome in der Bevölkerung der Bundesrepublik, in Rauchen und Atemwege. Prävention und therapeutische Aspekte, Geisler, S. (Hrsg.), München: Verlag für angewandte Wissenschaften, S. 19; Hurrelmann, K. & Bründel, H., 1997: a. a. O.; Franzkowiak, P., 1986: a. a. O., S. 140

[72] vgl. Haustein, K.-O., 2001: a. a. O., S. 32

tungen verboten.[73] Wie eine Studie der Weltbank zeigt, kann ein umfassendes Werbeverbot den Tabakkonsum in der Bevölkerung deutlich senken.

Ein weiterer großer und wichtiger Schritt in Richtung „Rauchfreier-Gesellschaft" wäre das „Nichtraucherschutz-Gesetz" in Deutschland. Seit 1990 sind jedoch alle Vorschläge dafür gescheitert, seit Dezember 2006 sind nun die einzelnen Länder dazu aufgerufen, den Nichtraucherschutz in Restaurants, Schulen, Krankenhäusern und öffentlichen Einrichtungen selbst durchzusetzen. Die momentane Haltung der einzelnen Bundesländer zum Thema Rauchverbot liegt noch weit auseinander. Immer mehr sieht es nach unterschiedlichen Regelungen aus. Baden-Württemberg hat am 01.08.2007 umfassende Nichtraucherschutzgesetze umgesetzt. Zurzeit darf in Schulen, Kindergärten, Jugendheimen, Krankenhäusern und Pflegeeinrichtungen nicht geraucht werden. In Gaststätten müssen Raucher künftig in abgetrennte Zimmer gehen. Ausnahme sind Fest- und Bierzelte: Dort ist Rauchen weiterhin gestattet. Es wäre wünschenswert, wenn sich weitere Bundesländer anschließen, da es gilt, die Nichtraucher zu schützen und Strukturen zu schaffen, die rauchenden Jugendlichen den Ausstieg sinnvoll erscheinen lassen und womöglich erleichtern bzw. sie erst gar nicht in Versuchungen bringt, mit dem Rauchen zu beginnen.

3.2 Diagnostik und Epidemiologie der Tabak- bzw. Nikotinabhängigkeit unter Jugendlichen in Deutschland

3.2.1 Definition und Diagnostik von Nikotinabhängigkeit

Die Abhängigkeit von Nikotin ist als „Psychische- und Verhaltensstörung durch psychotrope Substanzen" in der International classification of disease in ihrer zehnten Fassung (ICD-10) der Weltgesundheitsorganisation (WHO) klassifiziert und wird dort als Tabakabhängigkeit bezeichnet.[74] Im Diagnostischen und Statistischen Manual der American Psychiatric Association (DSM-IV) wird das Syndrom als „Nikotinabhängigkeit" bezeichnet. Während dem ICD-

---

73 Sührig, C., 2007: Rauchfreie Zone Deutschland. Nichtraucherschutz politisch nicht gewollt? in: Politik betrifft uns 1/2007, S. 2

74 Deutsches Institut für Medizinische Dokumentation und Information, 2006: ICD-10-GM 2006 Systematisches Verzeichnis. Internationale statistische Klassifikation der Krankheiten und verwandter Gesundheitsprobleme, Köln: Deutscher Ärzte-Verlag, S 167

10 eine eher medizinische Ausrichtung zugrunde liegt, handelt es sich beim DSM-IV um ein eher psychologisch orientiertes Manual zur Klassifikation psychischer Störungen:[75] „Abhängigkeit wird im Sinne des Abhängigkeitssyndroms (ICD-10) bzw. der Substanzabhängigkeit (DSM-IV) in beiden Klassifikationssystemen praktisch identisch verwand."[76]

Die Begriffe Nikotin- bzw. Tabakabhängigkeit finden sich in der verwendeten Literatur oft gemeinsam. Die Autorin macht darauf aufmerksam, dass zwischen den beiden Begriffen unterschieden werden sollte, da Nikotin als Inhaltsstoff des Tabaks für die entstehende Abhängigkeit verantwortlich ist. Dementsprechend müsste ihrer Auffassung nach korrekterweise der Begriff Nikotinabhängigkeit durchgängig verwendet werden.

In der ICD-10 hat die WHO für das Abhängigkeitssyndrom sechs Diagnosekriterien festgelegt, die sich auch zum größten Teil mit den Kriterien des DSM-IV für eine Substanzabhängigkeit decken.

Eine Tabakabhängigkeit liegt nach Angaben der ICD-10 dann vor, wenn mindestens drei der sechs Kriterien für eine Störung durch psychotrope Substanzen innerhalb eines Jahres erfüllt sind:[77]

1. ein anhaltender Wunsch oder eine Art Zwang zu rauchen,

2. eine verminderte Kontrollfähigkeit bezüglich des Beginns, der Beendigung und der Menge des Konsums,

3. das Auftreten von körperlichen Entzugssymptomen bei Tabakabstinenz oder Reduktion der täglich konsumierten Zigaretten oder fortgesetztes Rauchen, um das Auftreten von Entzugssymptomen zu vermeiden,

4. eine Toleranz gegenüber den physiologischen Auswirkungen des Rauchens, wobei im Laufe der Entwicklung zum Raucher eine Erhöhung der Zahl der täglich gerauchten Zigaretten stattgefunden hat,

5. eine fortschreitende Vernachlässigung anderer Tätigkeiten zugunsten des Rauchens.

---

[75] vgl. Grob, A. & Jaschinski, U., 2003: a. a. O., S. 151
[76] Schmidt, B., 1999: Diagnostik der Abhängigkeitserkrankungen, in: Lehrbuch der Suchterkrankungen, Gastpar, M., Mann, K. & Rommelspacher, H., a. a. O., S. 71
[77] Deutsches Institut für Medizinische Dokumentation und Information, 2006: Kap. F17.2x, a. a. O.

Die Nikotinabhängigkeit kann durch alle Formen von Tabak entstehen; nicht alle allgemeinen Abhängigkeitskriterien der „Psychischen und Verhaltensstörungen durch psychotrope Substanzen" sind jedoch auch auf Nikotin beziehbar. Nach Schmidt sind typische Kriterien für die Nikotinabhängigkeit: das Rauchen kurz nach dem Aufwachen, stärkeres Rauchen am Vor- als am Nachmittag, die erste Zigarette am Morgen, auf die am schwersten verzichtet werden kann, Schwierigkeiten, sich des Rauchens zu enthalten und Rauchen bei Krankheit.[78]

Um den Grad der Abhängigkeit einzuschätzen, bewährt es sich in der Praxis nach Aussage von Batra & Buchkremer, die Anamnese auf folgende Faktoren zu konzentrieren. Die Abhängigkeit kann als schwer bzw. massiv beurteilt werden, wenn folgende Faktoren auftreten: frühmorgendliches Rauchen, mehr als 10 konsumierte Zigaretten täglich und mehrfache Abstinenzversuche in der Vergangenheit.[79]

Eine andere Form, um den Grad der Abhängigkeit festzustellen, ist der Fagerström-Test for Nicotine Dependence (FTND). In diesem Test werden sowohl die Zahl der Zigaretten als auch das Rauchmuster in sechs Fragen erfasst und zwischen fünf Formen (sehr geringe, geringe, mittelschwere, schwere, sehr schwere Form) der Abhängigkeit eingeordnet. Der FTND-Wert hat sich als wichtig bei der Einschätzung der zu erwartenden Entzugssymptome, der Rückfallwahrscheinlichkeit und der Notwendigkeit und Dosierung von Nikotinersatztherapie gezeigt.[80]

Verschiedene Untersuchungen von Di-Franza und Kollegen zeigen, dass etwa ein Viertel der Jugendlichen im Alter von 12 bis 13 Jahren innerhalb der ersten vier Wochen, nachdem sie ihre ersten gelegentlichen Raucherfahrungen sammeln, anfängliche Abhängig-

---

[78] Schmidt, B., 1999: a. a. O.,S.80

[79] vgl. Barta, A. und Buchkremer, G., 1999: Nikotin, in: Lehrbuch der Suchterkrankungen, Gastpar, M., Mann, K. & Rommelspacher, H., a. a. O., S. 208ff

[80] vgl. Meyer, C., Ulbricht, S., Schumann, A., Hannöver, W., Rumpf, H.-J., Bischof, G., Hapke, U., Thonack, j., Möllmann, R. & John, U., 2003: Ein Leitfaden zur motivierenden Kurzberatung von Rauchern in der häuslichen Praxis, in: Alkohol und Nikotin: Frühintervention, Akutbehandlung und politische Maßnahmen, Rumpf, H.-J. & Hüllinghorst, R., Freiburg i.Br.; Lambertus Verlag, S. 220f

keitssymptome aufweisen.[81] Nicht alle Kinder und Jugendlichen, die zu rauchen beginnen, werden jedoch nach Auffassung von Aßhauer & Hanewinkel später auch nikotinabhängig, aber je früher sie damit anfangen, desto größer ist die Wahrscheinlichkeit einer massiven und schneller als bisher angenommenen Suchtentwicklung.[82]

Die Klassifikationskriterien für eine Tabakabhängigkeit machen jedoch deutlich, dass Tabakkonsum und Nikotinabhängigkeit in vielen verschiedenen Ausmaßen und Dimensionen auftreten und nicht nach eindeutigen klaren Kriterien definiert werden können.

3.2.2 Epidemiologie

Untersuchungen zum Zigarettenkonsum von Jugendlichen können in Studien mit repräsentativen Stichproben (BZgA, Herbst et al., 1996; Jugendwerk der Deutschen Shell, 2006) sowie in Studien mit selektiven Stichproben (Berger et al., 1995; Fischer & Petermann, 1998; Nordlohne, 1992; Hüttner et al., 1996, 1997) vorgenommen werden.[83] Ein Bezug der Ergebnisse aufeinander oder ein Vergleich der Studien ist nur eingeschränkt möglich, da die in die Untersuchung einbezogenen Altersgruppen in der Regel nicht miteinander vergleichbar sind. Die Altersspanne der Jugendlichen, die als Repräsentanten einiger Studien herangezogen werden, liegt zwischen 10 und 25 Jahren. Die Studien mit selektiven Stichproben untersuchen verstärkt die jüngeren Personen, die bei den repräsentativen Studien eher eine „nebengeordnete Bedeutung haben".[84] Auch eine Zuordnung der Altersbereiche über die Schuljahrgänge ist in manchen Studien vorzufinden.

Aber nicht nur die unterschiedlichen Alterspannen, auch unterschiedliche Bezugszeiträume erschweren einen Vergleich der Be-

---

[81] vgl. Di-Franza, J.R., 2002: development of symptoms of tabacco dependence in youth: 30 month follow up data from the DANDY study. Tobacco Control. 11. S. 228-235

[82] vgl. Aßhauer, M. & Hanewinkel, R., 2000: Prävention des Rauchens durch die Förderung von Lebenskompetenzen, in: Jugendliche und Alltagsdrogen, Leppin, A., Hurrelmann, K. & Petermann, H., Berlin: Hermann Luchterhand Verlag, S. 116

[83] Barth, J., 2000: Tabakprävention durch Angst, Münster, New York, München, Berlin: Waxmann

[84] Barth, J., 2000: a. a. O., S. 20

funde. Neben dem aktuellen Rauchverhalten (Punktprävalenz) wird häufig auch der Konsum über die gesamte Lebenszeit (Lebenszeitprävalenz) erfragt. Die dargestellten Unterschiede machen es somit nahezu unmöglich, aussagekräftige Vergleiche hinsichtlich des Konsums zwischen mehreren Studien durchzuführen.

In der nachfolgenden Betrachtung der Epidemiologie des Zigarettenkonsums unter Jugendlichen erfolgt primär die Darstellung der Punktprävalenz des Tabakkonsums.

3.2.3 Datenquellen

Ziel des folgenden Abschnitts ist nicht die vollständige Wiedergabe der epidemiologischen Daten zum Tabakkonsum unter Jugendlichen aller einschlägigen Publikationen, sondern es wird auf einige ausgesuchte Datenquellen zurückgegriffen, da verschiedene Studien ähnliche Ergebnismuster widerspiegeln, aber im Detail nicht vergleichbar sind, wie in Abschnitt 2.2.2 bereits erläutert wurde. Nachfolgend werden Ergebnisse von Querschnittuntersuchungen der Bundeszentrale für gesundheitliche Aufklärung (BZgA)[85] zum Konsum von Tabakwaren dargestellt, welche anhand großer Stichproben seit dem Jahr 1973 in regelmäßigen Abständen durchgeführt werden.

In den letzten Jahren kamen zwei weitere Repräsentativerhebungen hinzu, die 2003 und 2005 im Zusammenhang mit der Jugendkampagne „rauchfrei", bei 12- bis 19-Jährigen durchgeführt wurden.[86] So stehen für die letzten Jahre besonders dichte Zeitverlaufsdaten der BZgA zur Verfügung, mit denen sich die Entwicklung jugendlichen Rauchens zuverlässig untersuchen lässt.

---

[85] BZgA, 2004: Drogenaffinitätsstudie, Teilband Rauchen
[86] BZgA, 2005c: Neue Ergebnisse zur Entwicklung des Rauchverhaltens Zugriff am 12.August 2007 unter: http://www.suchtpraevention-bundeswehr.de/suchtberichte/NeueErgebnisseRaucheJugendliche.pdf

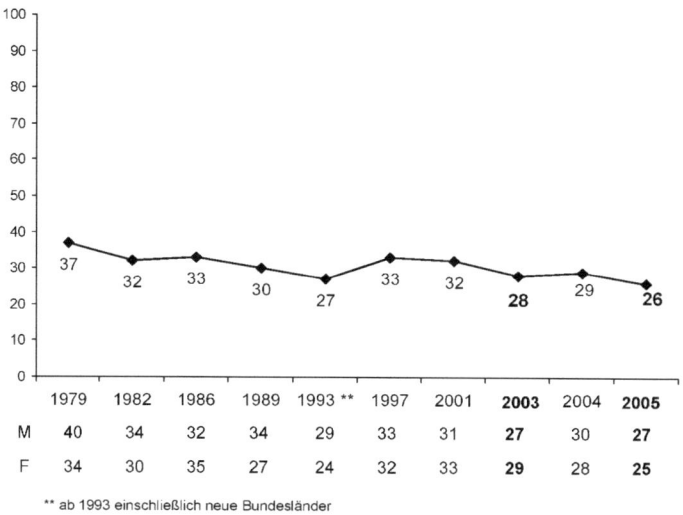

		1979	1982	1986	1989	1993 **	1997	2001	**2003**	2004	**2005**
M		40	34	32	34	29	33	31	**27**	30	**27**
F		34	30	35	27	24	32	33	**29**	28	**25**

** ab 1993 einschließlich neue Bundesländer

Quelle: BZgA - Repräsentativerhebungen zur Drogenaffinität Jugendlicher 1979-2001, 2004;
BZgA-Repräsentativerhebungen „Förderung des Nichtrauchens", durch forsa., Berlin, 2003 und 2005.

Abb. 1: Ständige und gelegentliche Raucher von 1997 bis 2005

3.2.3.1 Entwicklungstrends des Zigarettenkonsums von Jugendlichen

Die Ergebnisse der Bundeszentrale für gesundheitliche Aufklärung geben über die Entwicklung des Tabakkonsums der letzten 34 Jahre Auskunft. In der Altersgruppe der 12- bis 19-Jährigen ist auffällig, dass nach einem relativ kontinuierlichen Rückgang des Rauchverhaltens in den Jahren 1979 bis 1993 die Raucherquoten 1997 erstmalig wieder angestiegen sind und zwar um 6 Prozentpunkte auf 33 %. Wie der Vergleich der periodischen Querschnittstudie zeigt, ist der Anteil ständiger und gelegentlicher Raucher in dieser Altersgruppe seit 2003 jedoch wieder um 5 % zurückgegangen (vgl. Abb. 1). Dies ist ein deutlicher Rückgang von zunächst 33 % im Jahr 1997 auf 26 % im Jahren 2005. Die Raucherquote liegt somit wieder auf dem Wert von 1993.

Als weiterer langfristiger Trend ist in dieser Altersgruppe eine Zunahme derjenigen festzustellen, die angeben noch nie geraucht zu haben. Zu Beginn der 70er Jahre lag der Anteil dieser Jugendlichen bei unter 20 % (1973: 14 % und 1976: 16 %). Im weiteren Verlauf von 1979 bis 1997 ergab sich eine stetige Zunahme auf 50 % der 12- bis 19-Jährigen, die in ihrem Leben bis 19-Jährigen, die in ihrem Leben bisher noch nie eine Zigarette geraucht haben. Am Ende der 90er Jahre sind die Zahlen deutlich zurückgegangen – von dem bisher höchsten Wert von 50 % auf 36 % im Jahr 2001. Seit Ende 2001 steigt jedoch der Anteil der Nie-Raucher wieder deutlich an, eine Zunahme von 4 % im Jahr 2005 konnte verzeichnet werden (vgl. Abb. 2).

Diese Entwicklung kann unter anderem auf den verringerten Anteil von Gelegenheitsrauchern zurückgeführt werden.

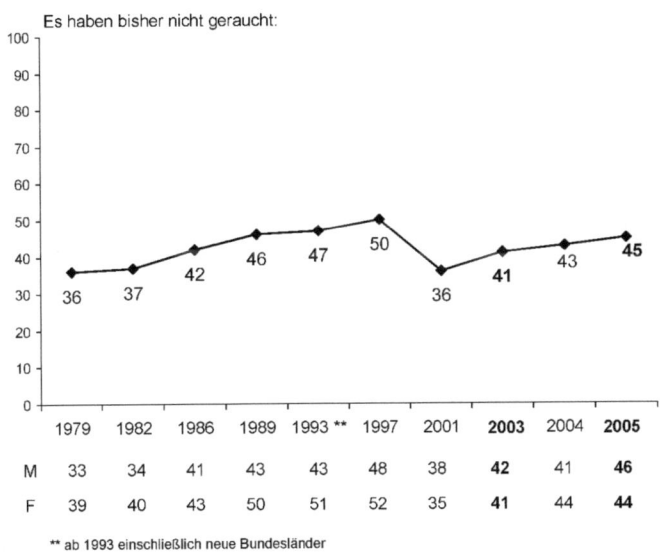

Es haben bisher nicht geraucht:

	1979	1982	1986	1989	1993 **	1997	2001	2003	2004	2005
M	33	34	41	43	43	48	38	42	41	46
F	39	40	43	50	51	52	35	41	44	44

** ab 1993 einschließlich neue Bundesländer

Quelle: BZgA - Repräsentativerhebungen zur Drogenaffinität Jugendlicher 1979-2001, 2004; BZgA-Repräsentativerhebungen „Förderung des Nichtrauchens", durch forsa., Berlin, 2003 und 2005.

Abb. 2: Nie-Raucher, Jugendliche 12 bis 19 Jahre

3.3 Einflussfaktoren auf den Zigarettenkonsum Jugendlicher

Aufgrund zahlreicher Studien lassen sich einige Einflussfaktoren des Zigarettenkonsums und des Rauchverhaltens identifizieren bzw. Aussagen darüber treffen, welche Faktoren das Rauchverhalten bei Jugendlichen begünstigen und fördern. Zum einen lassen sich soziodemographische Variablen feststellen, wie das Alter, das Geschlecht und die Schulform, zum anderen umgebungsbedingte und personale Faktoren wie sozialer Druck, Einstellungen zum Rauchen, Selbstwirksamkeit und Konventionsablehnungen. Weitere

Einflussfaktoren des Rauchverhaltens können aus funktionaler Perspektive festgestellt werden. Nachfolgend wird eine Auswahl dieser wesentlichen Faktoren vorgestellt.

3.3.1 Soziodemographische Variablen

3.3.1.1 Altersspezifische Konsummuster

Bereits im Abschnitt 2.2.2.2 konnte gezeigt werden, dass der Anteil der Raucher mit dem Alter zunimmt. Während sich 2004 16 % der 12- bis 15-Jährigen als ständige und gelegentliche Raucher bezeichnen, sind es bei den 16- bis 19-Jährigen schon 43 %. Von den 20- bis 25-Jährigen rauchen 44 %, was fast der Hälfte dieser Altersgruppe entspricht.

Der Anteil der starken Raucher ist nach Angaben der BZgA unter den 12- bis 25-jährigen ist jedoch stark rückläufig.

Gemäß der WHO-Definition[87] gäbe es in der vorliegenden Studie der BZgA nur sehr wenige Raucher (1 % bis 2 %), daher werden in den Studien der BZgA diejenigen als starke Raucher bezeichnet, die zehn oder mehr Zigaretten am Tag rauchen.

Das Durchschnittsalter beim Rauchen der ersten Zigarette liegt nach Aussagen der BZgA aus dem Jahr 2005 für Jungen bei 12,8 Jahren, für Mädchen bei 13 Jahren. Tägliches Rauchen wird im Durchschnitt zwei Jahre später begonnen. Es lässt sich aber weder für die weiblichen noch männlichen Jugendlichen ein eindeutiger Trend zum steigenden oder sinkenden Einstiegsalter erkennen. Die Werte der Jugendlichen variieren in den letzten Jahren (1986 bis 2005) nur geringfügig zwischen 12,7 und 13,2 Jahren.

3.3.1.2 Geschlechtsspezifische Konsummuster

„Mädchen und Jungen rauchen heute etwa gleich häufig". Diese These ist in den letzten Jahren von verschiedenen Seiten immer wieder vertreten worden und könnte auf das zunehmende Emanzipationsbestreben der letzten Jahre zurückzuführen sein. In der Fachliteratur wird dieser Umstand ebenfalls aufgegriffen, wobei hier sogar die zunehmende Emanzipation als Grund für die These,

---

[87] Nach WHO sind damit diejenigen gemeint, die mehr als 20 Zigaretten pro Tag rauchen

„dass Mädchen in ihren Konsumgewohnheiten die Jungen mittlerweile eingeholt hätten "[88] angeführt wird.

Nach Lopez[89] könnte eine alternative Erklärung für die Zunahme des Rauchens unter Mädchen sein, dass die Angaben gegenüber früheren Jahren zuverlässiger geworden sind, weil die Toleranz der Gesellschaft gegenüber rauchenden Frauen zugenommen hat und daher auch die Angaben der jugendlichen Raucherinnen weniger verzerrt sind.

Wie dem vorherigen Abschnitt entnommen werden kann, sind die Geschlechterunterschiede in den letzten Jahren geringer geworden. Die These von der völligen Angleichung der Geschlechter ist jedoch nicht haltbar. Vergleicht man die Angaben der BZgA aus den Jahren 2003 und 2005 der 12- bis 19-Jährigen, zeigt sich, dass 2003 sowohl 13 % weibliche als auch männliche Jugendliche sich als ständige Raucher bezeichnen. Von den gelegentlichen Rauchern waren 16 % Mädchen und 14 % Jungen. In der Untersuchung von 2005 zeigt sich eine Zunahme der ständigen männlichen Raucher von 1 % während der weibliche Prozentanteil gleich geblieben ist. Ein deutlicher Unterschied kann bei den gelegentlichen Rauchern festgestellt werden: eine Abnahme um 4 % bei den weiblichen und um 1 % bei den männlichen Rauchern. [90]

	Ständige Raucher		Gelegentliche Raucher	
Jahr	Weiblich	Männlich	Weiblich	Männlich
2003	13 %	13 %	16 %	14 %
2005	13 % (0)	14 % (+1)	12 % (-4)	13 % (-1)

Tab. 1: ständige/gelegentliche Raucher - weibl./männl.[91]

Zusammenfassend lässt sich feststellen, dass sich bei den weiblichen Jugendlichen der Anteil der Gelegenheitsraucherinnen von

---

[88] Silbereisen, 1998, nach: Kolip, P., 2000: Tabak- und Alkoholkonsum bei Jugendlichen: Entwicklungstrend, Prävalenz und Konsummuster in den alten Bundesländern, in: Jugendliche und Alltagsdrogen, Leppin, A., Hurrelmann, K. & Petermann, H., a. a. O.,S.28

[89] vgl. Loppez, H., 1983: Rauchen bei Kindern und Jugendlichen. Eine empirische Untersuchung, Basel: Beltz Verlag, S. 14

[90] BZgA, 2006c: Förderung des Nichtrauchens. Eine Wiederholungsbefragung der BZgA, Köln: BZgA, S. 17

[91] Quelle: BZgA, 2006c: a. a. O.

16 % auf 12 % verringert hat, bei den männlichen Jugendlichen der Anteil kaum sinkt. Dafür ist der Anteil der männlichen „Probierer" deutlich zurückgegangen von 28 % auf 24 %.

Was den Anteil der weiblichen und männlichen Nie-Raucher betrifft, ist dieser von 2003 bis 2005 von 41 % auf 45 % gestiegen. Bei den männlichen Jugendlichen ist der Nie-Raucheranteil von 42 % im Jahr 2003 auf 46 % im Jahr 2006 gestiegen, bei den weiblichen Jugendlichen von 41 % auf 44 %. Die Nie-Raucheranteile der Jungen und Mädchen liegen also nah beieinander, im Gegensatz zu den 80er Jahren, als die Nie-Raucherquote der jungen Frauen deutlicher höher lag als die der jungen Männer" (z.B. 1982: 34 % zu 40 %).[92]

Für Aussagen bezüglich des geschlechtsspezifischen Tabakkonsums lässt sich abschließend festhalten, dass die Geschlechterunterschiede umso größer werden, je älter die untersuchte Stichprobe ist.

3.3.1.3 Schulformspezifische Konsummuster

In älteren Studien der BZgA findet man noch keine Auskunft über die schulformspezifischen Muster des Tabakkonsums unter Jugendlichen. Erst neuere Studien aus den Jahren 2004 und 2006 haben diesem Aspekt Beachtung geschenkt. Ähnliche Befunde, wenn auch zum Teil für andere Altersgruppen oder als regionale Stichproben, weisen Studien von Lopez 1986, Nordlohne 1992, Hüttner et. Al. 1996, 1997 vor.

Der Rauchfrei-Studie des BZgA aus dem Jahr 2006 ist zu entnehmen, dass der Anteil derjenigen, die sich als ständige, gelegentliche oder Nie-Raucher bezeichnen, mit der Schulform und Ausbildungsstufe variiert. Abbildung 2 gibt den Anteil der ständigen, gelegentlichen, und Nie-Raucher in den einzelnen Schulformen wieder.

Wie Abb. 3 zu entnehmen ist, liegt der Anteil der Nie-Raucher mit 65 % in der Sekundarstufe 1 im Gymnasium am höchsten, mit 24 % ist er an der Berufsschule am niedrigsten. Dieser Unterschied hat

---

[92] BZgA, 2006c: a. a. O.

jedoch weniger mit der Schulform etwas zu tun, sondern ist vielmehr auf den Altersunterschied zurückzuführen.

Der größte und deutlichste Unterschied besteht zwischen den Schülern der Sekundarstufe 1 und 2. Auch hier ist nicht die Schulform, sondern vorwiegend das Alter entscheidend.

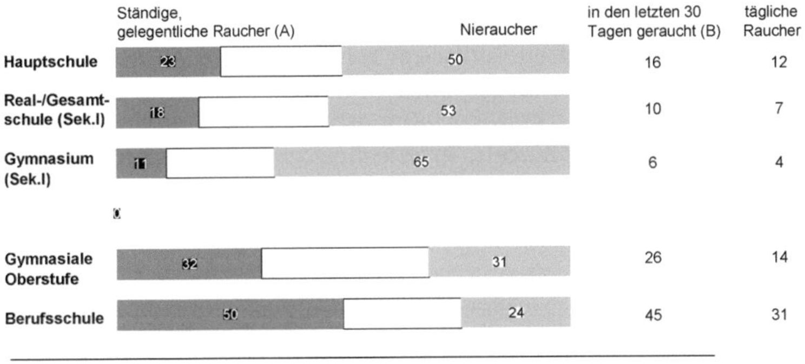

	Ständige, gelegentliche Raucher (A)	Nieraucher	in den letzten 30 Tagen geraucht (B)	tägliche Raucher
Hauptschule	28	50	16	12
Real-/Gesamtschule (Sek.I)	18	53	10	7
Gymnasium (Sek.I)	11	65	6	4
Gymnasiale Oberstufe	32	31	26	14
Berufsschule	50	24	45	31

Quelle: BZgA-Repräsentativerhebungen „Förderung des Nichtrauchens" durch forsa., Berlin, 2005.

Abb. 3: Raucher und Nichtraucher nach Schultyp

In der Sekundarstufe 1 des Gymnasiums ist die Raucherquote der ständigen und gelegentlichen Raucher deutlich niedriger als bei Haupt- und Realschülern (einschließlich Gesamtschule). In der Sekundarstufe 2 sieht es ähnlich aus, Schüler der gymnasialen Oberstufe rauchen erheblich weniger (32 Prozent) als Berufsschüler (50 Prozent). Schüler der Berufsschulen rauchen nach Angaben der BZgA am meisten, 50 Prozent verstehen sich als ständige oder gelegentliche Raucher.

Die Ergebnisse der BZgA werden durch Studien von Lopez und Hüttner et al.[93] bestätigt. In deren Untersuchungen konnte nachgewiesen werden, dass es beim Vergleich zwischen Hauptschülern und Gymnasiasten zu großen Unterschieden kommt. Hauptschüler rauchen im Vergleich zu den Gymnasiasten viermal so viel. Der soziale Druck zu rauchen bzw. nicht zu rauchen scheint demnach durch den Schultyp im Wesentlichen mitbestimmt zu sein.

---

[93] Lopez, H., 1983: a. a. O.; Hüttner, H.; Dotschy, R., Heß. H., Kahl, H. & Tietze, K., 1996: Rauchen unter Berliner Schülern, Ergebnisse der Berliner Studie Gesundheit im Kindesalter (GIK II) 1994/95. Bundesgesundheitsblatt, 12, 1996, S 454-460.

Generell lässt sich zusammenfassen, dass man die meisten und frühesten Raucher häufig an den Hauptschulen, die wenigsten und altersgemäß spätesten Raucher am Gymnasium vorfindet. Bestätigung findet dieses Ergebnis in der Arbeit von Hüttner et al., 1996, Lopez 1983 und Semmer et al. 1991. Eine mittlere Anzahl findet sich nach Angaben der BZgA an den Real- und Gesamtschulen. Die meisten Raucher, altersgemäß jedoch auch deutlich älter, finden sich an Berufsschulen.[94]

Diese Ergebnisse sollten vor allem Schulen darauf aufmerksam machen, dass sie aufgrund der allgemeinen Schulpflicht, und der damit hohen Erreichbarkeit von Kindern und Jugendlichen, sich als geeignete Instanz anbieten, eigene Raucherpräventionsprogramme zu gestalten bzw. Angebote von anderen Veranstaltern wie z.B. das der Universitätsklinik Freiburg, ihren Schülern anzubieten.

3.3.2 Umgebungsbedingte und personale Faktoren

Zu den Determinanten des Rauchverhaltens zählen umgebungsbedingte (Vorbilder, sozialer Druck) und personale Einflussfaktoren (Einstellungen, Selbstwertschätzung und psychisches Befinden). Diese sollen im Folgenden kurz erläutert werden, wobei der Einflussfaktor „Einstellung zum Rauchen" aufgrund der Themenstellung ausführlicher bearbeitet wird.

3.3.2.1 Modelle, Vorbilder und Konformitätsdruck

Untersuchungen zum Rauchen Jugendlicher zeigen, dass zu den wichtigsten situativen und umgebungsbedingten Einflussfaktoren die Modellwirkung bzw. Vorbildfunktion der Eltern, Freunde, Geschwister und anderen Bezugspersonen gehören. Verschiedene Studien stellten fest, dass die Einstellung zum Rauchen bei Jugendlichen positiver war, wenn deren Eltern und Geschwister rauchten.[95] Ähnliche Ergebnisse berichten Bergler und seine Mitarbeiter; auch sie konnten einen Zusammenhang zwischen dem Rauchen der Eltern und dem der Jugendlichen feststellen, gleichzeitig machen sie aber darauf aufmerksam, dass rauchende Eltern nur einen geringen Vorbildcharakter im Vergleich zu gleichaltrigen Freunden

---

[94] vgl. BZgA, 2006c: a. a. O.

[95] vgl. Seiffge-Krenke, I., 1994: a. a. O.; Kracke, B., 1993: a. a. O., S. 20

haben.[96] Wie stark der direkte Einfluss der Eltern auf das Verhalten ihrer Kinder ist, hängt schließlich davon ab, inwieweit sich die Jugendlichen überhaupt an den Normvorgaben der Eltern orientieren bzw. diese tolerieren. Besonders in der Phase der Pubertät kommt es, wie schon in Kapitel 1.4.2 und 2.1 erwähnt, zu häufigem Auflehnungs- und Protestverhalten den Eltern gegenüber. Untersuchungsergebnisse von Merzdorf, Reuter und Welsch bestätigen jedoch die Tatsache, dass rauchende Jugendliche signifikant häufiger rauchende Eltern und nichtrauchende Jugendliche nichtrauchende Eltern haben.[97]

Jugendliche die mit dem Rauchen beginnen, fangen nach Kracke[98] fast immer in Gesellschaft Gleichaltriger an. Diese beeinflussen seiner Meinung nach zum größten Teil, ob es beim Experimentieren der ersten Rauchversuche bleibt oder schließlich zur Gewohnheit wird und in die Abhängigkeit führt.

Die BZgA[99] hat festgestellt, dass 63 % der 12- bis 15-Jährigen und 75 % der 16- bis 19-Jährigen Jugendlichen, die selber rauchen, einem Freundeskreis angehören, in dem die meisten bzw. alle rauchen. Von den Nichtrauchern hingegen gehören nur 18 % der 12- bis 15-Jährigen, und 38 % der 16- bis 19-Jährigen zu Freundesgruppen in denen geraucht wird. Dieses Ergebnis lässt vermuten, dass Raucher und Nichtraucher zum größten Teil einen Freundeskreis haben, der ihren Rauchgewohnheiten entspricht.

Dieses Phänomen wird in der Fachliteratur als Konformitätsdruck bzw. als sozialer Druck zum Mitrauchen bezeichnet und erweist sich als einer der wichtigsten Einflussfaktoren auf die Entwicklung des Rauchverhaltens. Auch Nordlohne konnte in ihrer Studie zeigen, dass das Rauchen oft Merkmal der Zughörigkeit zu einer Gruppe ist und sich dadurch „die hohen korrelativen Zusammenhänge zwischen dem Rauchen von Jugendlichen und dem Rauchen in ihrem sozialen Umfeld erklären".[100]

---

[96] vgl. Bergler, R., Haase, D., Humburg, S., Steffens, M. & Noelle-Neumann, E., 1995: Ursachen gesundheitlichen Fehlverhaltens im Jugendalter – Eine empirische Arbeit am Beispiel des Zigarettenkonsums: Einstieg und Gewohnheitsbildung, Köln: Deutscher Instituts-Verlag

[97] vgl. Hess, H., 1989: Tabak, in: Drogen und Drogenpolitik, Scheerer, S. (Hrsg.), Frankfurt: Campus Verlag, S. 146

[98] vgl. Kracke, B., 1993: a. a. O.

[99] vgl. BZgA, 2001: Jugendliche Raucher, a. a. O.

[100] vgl. Nordlohne, E.1992: a. a. O.

Zusammenfassend lässt sich feststellen: Während das Rauchen von Eltern und Geschwistern eher die Initiation zum Rauchen beeinflusst, demnach auch als Startsignal bezeichnet werden kann, erfolgt der Einstieg ins Rauchen häufig durch Gleichaltrige, die das regelmäßige Rauchen unterstützen und intensivieren.[101]

3.3.2.2 Einstellungen zum Rauchen

Die Einstellung von Jugendlichen bezüglich des Rauchens kann schon in frühen Jahren durch verschiedenste Einflüsse geprägt und mitbestimmt werden und somit das Rauchverhalten maßgeblich fördern oder hemmen. In einer Reihe von Untersuchungen[102] wurde die Einstellung von Jugendlichen zu ihrem tatsächlichen Verhalten in Beziehung gesetzt. Dabei wurden Widersprüche deutlich, die zwischen dem Rauchen einerseits und der entsprechenden Einstellung andererseits bestehen. Die Dissonanztheorie nach Festinger bietet Aspekte zur Erklärung dieses Phänomens. Ein Individuum erfährt Dissonanz, wenn es zwei miteinander unvereinbare Kognitionen im Selbst vorfindet bzw. aufrechterhält. Einerseits die Kognition, dass man raucht und anderseits die Kognition, dass Rauchen gesundheitsschädlich ist. Diese Beiden sind inkonsistent und können somit Dissonanz erzeugen. Die Dissonanztheorie geht davon aus, dass das Individuum versuchen wird, die als unangenehm empfundene Dissonanz entweder durch eine Einstellungs- oder eine Verhaltensänderung zu verringern.[103] Heranwachsende versuchen häufig die Dissonanz dadurch zu lösen, dass sie die momentane Gefahr als gering einstufen und an die Aufgabe des Rauchens zu einem späteren Zeitpunkt glauben. Gerade unter Jugendlichen werden die "Vorteile" (soz. Zugehörigkeit, das Gefühl des Erwachsenseins, Entspannung u.v.a.) einer Risikoverhaltensweise oftmals höher bewertet als der in Zukunft zu erwartende Schaden.[104] Diese Risiken werden zwar meist gesehen, sind den betreffenden Personen aber zunächst egal und/ oder werden verdrängt. Nach Hurrel-

---

[101] Kracke, B., 1993: a. a. O.; Hurrelmann, K. & Bründel, H., 1997: a. a. O.; Lopzez, H. & Fuchs, R, 1990: a. a. O.

[102] Bewley et al., 1974; Newman 1973; Schneider & VanMastright 1974; Spitznagel 1969, nach: Lopez, E.1983: a. a. O., S.

[103] Festinger 1975 nach: Lopez, H., 1983, a. a. O., S. 26

[104] vgl. Hesse, S., 1993: Suchtprävention in der Schule, Opladen: Leske & Budrich, S. 68

mann & Bründel wird die gesundheitliche Gefährdung des Tabak-
rauchens von nur etwa der Hälfte der Jugendlichen anerkannt[105].
Weiter ist davon auszugehen, dass die wesentlichen Einstellungen
bezüglich des Rauchens schon ausgebildet sind, bevor mit dem Zigarettenkonsum begonnen wird. Verschiedene Untersuchungen an
Drogenkonsumenten bestätigen diese Vermutung.[106]Das heißt, auch
wenn der Entscheidung für oder gegen den Einstieg ins Rauchen ein
rational abwägender Prozess vorausgegangen ist, impliziert dies
noch nicht, dass diese Entscheidung frei von äußeren sozialen Ein-
flüssen entstanden ist. Vor allem die von der Familie geschaffenen
Lebensbedingungen und Ressourcen, ihre gesundheits- bzw. krank-
heitsbezogenen Einstellungen und Verhaltensweisen sieht Seiffge-
Kracke als besonders prägend.[107] Nach Ansicht verschiedener Autoren, sind die Eltern rauchender Jugendlicher eher für den Einstieg,
die Altersgenossen dagegen für den regelmäßigeren Tabakkonsum
verantwortlich.[108]

Auch der Tabakwerbung wird eine gewisse Beeinflussung der Einstellung zum Rauchen zugeschrieben. Durch geschickt aufgezogene
Werbekampagnen, die Motive wie Aktivität, Abenteuer, Sportlich-
keit, Freiheit, Entspannung, Selbstständigkeit, Geselligkeit, Le-
bensfreude, glückliche Zweisamkeit usw. verwenden und sich vom
Internet über Kinofilme, Musikvideos, Textilien, Reisen, Sport- und
Musikveranstaltungen erstrecken, werden verstärkt Kinder und Jugendliche als Zielgruppe angesprochen.[109] Es gibt einige Untersuchungen, die belegen können, dass Bilder, Text und Ton der Tabakwerbung besonders auf Jugendliche zugeschnitten ist, obwohl
die Tabakwerbeindustrie beteuert, dass sie mit ihrer Werbung nur
den Marktanteil der Erwachsenen erhöhen wollen.[110] Ein Beispiel
für die gezielte Ansprache Jugendlicher ist die Camel-Kampagne
mit der Cartoon-Figur „Joe Camel" mit dem resultierenden Anstieg
des Marktanteils von Camel bei Jugendlichen.[111] Je angesehener

---

[105] vgl. Hurrelmann, K. & Bründel, H., 1997: a. a. O., S. 51
[106] Kandel, 1978; Smith & Fogg, 1978; Spille & Guski, 1975, nach: Sieber, M.
& Angst:, J., 1981: Drogen-, Alkohol- und Tabakkonsum, Bern, Stuttgart,
Wien: Verlag Hans Huber, S. 205
[107] vgl. Seiffge-Krenke, I., 1994: a. a. O.; Engel, U. & Hurrelmann, K., 1998:
a. a. O.
[108] vgl. Hurrelmann & Bründel, 1997: a. a. O.,S 73; Kracke, 1993: a. a. O., S.
26; Lopez & Fuchs, 1990: a. a. O., S189;
[109] Meister, R., 1987: a. a. O.
[110] vgl. Sührig, C., 2007: a. a. O., S. 1
[111] vgl. Ebd., S. 7

und wichtiger das Modell bzw. der Werbeträger in der sozialen Welt der Nachahmenden ist, desto mehr Einfluss hat er auf die Übernahme des Konsumverhaltens.[112]

Jugendliche schaffen sich anhand dieser Beeinflussungen ihre eigenen Normen und Vorstellungen. Um jedoch „die Einstellung bzw. subjektive Norm und damit die Intention und letztlich das Verhalten" Jugendlicher verändern zu können, muss zunächst nach Ansicht von Schwarzer auf die individuellen Überzeugungen Einfluss genommen werden.[113] Diese Erkenntnisse sollten innerhalb präventiver Konzepte eine wesentliche Rolle spielen, um erfolgreiche präventive Maßnahmen für Kinder und Jugendliche entwickeln zu können.

3.3.2.3 Selbstwertschätzung

Einige Studien konnten nachweisen, dass Zigarettenkonsum und Selbstwertschätzung miteinander in Beziehung stehen: es wurde erklärt, dass es durch den Zigarettenkonsum möglich ist, Anerkennung von spezifischen Bezugspersonen zu erlangen und sich dadurch ein häufig geringeres Selbstwertgefühl der Konsumenten erhöhen kann.[114] Dieser Prozess tritt vor allem bei Jugendlichen auf, da das Rauchen von ihnen zumeist als ein Charakteristikum des positiv bewerteten Erwachsenenstatus betrachtet wird. Durch das Rauchen (und damit das Überschreiten der in Deutschland gesetzlich festgelegten Altersnorm) wird der Zustand des Erwachsenseins symbolisch erreicht. Insgesamt zeigen jedoch die Studien eine negative Korrelation zwischen Selbstwertschätzung und Zigarettenkonsum auf. Je höher der Zigarettenkonsum, desto niedriger ist meist der Selbstwert.[115] Diese Tatsache verdeutlicht die Notwen-

---

[112] vgl. Rist, F., 2003: Alkohol und Nikotin: Bedeutung und Versorgungslage, in: Alkohol und Nikotin: Frühintervention, Akutbehandlung und politische Maßnahmen, Rumpf, H.-J. & Hülinghorst, R., Freiburg i.Br.: Lambertus Verlag

[113] Schwarzer, R., 1990: Gesundheitspsychologie: Einführung in das Thema, in: Gesundheitspsychologie, Schwarzer, R., a. a. O., S. 7

[114] vgl. Silbereisen, R. K., Schönpflug, R. & Albrecht, H. T., 1990: Smoking and drinking: Prospective Analysis in German and Polis adolescents, in: Hurrelmann, K. & Lösel, F. (Hrsg.), Health Hazards in adolescence, Berlin: DeGryter, S. 167ff

[115] vgl. Dielman, T. E., Leech, S. L., Lorenger, A. I. & Horvath, W. J., 1984: Health locus of control and self-esteem as related to adolescent health behaviour and intentions, Adolescent, 19, 1984

digkeit von Präventionsprogrammen, wie z.B. dem ALF-Programm[116] das seinen Schwerpunkt auf die Stärkung der Persönlichkeit setzt, auf das in Kapitel 3.3.1 näher eingegangen wird. Denn häufig ist es das Selbstbewusstsein, das vor Gruppendruck und somit häufig vor dem Rauchen schützt.

3.3.2.4 Psychisches Befinden

Das psychische Befinden scheint nach Angaben verschiedener Autoren bereits bei der Initiierung des Rauchverhaltens eine wichtige Rolle zu spielen. Verschiedene Studien konnten belegen, dass der Nikotinkonsum vor allem für Jugendliche während ihrer Identitätsbildung eine wichtige Rolle spielt. Rauchen wird häufig als Hilfe zur Bewältigung von Misserfolgserlebnissen in der Schule, als Reaktion auf Stress, bei psychosozialen Spannungen und negativ erlebten Emotionen, bei ungünstig erlebten sozialen Vergleichsprozessen oder Verhaltensunsicherheiten herangezogen.[117]

Auch Semmer und seine Mitarbeiter weisen in ihrer Berlin-Bremen-Studie darauf hin, dass für den Beginn von Alkohol- und Zigarettenkonsum häufig Stress- und Problembewältigung eine große Rolle spielen. Der Griff zu legalen Rauschmitteln wird durch ihre hohe Verfügbarkeit und Akzeptanz Jugendlichen erleichtert bzw. nahegelegt.[118] Insgesamt muss jedoch nach Lopez und Fuchs der gesamte emotionale Einflussbereich noch als ungenügend erforscht angesehen werden.

Neben den in Kapitel 2.3.2 aufgezählten Einflussfaktoren gibt es weitere Einflussvariable auf das Rauchverhalten insbesondere bei Jugendlichen: die Erwartungen bezüglich des Rauchens, das Risikobewusstsein und die Risikobereitschaft sowie Konventionsablehnungen. Diese Aspekte sollen im Rahmen dieser Untersuchung nicht aufgegriffen werden, da sich sonst zu weit von der Kernfrage entfernt werden würde. Abschließend sollte jedoch noch erwähnt werden, dass bisher im Bereich der Persönlichkeitsfaktoren noch

---

[116] ALF: „Allgemeine Lebenskompetenzen und Fähigkeiten"

[117] vgl. Kolte, B., 2006: Rauchen zwischen Sucht und Genuss, Wiesbaden: Verlag für Sozialwissenschaften; Lopez, H. & Fuchs, R., 1990: Rauchen, in: Gesundheitspsychologie, Schwarzer, R., a.a.O.; Engel, U. & Hurrelmann, K., 1998: a. a. O.

[118] vgl. Semmer, N., 1991: Gesundheitsverhalten in Kindes und Jugendalter: Ausgewählte Ergebnisse der Berlin-Bremen-Studie, Baden-Baden: Nomos.

nicht eindeutig geklärt werden konnte, ob Persönlichkeitsfaktoren das Rauchen oder das Rauchen die Persönlichkeit beeinflusst. Dies zu klären, wäre eine weitere wichtige und spannende Untersuchung wert.

3.3.3   Rauchen aus funktionaler Perspektive

„Es gibt viele Wege, die zum Drogengebrauch führen; aber letztlich ist jeder Drogenkonsum ein Versuch, sich alltäglichen Lebensproblemen und Herausforderungen zu stellen, sich mit ihnen auseinander zu setzen und eine Form der Bewältigung zu finden, und dabei liegen taugliche und untaugliche, produktive und unproduktive Formen dicht beieinander".[119] Insbesondere Jugendliche wählen häufig gesundheitsgefährdende Verhaltensweisen, wie bereits in Kapitel 1.4.2 von Nordlohne „als ein Ausdruck der Bemühungen mit Problemen und Herausforderungen umzugehen", erwähnt wurde. Gefühle der Überforderung und der Hilflosigkeit sind während der Pubertät keine Seltenheit; funktionsorientierte Konzepte gehen von dieser Problematik aus. Eine Person raucht, um bestimmte Aufgaben, Situationen oder Ereignisse besser bewältigen zu können.[120] Insbesondere bei Jugendlichen kann das Rauchen eine wichtige subjektive Funktionalität für die Bewältigung spezifischer Lebensanforderungen erlangen. In dieser Lebensphase kann nach Auffassung verschiedener Autoren[121] das Rauchen zum Beispiel:

- gezielt zur Herstellung und Verstärkung von Gemeinschaft und Geselligkeit eingesetzt werden,

- eine bewusste Grenzverletzung bedeuten, die Protest gegen erlebte familiäre oder gesellschaftliche Normen ausdrückt,

- als Demonstration der eigenen Reife dienen,

- eine kurzfristige, subjektive Entlastung von akuten Problemen und Krisen des täglichen Lebens darstellen,

- oder aber auch als Flucht vor Langeweile, Eintönigkeit oder Schwierigkeiten im persönlichen Kontakt eingesetzt werden.

Es dient somit der sozialen Integration und Selbstvergewisserung.

---

[119] Hurrelmann & Hesse, 1991, nach: Hurrelmann, K., 1999: Lebensphase Jugend, a. a. O., S. 210

[120] vgl. Lopez, H. & Fuchs, R., 1990: a. a. O.,S. 190

[121] vgl. Franzkowiak 1985; Hurrelmann & Vogt 1985; Jessor 1984; Silbereisen & Kastner 1985, nach: Nordlohne, E., 1992: a. a. O.,S. 34

Zwei weitere Ansätze innerhalb der funktionsorientierten Perspektive des Zigarettenrauchens werden im folgenden Absatz vorgestellt. Beide Ansätze enthalten Elemente aus dem vorherigen Abschnitt, die eine Notwendigkeit der Integration verschiedener Faktoren, die das Rauchverhalten beeinflussen können, verdeutlichen.

Insbesondere der Übergang vom Jugend- zum Erwachsenenalter ist durch Entwicklungsaufgaben und häufig daraus folgenden Verunsicherungen geprägt. Somit kann das Rauchen für viele Jugendliche verschiedene Funktionen erfüllen. Daher ist es für die Prävention des Zigarettenkonsums besonders bedeutsam, diese personen- und situationsspezifischen Funktionen zu kennen und zu erkennen.

Mausner untersuchte das Rauchverhalten und schrieb ihm drei Funktionen zu:

1. Die Stimulusfunktion, d.h. der Geruch oder Geschmack einer Zigarette beruhigt, erfreut oder stimuliert den Raucher,

2. hat die soziale Funktion, wodurch die Gruppenzugehörigkeit gesteigert wird, und

3. die Funktion bezüglich des Selbstwertes und der Selbsteinschätzung einer Person, denn Rauchen übernimmt zumeist eine Rolle bei der Selbstdefinition[122] (s. Kap. 2.3.2.3).

Die Untersuchung von Mausner verdeutlicht die Komplexität der Motivstrukturen, die für die Ursachen des Rauchens und die Mehrdimensionalität der Rauchmotive verantwortlich sind.

Ein weiterer neuerer Ansatz zur Erklärung des Rauchverhaltens stammt von Semmer und seinen Mitarbeitern. Er benennt drei Funktionen, die für das Zigarettenrauchen im Jugendalter besonders relevant sind:

1. erfüllt Rauchen die Funktion, einen alterstypischen Lebensstil zu demonstrieren, z.B. um zu einer bestimmten Peergruppe Zugang zu erlangen,

2. kann Rauchen als eine Entwicklungsaufgabe verstanden werden, z.B. um zu demonstrieren, dass man schon "erwachsen" ist,

3. auch als Notfallreaktion, z.B. um entwicklungsbedingte Überlastungssituationen "besser" bewältigen zu können.

---

[122] Lopez, H. & Fuchs, R., 1990: a. a. O., S. 191

Obwohl diese Funktionen des Rauchens im Jugendalter plausibel erscheinen, liegen noch keine empirischen Belege dafür vor, dass sie als eindeutig verhaltensrelevant identifiziert werden. Semmer geht jedoch davon aus, dass die Folge-Erwartungen der Person, d.h. also die Überzeugungen hinsichtlich der Folgen des Rauchens als Indikator für die individuellen Funktionen des Rauchens gelten.[123]

Insgesamt lässt sich festhalten, dass die funktionsorientierten Ansätze auf die individuellen Motivstrukturen und die verschiedenen zu integrierenden Komponenten aufmerksam gemacht haben, die Beeinflussung aufgrund soziodemographischen Faktoren jedoch nicht so eindeutig hervorgehoben werden konnte. Diese vielseitigen Faktoren sowie die verschiedenen individuellen Motivstrukturen, die den Zigarettenkonsum beeinflussen, weisen daraufhin, dass die Ursachen und Gründe für einen Tabakkonsum individuell sehr komplex und multifaktoriell zu sehen sind.

3.4 Die Entwicklungsstufen zum Zigarettenraucher

Die Entwicklung zum Zigarettenraucher ist meist ein längerer, mehrjähriger Prozess, der in verschiedenen Etappen unterteilt werden kann.[124] Die Jugendlichen durchlaufen von den ersten Zigaretten bis zur etablierten Sucht bzw. bis zu einer relativ festen Einstellung zum Rauchen einen Prozess, in dem sich verschiedene Phasen und Gesetzmäßigkeiten nachweisen lassen.[125] Die von verschiedenen Autoren vorgeschlagenen Entwicklungsstufen bzw. Phasen unterscheiden sich jedoch meist nur in ihren Bezeichnungen. Allgemein wird angenommen, dass die Entwicklung zum Raucher in drei Phasen verläuft.[126]

1. das Stadium der Vorbereitung und des Experimentierens,

2. die Gewöhnungsphase und

3. das Stadium der Aufrechterhaltung bzw. der Abhängigkeit.

---

[123] vgl. ebd.

[124] Franzkowiak, P., 1987: Risikoverhalten als Entwicklungsaufgabe. Zur Subjektiven Vernunft von Zigarettenrauchen und Alkoholkonsum in der Adoleszenz, in: Laaser U., Dassen, G. Murza, G. & Sabo, P. (Hrsg.), Prävention und Gesundheitserziehung, Berlin: Springer Verlag

[125] BZgA, 1969: Jugendliche und Rauchen, Archivexemplar, S. 12

[126] Franzkowiak, P., 1987: a. a. O.

In der ersten Phase werden über das sog. „Beobachtungslernen" an Bezugspersonen erste Erfahrungen mit dem Rauchen gesammelt und Erwartungen und Vorstellungen darüber ausgebildet. Dadurch werden spezifische Rauchsituationen und die damit verbundenen Effekte frühzeitig gespeichert.[127] Mit der ersten Zigarette, die der Jugendliche konsumiert, gelangt er in die Experimentierphase. In dieser Phase ist die subjektive Bewertung des ersten Zigarettenkonsums entscheidend über die weitere Entwicklung zum Raucher oder Nichtraucher.[128]

„Mit dem Fortsetzen des Zigarettenkonsums über die ersten ein bis drei Zigaretten hinaus beginnt die Gewöhnungsphase". In dieser Phase stabilisiert sich das Konsumverhalten und wird zum Großteil durch interaktive Prozesse in der Gleichaltrigengruppe geformt und bestimmt.[129]

Wenn das Rauchverhalten zu einer festen Gewohnheit geworden ist, befindet sich die Person in der dritten und somit letzten Phase, der Aufrechterhaltungs- bzw. Abhängigkeitsphase.

Verschiedene Untersuchungen zeigen, dass mit hoher Wahrscheinlichkeit Jugendliche zu regelmäßigen Rauchern werden und Abhängigkeitssymptome entwickeln, wenn sie das Rauchen nicht nach wenigen Zigaretten einstellen.[130] Diese Ergebnisse verdeutlichen die extrem hohe Suchtgefahr, die schon von wenigen gerauchten Zigaretten ausgehen kann, was wiederum die Relevanz von frühzeitig eingesetzten Raucherpräventionsprogrammen verdeutlicht.

Im folgenden Abschnitt werden die verschiedenen Entwicklungsstufen bzw. Phasen des Rauchverhaltens anhand der Literatur von Fuchs[131] detaillierter erläutert.

Das Stadium der Vorbereitung und des Experimentierens

Wie bereits in Abschnitt 2.3.2.2 erwähnt, beschäftigen sich Kinder und Jugendliche schon in sehr jungen Jahren mit dem Thema Rau-

---

[127] Flay, B.R. d`Avernas, J.R., Best,J.A., Kersell, M.W. & Ryan,K.B., 1983: nach : Fuchs, R., 2000: a. a. O.

[128] BZgA, 2005b: Rauchfrei- Curriculum, S. 62

[129] Fuchs, R., 2000: Entwicklungsbedingungen des Rauchverhaltens, in: Leppin, A., Hurrelmann, K. & Petermann, H., a. a. O., S. 99

[130] Schmid, H. & Knaus, A., 1999: Wenn jede Zigarette zählt: Raucherkarriere wird bereits in der Jugendzeit vorgespurt, in: Standpunkt 3/99. S. 4-5

[131] Fuchs, R., 2000: a. a. O.

chen, auch wenn sie noch nicht daran denken, selbst eine Zigarette auszuprobieren. Neue, fremde Erfahrungen werden in dieser Zeit begierig aufgesucht. Doch nicht alle Verhaltensgewohnheiten aus der Welt der Erwachsenen haben den gleichen Stellenwert; gerade die Zigarette erscheint sowohl Kindern als auch Jugendlichen als besonderes Symbol des Erwachsenseins. Flay et al.[132] bezeichnet dieses Stadium als die Phase der Vorbereitung (preparation), in der insbesondere die auf das Rauchen bezogenen Vorstellungen und Erwartungen herausgebildet werden.

Die Fixierung mancher Erwachsener auf die Zigarette verleiht diesem Objekt den Status eines überaus wichtigen Besitzes, der vor allem eine sehr anziehende Wirkung für Jugendliche in einer Phase der Selbstfindung und Distanzierung zur Erwachsenenwelt ausübt.

Die kognitive Vorbereitung auf das spätere Rauchen scheint früh zu beginnen und einen nachhaltigen Einfluss auf die weitere Entwicklung des Rauchverhaltens zu besitzen. Daher ist es wichtig, bei Kindern und Jugendlichen den Überzeugungen und Erwartungen bezüglich des Rauches frühzeitig entgegenzuwirken.

Mit dem Rauchen der „ersten Zigarette" gelangen Kinder und Jugendliche dann in die **Experimentierphase**. Diese ersten Rauchversuche haben oft einen ausgesprochenen Ritualcharakter und finden fast immer in einer sozialen Situation statt (s. auch Abschnitt Modelle und Vorbilder).

Für viele Kinder und Jugendliche ist es wichtig, eine Zigarette wenigstens mal probiert zu haben, um mitreden zu können. „Da 80 % bis 90 % aller Jugendlichen mindestens eine Zigarette rauchen, ist dies mittlerweile leider ein „normales" Entwicklungsereignis."[133] Auch wenn das Rauchen dieser ersten Zigaretten zunächst keineswegs ein körperlicher Genuss ist, (viele von ihnen berichten von Husten, Übelkeit, Benommenheit, ein äußerst unangenehmes Kratzen im Hals, Brechreiz und Magen-Darm-Beschwerden), gilt die Überwindung oft als Mutprobe, deren Bestehen Jugendlichen eine zusätzliche Befriedigung bietet.[134]

Nur durch diese sozial verbindende Funktion der Zigarette ist es wohl zu erklären, dass gerade die Enttäuschten, die ihre Rauchver-

---

[132] Flay et al., 1983, nach: Fuchs, R., 2000: a.a.O., S. 97

[133] BZgA, 2005: Curriculum. „Anti-Rauchkurs", Pädagogische Intervention für rauchende SchülerInnen und Schüler, Köln: BZgA, S. 62

[134] vgl. Hess, H., 1989: a. a. O., S. 146

suche mit körperlichen Beschwerden bezahlen müssen, sich nicht so schnell frustrieren lassen. Sie werden eher noch davon angestachelt, neue Versuche zu unternehmen, um sich nicht zu blamieren.[135]

„Die entscheidende Weichenstellung dafür, ob jemand zum Raucher wird oder nicht, erfolgt vermutlich in der Phase unmittelbar nach der ersten Zigarette". Jugendliche, die bis zur vierten Zigarette weiterrauchen, werden nach Aussage von Fuchs mit größerer Wahrscheinlichkeit zu Rauchern als ihre Altersgenossen, die vor der vierten Zigarette das Experimentieren abbrechen."[136]

Da Nikotin ein Stoff mit hohem Suchtpotenzial ist, gibt es Schätzungen, dass es gerade bei Kindern und Jugendlichen bereits nach drei bis vier Zigaretten zur körperlichen Abhängigkeit kommen kann.[137] Von welchen Faktoren und Mechanismen es also abhängt, dass manche Kinder und Jungendliche das Experimentieren mit Zigaretten rechtzeitig beenden, während andere den Gebrauch von Zigaretten fortsetzten, bleibt weiterhin fraglich.

Die Gewöhnungsphase

Der weitere Konsum von Zigaretten wird in der Gewöhnungsphase stabilisiert.

Während erste Raucherfahrungen, besonders in sehr jungen Jahren, unter bestimmten Bedingungen zur Verfestigung des Verhaltens führen, bewirken spätere erneute Raucherlebnisse oft erstaunlich schnell Gewohnheitsbildung.

Wie schon in Kapitel 2.3.2.1 erwähnt vertreten einige Autoren[138] die Auffassung, dass das Rauchverhalten der Peers einer der stärksten und konsistentesten Prädikatoren dafür ist, ob Kinder und Jugendliche mit dem Rauchen anfangen bzw. das Experimentieren fortsetzten.

---

[135] vgl. BZgA, 1969: a. a. O., S. 15
[136] Fuchs, R., 2000: a. a. O., S. 98
[137] Schwarzer, R., 1992: Psychologie des Gesundheitsverhaltens. Reihe Gesundheitspsychologie, Bd1. Göttingen, Toronto, Zürich: Hogrefe Verlag für Psychologie, S. 262
[138] Nordlohne, E., 1992: a. a. O.; Bergler, R., Haase, D., Humburg, S., Steffens, M. & Noelle-Neumann, E., 1995: a. a. O.

Das Stadium der Aufrechterhaltung bzw. Abhängigkeit

Ist das Rauchverhalten bei Kindern und Jugendlichen zu einer festen Gewohnheit geworden, befinden sie sich in der Aufrechterhaltungsphase. „Das Motiv zum Weiterrauchen ist bei abhängig gewordenen Rauchern in erster Linie die Vermeidung von Unlustgefühlen körperlicher, psychischer oder sozialer Natur."[139] In diesem Stadium dient das Rauchen vor allem „der Regulation interner psychologischer und physiologischer Zustände".[140] Da sich der Organismus schnell an die Substanz Nikotin gewöhnt, treten relativ schnell erste physiologische Entzugserscheinungen auf, wie zum Beispiel Unruhe, Kopfschmerzen, Schwindel, Hitzewallungen oder Magenschmerzen. Die psychische Abhängigkeit äußert sich eher darin, dass in gewissen Situationen oder bei bestimmten Gelegenheiten sowie Stimmungen nur sehr schwer auf Zigaretten verzichtet werden kann.

Rauchen in der Aufrechterhaltungsphase bedeutet Abhängigkeit, und dies wiederum ist vor allem eine Gewohnheit eines lustbesetzten Objektes, dessen Konsum nur schwer zu überwinden ist und aufgegeben werden kann.[141]

Obwohl man einige Modelle der Nikotinabhängigkeit in der Literatur findet, ist bis heute unklar, wie der biopsychologische Mechanismus aussieht, der das Rauchverhalten aufrechterhält.[142]

Im Folgenden werden einige relevante Erklärungsmodelle kurz vorstellt.

3.4.1 Erklärungsmodelle bezüglich der Nikotinabhängigkeit

Das **Nikotinregulationsmodell** von Jarvic stellt ein Beispiel für die Verbindung von psychologischen und physiologischen Erklärungsmodellen für die Aufrechterhaltung des Rauchverhaltens dar. Demnach versucht die rauchende Person durch ihre konstante Nikotinzufuhr, einen bestimmten Nikotinspiegel aufrechtzuerhalten, um Entzugssymptome zu vermeiden. Dies würde jedoch bedeuten, dass, wenn das Rauchen ausschließlich der Aufrechterhaltung des Nikotinspiegels im Blut dient, der Konsum von Zigaretten so zu-

---

[139] Beckmann, H. & Mechnich, S., 2001: a. a. O., S. 59

[140] Fuchs, R., 2000: a. a. O.,S.102

[141] vgl. Hess, H., 1989: a. a. O.

[142] Fuchs, R., 2000: a. a. O., S. 102

nehmen müsste, wie vermehrt Nikotin über den Harn wieder aus-
geschieden wird. Zu diesem Problem äußert Schachter sich mit
dem bekannt gewordenen Satz: „the smokers mind is in the blad-
der".[143] Experimentelle Befunde von Schachter unterstützen diese
Theorie und zeigen, dass Raucher aufgrund „unterschiedlich niko-
tinhaltiger Zigaretten ihren Nikotinspiegel über die Veränderung
der Anzahl gerauchter Zigaretten bzw. die Häufigkeit und Intensität der Züge regulierten."[144]

Verschiedene Untersuchungen führten zu dem Ergebnis, dass Zigaretten mit einem niedrigeren Nikotingehalt tiefer inhaliert werden,
um zur gleichen Nikotindosis zu kommen, da ein abhängiger Raucher das veränderte Freisetzungsverhalten von Nikotin aus der
neuen Zigarette sofort bemerkt.[145] Diese Theorie kann jedoch das
Phänomen Rauchen nicht ausreichend erklären, da es beim Rauchen erwiesenermaßen nicht nur auf das Zuführen von ausreichend
Nikotin ankommt. Demnach müssten sonst für eine Zigarettenent-
wöhnung Nikotinkaugummis oder transdermale Nikotinsubstitutio-
nen völlig ausreichen, was jedoch nicht der Fall ist, wie Ashton &
Stepney nachweisen konnten. Dass diese Theorie nicht zur Erklärung des Gesamtphänomens ausreicht, zeigt das Verhalten ehema-
liger Raucher, die selbst nach Monaten des Nichtrauchens und
demnach ihren Nikotinspiegel über längere Zeit sozusagen bei Null
hatten, wieder rückfällig werden. Es ist jedoch nicht entscheidend, ob und wie genau die Kompensation gelingt, sondern dass
die Nikotinaufnahme ein notwendiger, aber kein hinreichender
Faktor beim Rauchen ist, dass aber ein solches Bestreben als
Nachweis völlig ausreicht, um Rauchen als Sucht erklären zu können.[146]

Eine weitere Theorie, die auf der Nikotinregulationstheorie auf-
baut, ist das **Multiple Regulationsmodell** von Leventhal & Cleary.
In dieser Theorie wird davon ausgegangen, dass Rauchen etwas mit
der Bewältigung von Gefühlszuständen zu tun hat und Nikotin mit
diesen emotionalen Zuständen durch Konditionierung verbunden

---

[143] vgl. Niederberger, J.M., 1987: Rauchen als sozial erlerntes Verhalten,
Stuttgart: Ferdinand Enke Verlag, S. 35; Hess, H., 1989: a. a. O., S. 149

[144] Unland, H. & Lindinger, P., 2003: Rauchen, in: Psychologische Gesundheitsförderung, Jerusalem, M. & Weber, H., Göttingen, Bern, Toronto, Seattle: Hogrefe Verlag für Psychologie, S. 253

[145] vgl. Haustein, K.O., 2001: a. a. O., S. 65

[146] vgl. Niederberger, J.M., 1987: a. a. O., S. 42; Hess, H., 1989: a. a. O., S.
149

ist. Rauchen bzw. die Nikotinaufnahme wird demnach als Mittel zur Emotionsregulation verstanden.[147] Zur Erklärung dient folgendes Beispiel: Aus einer sozialen Unsicherheit heraus beginnt eine Person zu rauchen und stellt dabei fest, dass es zu einer kurzfristigen Verringerung der sozialen Unsicherheit kommt. Sobald jedoch die Zigarette zu Ende geraucht ist, steigt die Unsicherheit wieder an, während gleichzeitig auch der Nikotinspiegel wieder sinkt. Nach der klassischen Konditionierungstheorie kommt es somit zu einer Koppelung des Unsicherheitsanstiegs und des Nikotinabfalls. Aus diesem konditionierten Unbehagen heraus entsteht dann der Drang zum Rauchen, denn dieses kann den unangenehmen Zustand des Nikotinabfalls und des sozialen Unbehagens zumindest kurzfristig beenden.

Dieses Erklärungsmodell erweitert das vorherige Modell zwar um die psychologische Komponente der Emotionsbewältigung, reicht jedoch nicht zur vollständigen Erklärung aus.

In einer weiteren Theorie, der so genannten **Neuroregulationstheorie** von Pomerleau & Pomerleau, wird die Rolle des Nikotins und der kognitiven Verarbeitungsprozesse bei der Aufrechterhaltung der Nikotinabhängigkeit hervorgehoben. Die Theorie geht davon aus, dass Nikotin die Neuroregulatoren beeinflusst, die wiederum zuständig für verbesserte Gedächtnisleistungen, leichtere Aufgabebewältigung, Verringerung von Angst und Anspannung zuständig sind. Demnach erhöht der Nikotinkonsum die Konzentrations- und Gedächtnisleistungen und senkt das Angst- und Anspannungsniveau. Diese Effekte sind bei Gewohnheitsrauchern wissenschaftlich festgestellt worden. Des Weiteren geht die Theorie davon aus, dass Ex-Raucher dadurch rückfällig werden, dass sie die Erfahrung gemacht haben, durch das Rauchen den emotionalen und leistungsmäßigen Anforderungen eher gewachsen zu sein als ohne Nikotin.[148] Doch auch bei dieser Theorie werden die emotionalen und kognitiven Aspekte des Rauchens nicht ausreichend berücksichtig, während die Sucht- und Entzugsproblematik des Nikotingebrauchs hingegen hinreichend erklärt wird.

---

[147] Unland, H. & Lindinger, P., 2003: a. a. O.,S. 254
[148] ebd.

Für die drei genannten Modelle liegen zwar unterstützende Befunde vor, ein integratives Modell, das alle genannten Einflussgrößen miteinander verbindet, fehlt jedoch bisher.

Anders sieht es bei den **psychologischen Erklärungsmodellen** aus. Hier wird der Tabakkonsum als gelernte Bewältigungshandlung (Wills 1985) angesehen. „Rauchen wird als eine intentionale bzw. erwartungsgesteuerte Verhaltensweise verstanden, mit der bestimmte Ziele erreicht werden sollen."[149]

Dieser Ansatz hinterfragt die unterschiedlichen Funktionen, die das Rauchen für den Betroffenen besitzt. Bei Jugendlichen kann das Rauchen z.B. die Funktion übernehmen, Angst und soziale Unsicherheit zu überspielen und dadurch die Kontaktaufnahme zu anderen Peers erleichtern. Das Rauchen besitzt demnach eine Funktion als situationsübergreifendes Bewältigungsverhalten mit unterschiedlichsten Zielen.[150] Diese Erkenntnis der individuellen Motive für das Rauchen und somit die Funktionen, die es erfüllt, ist für die Gestaltung eines effektiven Raucherpräventions- und Entwöhnungsprogramms von großer Bedeutung.[151]

„Die Erklärung des Rauchens als gelernte Bewältigungshandlung korrespondiert gut mit den gegenwärtig diskutierten kognitiven Modellen des Gesundheitsverhaltens." Diese gehen davon aus, dass gesundheitsrelevante Verhaltensweisen durch spezifische Erwartungen gesteuert werden. „In diesen Erwartungen spiegelt sich die subjektive Funktionalität des betreffenden Verhaltens."[152] Darunter ist nun zu verstehen, dass eine Person im Laufe der Zeit lernt, dass sie das Rauchen zur Emotionskontrolle, Regulation von Belastungen oder zur Steigerung von Empfindungen einsetzen kann. Daraus folgt, dass sich spezifische Konsequenzerwartungen herausbilden; z.B. an das Rauchen einer Zigarette wird die Erwartung gebunden, mit Stress besser umgehen zu können.

Eine biopsychologische Theorie, in der neurochemische Mechanismen der Nikotinabhängigkeit genauso wie kognitive Prozesse der Verhaltensregulation berücksichtigt werden, fehlt nach Aussage von Leppin, Hurrelmann und Petermann bislang noch.[153]

---

[149] Fuchs, R., 2000: a. a. O., S. 104
[150] Unland, H. & Lindinger, P., 2003: a. a. O., S. 254
[151] vgl. Kolte, B., 2006: a. a. O., S. 66
[152] vgl. Fuchs, R., 2000: a. a. O.,S.106
[153] vgl. ebd., S. 107

Diese Theorieansätze zeigen, dass die Abhängigkeit bzw. Aufrechterhaltung des Rauchens nicht nur Ergebnis einer physiologischen
Abhängigkeit, sondern auch das Resultat fest gefügter Erwartungsstrukturen ist. Um den Aufbau diese Erwartungsstrukturen von vor-
neherein zu verhindern, sind besonders frühzeitig eingesetzte präventive Maßnahmen wichtig.

3.4.2 Ausstiegsmotivation und Aufhörversuche

Den meisten, die mit dem Rauchen aufhören wollen, ergeht es wie
Mark Twain: „Mit dem Rauchen aufzuhören ist ganz einfach! Ich
habe es schon hundertmal geschafft".[154]

Verschiedene Studien der BZgA aus den Jahren 2001, 2004, 2005
und 2006 belegen, dass ein großer Teil jugendlicher Gewohnheits-
raucher unter den Auswirkungen stabilisierter Konsummuster leidet
und bereits erste Aufhörversuche unternommen hat.[155]

Seit 2001 ist zu erkennen, dass die Aufhörversuche unter Jugendlichen deutlich zugenommen haben. Von 61 % im Jahr 2001 versuchten schon 66 % im Jahr 2005 mindestens ein- bis zweimal das Rauchen einzustellen.[156]

Die Drogenaffinitätsstudie der BZgA aus dem Jahr 2004 belegt, dass
die meisten jugendlichen Raucher keineswegs überzeugte Raucher
sind. Die größte Bereitschaft aufzuhören ist in der Gruppe der 12-
bis 15-Jährigen mit 74 % vorzufinden.

Auch Beckmann beschreibt, dass die Einstellung zum Rauchen bei
Kindern und Jugendlichen bis zum 20. Lebensjahr noch stark zwischen Rauchen und Nichtrauchen schwankt und dass viele der rauchenden Jugendlichen ihre Abhängigkeit schon früh negativ bewerten.[157]

Leider sind nur wenige Versuche das Rauchen aufzugeben wirklich
erfolgreich, wie eine Studie der BZgA aus dem Jahr 2006 belegt.
Dies zeigt sich am Anteil der Exraucher bei den 12- bis 19-

---

[154] Eltern-Initiative zur Suchtvorbeugung e.V., Nikotin, Zugriff am 30.8.2007
unter: http://www.eis-ev.de/drogen/nikotin.html
[155] BZgA, 2005b: a. a. O., S. 71; BZgA, 2001: Jugendliche Raucher, S. 29;
BZgA, 2004: a. a. O., S. 20; BZgA, 2006c: a. a. O.,S.23
[156] BZgA, 2004: a. a. O., S. 21
[157] Beckmann, H. & Mechnich, S., 2001: a. a. O., S. 142

Jährigen, welcher den aktuellsten Angaben nach bei 3 % liegt.[158] Denn wer mit dem Rauchen versucht aufzuhören, vermisst nicht nur das Nikotin, sondern auch das Rauchverhalten, dass bei vielen schon zur Gewohnheit geworden ist.

Genauso wie rauchende Erwachsene müssen auch Kinder und Jugendliche, die das Rauchen aufgeben wollen, verstehen lernen, wann und wo sie am anfälligsten für die Versuchung sind, um erfolgreich dagegen angehen zu können. Beckmann vertritt die Meinung, dass die Gefahr eines Rückfalles für Kinder und Jugendliche am größten ist, wenn sie sich mit ihren rauchenden Freuden/innen treffen und Zigaretten angeboten bekommen.[159]

Untersuchungen von Hanewinkel, Ferstl & Burow[160] belegen, dass jeder fünfte Jugendliche aus Langeweile oder schlechter Laune und jeder dritte Jugendliche entgegen der eigenen guten Vorsätze mitraucht, wenn er oder sie gut drauf ist.

Es gibt eine ganze Reihe an Voraussetzungen dafür, dass Aufhörversuche erfolgreich zum Nichtrauchen führen. Vor allem müssen Jugendliche lernen, sich selbst mehr zuzutrauen, ihre Identität zu stärken und sich Unterstützung im Freundes- und Familienkreis zu holen, um den Ausstieg zu schaffen.

Nicht alle Kinder und Jugendliche, die das Rauchen beenden wollen, benötigen nach Beckmann externe Hilfe. Doch gerade für die, die Hilfe und Unterstützung gebrauchen könnten, gibt es in Deutschland bislang nur wenig professionell geleitete Entwöhnungskurse oder Programme.[161]

---

[158] BZgA, 2006c: a. a. O., S. 27
[159] Beckmann, H. & Mechnich, S., 2001: a. a. O., S. 144
[160] Hanewinkel, R., Ferstl, R. & Burow, F., 1993: Merkmale von Situationen, in denen Jugendliche Rauchen, in: Sucht, 4, S. 232-235
[161] Beckmann, H. & Mechnich, S., 2001: a. a. O., S. 144

3.5 Gesundheitliche Folgen des Zigarettenrauchens

3.5.1 Inhaltsstoffe und gesundheitliche Folgen des Zigarettenrauchs

Nikotin, Teer und Kohlenmonoxid

Bisher wurden im Tabak 3.044 verschiedene Einzelstoffe identifiziert, im Tabakrauch sogar 4.800 – von denen etwa 70 als krebserregend bzw. organschädigend gelten.[162] Dieses Kapitel wird sich den drei bekanntesten Inhaltsstoffen (Nikotin, Teer und Kohlenmonoxid) näher widmen. Untersuchungen der BZgA[163] belegen, dass 97 % der 12- bis 19-Jährigen wissen, dass Nikotin in Zigaretten enthalten ist, 92 % der Jugendlichen können Teer als Inhaltsstoff angeben und noch 55 % der Jugendlichen wissen, dass auch Kohlenmonoxid enthalten ist. Die übrigen Substanzen wie z.B. Arsen, Blausäure, Schwefelsäure, Blei, Stickoxide, Benzol, Radon usw. sind weitaus weniger bekannt. Dieses Ergebnis lässt daraus schließen, dass durch langfristig angelegte Informationsstrategien auch umfangreicheres Wissen, insbesondere über die Gefahren und Auswirkungen des Rauchens, in der Bevölkerung verbreitet werden kann.

Nikotin ist ein Alkaloid, das nur in den Blättern der Tabakpflanze enthalten ist und in reinem Zustand eine flüssig-ölige Konsistenz besitzt, welches sich an der Luft braun färbt und den typischen Tabakgeruch abgibt.[164] Nikotin gilt als die abhängig machende Substanz, d.h. dass sie eine der wesentlichen Faktoren dafür ist, dass Raucher so schwer wieder von ihrer Sucht loskommen.[165]

Beim Verbrennen von Tabak wird etwa 30 % des in einer Zigarette enthaltenen Nikotins freigesetzt, wovon beim intensiven Inhalieren bis zu 95 % resorbiert, also über die Atemwege aufgenommen werden.[166] Das heißt, mit jeder Zigarette wird 1mg Nikotin eingeatmet, wobei schon eine Menge von 50mg oral eingenommen oder

---

[162] Burger, R. & Davani, K., 2006: Schwarzbuch Zigarette, Wien: Ueberreuter, S. 72

[163] vgl. BZgA, 2006c: a. a. O.,S. 62

[164] vgl. Haustein, K.-O., 2001: a. a. O., S. 81

[165] vgl. Burger, R. & Davani, K., 2006: a. a. O., S. 72

[166] vgl. Gruyter, 2002: Pschyrembel. Klinisches Wörterbuch. S. 1173

injiziert für einen nicht an Nikotin gewöhnten Menschen tödlich sein kann.[167]

Schon sieben Sekunden nach dem Inhalieren des Zigarettenrauchs erreichen 25 % des Nikotins über die Blutbahn das Gehirn, wo es auf nicotinerge Rezeptoren trifft. Diese Rezeptoren sind Nervenzellen, bei denen Nikotin die chemische Reizerweiterung auslöst. Nikotin wirkt auf zweifache Weise: zum einen wird das Nervensystem angeregt durch Noradrenalinausschüttung, zum anderen hat es zugleich eine beruhigende Wirkung auf das vegetative Nervensystem.

Auf diese Weise kann das Rauchen individuell stimmungsregulierend eingesetzt werden; in geringen Dosen wirkt Nikotin bei Erschöpfung und Müdigkeit stimulierend, bei Stress und Angst wird häufig eine höhere Dosis (in Form von mehreren Zigaretten) zu sich genommen, was zunächst stimulierend, dann sedierend wirken kann.[168] Diese stimmungsbeeinflussende Wirkung des Nikotins ist dafür verantwortlich, dass gerade Kindern und Jugendlichen, die entwicklungsgemäß mit vielen Aufgaben und Unsicherheiten konfrontiert sind (s. Kapitel 1.2), schnell ein Suchtverhalten entwickeln.

Psychisch machen sich die Effekte durch die Stimulation der Synapsen, durch eine erhöhte Leistungsfähigkeit sowie verbesserte Aufmerksamkeits- und Gedächtnisleitungen bemerkbar, die als angenehm und stimmungshebend empfunden werden.[169] In früheren Jahren hat die noch wenig dosierte Aufnahme großer Mengen an Nikotin jedoch häufiger zu Vergiftungserscheinungen geführt. Dabei kam es zu Übelkeit, Schwindel, Speichelfluss, Krämpfe, Diarrhöe, Kopfschmerzen und Erbrechen.[170]

Viel gefährlicher als die kurzfristigen akuten gesundheitlichen Folgen des Zigarettenrauchens sind jedoch die langfristigen gesundheitlichen Schäden wie z.B. Herz-Kreislauf-Erkrankungen, Bronchialkarzinom etc. Diese Erkrankungen sind zum größten Teil auf die Substanzen Kohlenmonoxid, Cyanwasserstoff, Benzol, Cadmium, Nitrosaminen und auf viele andere gesundheitsschädlichen Bestandteile des Tabakrauchs zurückzuführen.

---

[167] vgl. Hurrelmann, K. & Bründel, H., 1997: a. a. O., S. 171

[168] vgl. Deubner, R., 1998: Rauchen als Risikoverhalten: Eine idiographische und nomothetische Analyse mit der Repertory Grid-Technik, Lengerich: Pabst

[169] vgl. Burger, R. & Davani, K., .2006: a. a. O., S. 74

[170] vgl. Hess, H., 1989: a. a. O., S. 131f

Teer (Kondensat) besteht hauptsächlich aus einem zähflüssigen, schwarzbraunen aromatischen Kohlenwasserstoffgemisch, das als Rückstand bei der Verbrennung von Tabak entsteht und durch die Zigarettenfilter nur ungenügend zurückgehalten wird.[171] Die Teerstoffe sind die eigentlich gefährlichen Substanzen für die Atemwege und die Lunge, denn sie verkleben die reinigenden Flimmerhärchen, wodurch der sogenannte „Raucherhusten" ausgelöst wird.[172] Durch irreversibel zerstörte Flimmerhärchen können dann Staub und Schmutzpartikel nicht mehr abgehustet werden, die Tabakbestandteile bleiben haften und können somit ihre krebserzeugende Wirkung entfalten.[173] Welche Menge an Teer ein rauchender Mensch pro Jahr zu sich nehmen kann, zeigt das folgende Zitat: „Raucht man täglich eine Schachtel Zigaretten, so nimmt die Lunge im Jahr etwa eine Tasse Teer auf."[174]

Kohlenmonoxid (CO) ist ein sehr giftiges, farb-, geruch- und geschmackloses Gas, das zu 4 % im Tabakrauch enthalten ist und vom Blut aufgenommen wird. Kein Zigarettenfilter kann es zurückhalten. Im menschlichen Körper verhindert Kohlenmonoxid, dass genug Sauerstoff zu den inneren Organen transportiert wird, was zur Folge hat, dass alle menschlichen Organe absterben.[175] Neben der Schädigung der Sehkraft ist das Kohlenmonoxid vor allem für die Herz-Kreislauf-Erkrankungen verantwortlich.[176]

Zigaretten gehören weltweit zu den legalen Drogen, die aber auch dann zu Gesundheitsschäden und tödlichen Krankheiten führen, wenn sie „bestimmungsgemäß" angewendet werden.

Rauchen gilt als eines der größten Gesundheitsrisiken der Industrienationen: mehr als die Hälfte aller Raucher verstirbt vorzeitig

---

[171] vgl. BZgA, 2005a: Auf dem Weg zur rauchfreien Schule, S. 79

[172] vgl. Haustein, K.-O., 2001: a. a. O.

[173] vgl. Hess, H., 1989: a. a. O., S. 130

[174] BZgA, 2007: lets talk about. Jugendsuchtberatung, Zugriff am 07.12.2007 unter:
http://www.jugendsuchtberatung.de/download/lets_talk_about_smoking.pdf

[175] vgl. Hurrelmann, K. & Bründel, H., 1997: a. a. O.,S. 171; BzGA, 2005a: a. a. O.

[176] vgl. Kölli, T., 2004: a. a. O., S. 4

an den Folgen des Tabakkonsums.[177] In der bundesdeutschen Bevölkerung gilt Zigarettenrauchen als das wichtigste Einzelrisiko für Krankheiten und Todesfälle.[178]

Ungefähr 140.000 Menschen sterben pro Jahr in Deutschland an den Folgeerkrankungen, das sind jeden Tag etwa 383 Menschen, alle 4 Minuten ein Mensch.[179] Nach Hess sind die Gefahren an den Folgen zu sterben umso größer, je früher mit dem Rauchen begonnen wird, da die Menge der Schadstoffe zum einen größer ist, und zum anderen den Körper in seiner Entwicklungsphase intensiver und irreversibler angreift.[180] Leifert bestätigt diese Aussage: „Die meisten Tabaktoten sind keine besonders starken Raucher, sie haben nur relativ früh damit begonnen."[181] Denn je früher Jugendliche mit dem Rauchen beginnen, desto größer ist die Wahrscheinlich, dass sie zu regelmäßigen Rauchern werden und desto stärker ist demnach die karzinogene[182] Wirkung des Zigarettenrauchs.[183]

Daher ist es umso wichtiger, junge Menschen über die Risiken und Tücken des Rauchens möglichst früh aufzuklären. Jugendlichen erscheinen gesundheitliche Probleme, die auf das Rauchen zurückzuführen sind, meist in ferner Zukunft, da sie in den seltensten Fällen schon früh davon persönlich betroffen sind. In dieser Phase des Lebens überwiegen die scheinbaren Vorteile, vor allem aber der Wunsch, „dazu zu gehören".

Es kann jedoch schon nach einer kurzen „Raucher-Karriere" zu den vielfältigsten Erkrankungen kommen. Unspezifische Herz- und Kreislaufstörungen, erhöhte Infektanfälligkeit, verminderter Geschmacks- und Geruchssinn, verzögerte Wundheilung und vorzeitige Hautalterung sind nur einige der Beschwerden, mit denen zu rechnen sind.[184] Dramatischer noch sind nach Angaben von Schultze-Werninghaus die Langzeitfolgen für einen Raucher. Krankheiten wie chronische Bronchitis, Lungenentzündung, Magengeschwüre, Herzerkrankungen, Durchblutungsstörungen, Gefäßschäden und verschiedenste Karzinome sind leider häufig bei den Rauchern vor-

---

[177] Sührig, C., 2007: a. a. O. S. 1

[178] BZgA, 2005b: a. a. O., S. 74

[179] Leifert, J., 2007: PowerPoint Vortrag Prävention, S. 12

[180] vgl. Hess, H., 1989: a. a. O., S134

[181] Leifert, J., 2007: a. a. O., S. 19

[182] meint: Krebs erzeugend

[183] vgl. Sührig, C., 2007: a. a. O., S. 7

[184] Leifert, J., 2007: a. a. O.

zufinden, die sich in Behandlung geben müssen.[185] Über zwölf verschiedene Krebsarten, zudem zahlreiche Herz- und Gefäßerkrankungen lassen sich empirisch belegt, auf den aktiven Tabakkonsum zurückführen.[186] Herz- bzw. Kreislaufschäden und Krebsgefahr sind jedoch für die meisten Jugendlichen fast immer irreale Drohungen. Der Ernst dieser Gefahr wird angezweifelt, verharmlost oder verdrängt. Neben den körperlichen Schäden, die durch den Zigarettenkonsum erzeugt werden können, treten aber auch psychische Folgen auf. So wurde festgestellt, dass Raucher mehr Stress empfinden als Nichtraucher. Insgesamt ist nach Rumpf & Hüllinghorst das selbstangegebene Stressempfinden der Raucher tatsächlich höher als das der Nichtraucher[187]. Rauchen erzeugt aus dem Grund Stress, da Raucher erwiesenermaßen vom Nikotin abhängig sind. Zwar behaupten die meisten Raucher, dass eine Zigarette beruhigt und entspannt, also Stress lindert, (z.B. 84 % der 12- bis 19-jährigen Raucher im Jahr 2005 waren dieser Meinung)[188] jedoch wird der meiste Stress erst durch das Rauchen selbst verursacht. Eine Zigarette beseitigt die Entzugserscheinungen und drückt nur den während des Entzugs gestiegenen Stress wieder auf den Level herunter, der unter Nichtrauchern natürlicherweise zu beobachten ist.[189] Bisher wurden ausschließlich die Risiken auf das aktive Rauchen bezogen, im Folgenden soll die Gesundheitsgefährdung für Passivraucher dargestellt und diskutiert werden

3.5.2 Passivrauchen

Es sind nicht ausschließlich die Raucher, die durch den Zigarettenrauch zu Schaden kommen, die Gefährdung der Passivraucher ist nicht zu unterschätzen.

Nach Batra & Buchkremer sind es vor allem Kinder rauchender Eltern, die ein erhöhtes Risiko für Atemwegserkrankungen, Krebslei-

[185] Schultze-Werninghaus, G., 1986: Die funktionellen Folgen des Zigarettenrauchens, in: Rauchen und Atemwege, a. a. O., S. 43; Haustein, K.-O., 2001: a. a. O., S. 135

[186] vgl. Sührig, C., 2007: a. a. O., S. 1

[187] vgl. Rist, F., 2003: Warum konsumieren Menschen Alkohol und Tabak?, in: Alkohol und Nikotin, Rumpf, H.J. & Hüllinghorst, R., Freiburg i. B.: Lambertus Verlag, S. 21

[188] BZgA, 2006c: a. a. O., S. 46

[189] Paulus, J., 2000: Rauchen erzeugt Stress. Psychologie Heute, 04/2000

den oder den so genannten Kindstod aufweisen und als hochgradig gefährdet gelten.[190]

Wie schon erwähnt, enthält der Zigarettenrauch neben den Stoffen Nikotin, Teer und Kohlenmonoxid weitere tausende chemische Substanzen. Durch das Ziehen an der Zigarette entsteht der sogenannte Hauptstrom, der die Glut entfacht. Den Hauptschaden des Rauchs trägt somit der Raucher selbst. Doch zwischen den Zügen glimmt die Zigarette weiter und gibt den sogenannten Nebenstrom, auch „blauer Dunst" genannt, ab, der das Umfeld zum Passivraucher werden lässt.[191] Es ist nachgewiesen, dass der Nebenstrom toxischer als der inhalierte Hauptstrom ist, da in diesem über 4000 Chemikalien, darunter zahlreiche toxische und krebserregende Stoffe, enthalten sind.[192] Wie hoch jedoch tatsächlich die Aufnahme gesundheitsschädlicher Stoffe durch den Nebenstrom ist, lässt sich nach Aussage Beckmanns nicht genau bestimmen. Dies hängt von der Zahl der gerauchten Zigaretten, der Belüftung im Raum, dem Abstand zum Raucher, der Größe des Raums und der Dauer des Mitrauchens ab.[193] Fest steht jedoch, dass täglich in Deutschland 386 Millionen Zigaretten „in Rauch aufgehen", was eine enorme Belastung für Passivraucher bedeutet.[194]

Des Weiteren konnte festgestellt werden, dass Passivrauchen zum Anstieg von Nikotin, Cotinin und erhöhten Kohlenmonoxidwerten im Blut führt.[195] Dies wiederum beeinträchtigt in hohem Maße das Wohlbefinden: Reizungen von Schleimhäuten der Augen, der Nase und dem Hals, Kopfschmerzen, Husten Übelkeit, Schwindel etc. sind häufige Folgen.[196] Nach Angaben von Leifert[197] leiden Kinder in Raucherhaushalten doppelt so häufig an Husten, Konzentrationsschwierigkeiten, Kopfschmerzen und Schwindelgefühlen und dreimal häufiger an Schlafstörungen und Asthmaanfällen als Kinder, die in einer rauchfreien Umgebung aufwachsen.

---

[190] Barta, A. & Buchkremer, G., 1999: a. a. O., S. 208
[191] Beckmann, H. & Mechnich, S., 2001: a. a. O., S. 43; Hurrelmann, K. & Bründel, H., 1997: a. a. O.,S. 172
[192] vgl. Haustein, K.-O., 2001: a. a. O., S. 291
[193] Beckmann, H. & Mechnich, S., 2001: a. a. O., S. 43
[194] BZgA 2004a: Rote Reihe Tabakprävention und Tabakkontrolle Band 2, Köln: BZgA, S. 5
[195] Barta, A. & Buchkremer, G., 1999: a. a. O., S. 215
[196] BZgA, 2005b: a. a. O., S. 77
[197] Leifert, J., 2007: a. a. O., S. 24

Schätzungen zufolge sterben in Deutschland jährlich 3300 Menschen, weil sie dem Rauch anderer ausgesetzt sind und[198] jedes zweite Kind lebt in Deutschland in einem Haushalt, in dem mindestens eine Person raucht. Diese erschreckend hohen Zahlen sollten rauchende Eltern und Geschwister auf ihre Verantwortung, die sie Kindern und weitern Familienmitgliedern gegenüber haben, aufmerksam machen.[199]

Solche Zahlen führen heute wenigstens in einigen Ländern wie Frankreich, Italien oder Irland zu der Erkenntnis, dass eine Reihe von Gesetzesinitiativen zum Schutz der Raucher und Nichtraucher durch die Einführung von rauchfreien Zonen und aufklärenden Projekten über die Auswirkungen des Rauchens dringend benötigt werden. In Deutschland greifen jedoch politische Maßnahmen und Präventionsprogramme zur Reduzierung des Tabakkonsums noch nicht effektiv. Inwieweit dies mit den „80 000 Arbeitsplätzen und jährlich 14 Milliarden Euro Steuern" in Zusammenhang steht, bleibt zu hinterfragen.[200] Die Tabaklobby in Deutschland scheint auf jeden Fall stärker zu sein als in unseren Nachbarländern.

Ob Gesetze zu einer Veränderung der Rauchergewohnheiten und Einstellungen von Kindern und Jugendlichen führen würden, bleibt fraglich. Die zum 01.01.2007 umgerüsteten Zigarettenautomaten auf EC- und Geldkarten scheinen weitgehend wirkungslos. Das Ziel dieser Umrüstungsaktionen soll sein, dass Jugendliche unter 16 Jahren keine Zigaretten an Automaten kaufen können, wodurch die Zahl der rauchenden Kinder und Jugendlichen gesenkt werden soll. Dass diese Umrüstung jedoch nicht die erhoffte Wirkung zeigt, geben die Deutsche Hauptstelle für Suchtfragen und der Bundesverband der Tabakhändler und Automatenhersteller auf Anfrage der Ruhrnachrichten an.[201] Kinder und Jugendliche, die Zigaretten konsumieren wollen, finden immer eine Möglichkeit, sich diese zu beschaffen, da weder Jugendschutzgesetze noch Rauchverbote in öffentlichen Räumen gegenwärtig einheitlich und konsequent geregelt werden.

---

[198] Brinkbäumer, K. & Hardinghaus, B., 2007: Deutscher Dunst, in: Der Spiegel, 7/2007, S. 69
[199] BZgA, 2004a: a. a. O., S. 5
[200] Brinkbäumer, K. & Hardinghaus, B., 2007: a. a. O., S. 69
[201] Ruhr Nachrichten, 10.3.2007

Bundesweite Rauchverbote in öffentlichen Einrichtungen wären sicherlich schon ein großer Schritt in die Richtung einer rauchfreien Gesellschaft, aber wichtiger noch als Gesetze ist es, Kinder und Jugendliche zu stärken und sie vom Nichtrauchen zu überzeugen.

Nichtrauchen sollte das Ergebnis persönlicher Überzeugung sein, nicht das Resultat eines sozialen Ausschlussprinzips oder einer gesetzlichen Vorschrift.

Wie letztlich dem potentiellen Beginn des Rauchens systematisch vorgebeugt werden kann, soll im anschließenden Kapitel geklärt werden.

4. Prävention

4.1 Allgemeine Grundlagen der Prävention

Prävention und präventive Maßnahmen sind häufig gebrauchte Begriffe, für die eine allgemein gültige Definition bisher jedoch fehlt. Nach Raithel handelt es sich um ein Mode- bzw. Trendwort, „das aufgrund seiner inflationären Verwendung eine semantische Diffusion erlitten hat."[202]

Ursprünglich wurde Prävention im medizinischen Handlungsfeld als Bezeichnung für Maßnahmen der Vorbeugung gegen Krankheiten und deren Folgen verwendet.[203] Heute versteht man darunter im Allgemeinen Maßnahmen zur Vorbeugung und Verhinderung psychischer und physischer Störungen, d.h. diese Maßnahmen kommen zum Einsatz, bevor Störungen auftreten oder sich ein Risikoverhalten entwickelt, um die Inzidenz zu verringern.[204] Nach Barth kommen weitere Kriterien zur begrifflichen Bestimmung von Prävention zum Tragen, auf die sich im Folgenden berufen wird:

1. „Prävention versucht den Gesundheitszustand der Bevölkerung, einzelner Bevölkerungsgruppen oder Personen zu erhalten oder zu verbessern,

2. Prävention ist nicht nur Aufgabe der Medizin, sondern sollte interdisziplinär angewandt werden, d.h. Pädagogen, Psychologen und Soziologen müssen zusammenarbeiten,

3. Prävention versucht verschiedene Ebenen beim Empfänger anzusprechen,

4. Präventive Maßnahmen sind meist langfristig angelegt und zielen auf Veränderungen des Erlebens und des Verhaltens ab."[205]

Bekannte Präventionsarten entstammen dem Präventionsmodell von Caplan,[206] der die Unterteilung zwischen primären, sekundären

---

[202] vgl. Raithel, J., 2004: Jugendliches Risikoverhalten Wiesbaden: Verlag für Sozialwissenschaften, S. 157

[203] Dorsch, F. (Hrsg.), 1994: Dorsch Psychologisches Wörterbuch, Bern: Huber

[204] vgl. Perez, M., 1991: Prävention, Gesundheits- und Entfaltungsförderung, in: Lehrbuch der klinisches Psychologie. Bd. 2: Intervention, Perez, M. & Baumann, U., Bern: Hans Huber Verlag, S. 366

[205] Barth, J., 2000: a. a. O., S. 35

und tertiären Formen der Prävention einführte. Mit dieser Einteilung legte er fest, ob eine Maßnahme vor (primär), während (sekundär) oder nach (tertiäre) dem Auftreten einer Störung erfolgte.[207]

Ziel der **primären Prävention** ist die Krankheitsverhütung. Sie umfasst die „Förderung der Gesundheit und Verhütung von Krankheit durch Beseitigung eines oder mehrerer ursächlicher Faktoren der Exposition (...) bzw. durch die Verhinderung bzw. Verminderung verhaltensbedingter Risikofaktoren (...).“[208]

Die **Sekundärprävention** bedeutet Früh-Erkennung und Frühbehandlung, genauer gesagt geht es um frühzeitiges Erkennen von Krankheiten, um diese baldmöglichst und wirkungsvoll behandeln zu können und um gleichzeitig die Folgen der Krankheiten zu vermeiden.[209] Dieser Bereich umfasst hauptsächlich die verschiedenen Formen der Psychotherapie und Beratung.

Die **tertiäre Prävention** hingegen verfolgt das Ziel, mögliche Folgeschäden einer Störung für das Individuum und seine Umwelt zu vermeiden und das Risiko von Rückfällen und die Chronifizierung von Krankheiten für die einzelnen Personen zu verhindern. Hierzu gehören insbesondere Maßnahmen der Rehabilitation, der sozialen Wiedereingliederung und Nachsorge.[210]

Betrachtet man die Präventionsveranstaltung der Universitätsklinik Freiburg orientiert sich Diese an der Form der primären Prävention, deren Anliegen es ist, Maßnahmen vor dem Gebrauch oder zu einem Zeitpunkt zu ergreifen, zu dem der legale bzw. illegale Drogengebrauch sich noch nicht manifestiert hat, eine Gefährdung jedoch absehbar ist.

Diese von Caplan eingeführten Begriffe sind jedoch missverständlich, da immer der Begriff Prävention verwendet wird und dadurch die präventiven Maßnahmen zeitlich nicht angemessen eingeordnet werden. Daher plädiert Perrez dafür, anstelle der von Caplan ver-

---

[206] Caplan, G., 1964: Principles of preventive psychiatry, New York: Basic Books

[207] vgl. Küfner, H., 1999: Prävention, in: Lehrbuch der Suchterkrankungen, Gastpar, M., Mann, K. & Rommelspacher, H., a. a. O.,S. 15

[208] vgl. Franzkowiak, P., 2006: a. a. O., S. 178

[209] vgl. Rollett, B., 2002: Frühe Kindheit, Störungen, Entwicklungsrisiken, Förderungsmöglichkeiten, in: Entwicklungspsychologie, (5. Aufl.), Oerter, R. & Montada, L., Weinheim: Beltz, S. 716

[210] vgl. Brandtstädter, J., 1982:Methodologischen Grundfragen psychologischer Prävention, in: Psychologische Prävention, a. a. O.,S. 37

wendeten Begriffe die drei Kategorien mit Prävention, Behandlung/Therapie und Rehabilitation zu überschreiben.[211]

Eine weitere Klassifikation präventiver Maßnahmen stammt von Nasseri.[212] Er differenziert fünf Stufen der Prävention. Dabei unterscheidet er zwischen

1. gesunden Personen,

2. gesunden Exponierten,

3. frühzeitig Erkrankten,

4. fortgeschritten Erkrankten und

5. chronisch Behinderten bzw. vom Tod bedrohten Personen.

Er definiert Prävention als Verhinderung des Absinkens auf eine tiefere Stufe. Dies bedeutet, dass Prävention für unterschiedliche Zielgruppen zu jeder Phase einer Erkrankung sinnvoll und möglich ist.[213]

Die Einteilung präventiven Handelns anhand der Schwere der Erkrankung bzw. der Beschwerden kann als Gemeinsamkeit der Annahmen von Caplan und Nasseri angesehen werden. Ziel der Prävention ist ihrer Ansicht nach das Verhindern einer Erkrankung bzw. das Vorbeugen einer Chronifizierung. Kritisch zu betrachten sind hier die Bezüge zum medizinischen Krankheitsbegriff.

Seit Mitte der 90er Jahre kam es zu einer verstärkten Abwendung des medizinisch orientierten Ansatzes, wobei zu beobachten ist, dass Prävention nicht mehr in ein krankheitsbezogenes, sondern in das salutogenetische Konzept eingeordnet wird.[214]

Nach Perrez können fünf wesentliche Ziele der Prävention entsprechend des salutogenetischen Grundgedankens erfasst werden:[215]

---

[211] Fischer, V., 2001: Suchtprävention bei Jugendlichen, Regensburg: S. Roderer Verlag, S. 20

[212] Nasseri, K., 1979: Letters to the editor. International Journal of Epidemiology. 8, S. 389f

[213] vgl. Barth, J., 2000: a. a. O., S. 36

[214] Bengel, J., Strittmatter & Willmann 1999: Was erhält Menschen gesund? – Antonovskys Modell der Salutogenese- Diskussionsstand und Stellenwert, Köln: BZgA

[215] vgl. Perrez, M., 1998: Prävention und Gesundheitsförderung, in: Klinische Psychologie-Psychotherapie, Perrez, M. & Baumann, U. (Hrsg.), Bern: Hans Huber Verlag

1. sowohl personale Risikofaktoren und individuelles Risikoverhalten, als auch

2. Risikoverhalten aus der Umwelt sollen reduziert und Schutzfaktoren verstärkt werden. Hier geht es vor allem um

3. personenorientierte Faktoren, die genetischer, biologischer oder psychosozialer Art sein können. Ziel ist es einen gesunden Verhaltensstil zu fördern, z.b. durch die Förderung der Stresstoleranz und internaler Kontrollüberzeugungen oder auch durch kognitive selbstwertfördernde Kompetenzen. Außerdem werden

4. umgebungsbedingte Schutzfaktoren gestärkt, um eine gesundheitsunterstützende Umgebung zu erhalten. Ein weiteres Ziel der Prävention bezieht sich auf

5. die Krisenintervention. Diese wird vor allem dann angewendet, wenn die vorhandenen persönlichen und sozialen Ressourcen zur Bewältigung von Belastungen nicht ausreichen. Anhand dieser Ziele wird deutlich, dass Prävention die Aufgabe hat, sich auf den Gesundheitszustand zu fokussieren um Erkrankungen rechtzeitig vorbeugen zu können.

Präventive Maßnahmen lassen sich hinsichtlich unterschiedlicher Vorgehensweisen weiter in der Spezifität des Ziels (spezifische vs. unspezifische Prävention), der angesprochenen Zielgruppe (Populationsprävention vs. Risikogruppenprävention) und der Interventionsebene (personenorientierte vs. systemorientierte Prävention) unterscheidenden.[216]

Die spezifischen Maßnahmen unterscheiden sich gegenüber den unspezifischen Maßnahmen bezüglich ihrer Ziele. Eine spezifische Prävention bezieht sich dabei auf eng umschriebene Störungen und Risikogruppen, wie z.B. Kampagnen zur Aufklärung über die Gefahren des Tabakgebrauchs.[217] Hier ist es vor allem wichtig, über die ätiologischen Faktoren Bescheid zu wissen, d.h. den Zusammenhang zwischen Risikoverhalten (z.B. Rauchen) und bestimmten Krankheiten (z.B. Lungenkrebs) zu kennen. Die unspezifischen Präventionsmaßnahmen hingegen, zielen auf eine Verhinderung eines allgemeinen Erkrankungsrisikos ab, d.h. sie haben vor allem die Veränderung übergeordneter Dimensionen (z.B. Selbstakzeptanz

---

[216] vgl. Becker, P., 1984: Primäre Prävention, in: Lehrbuch der klinischen Psychologie, Bd. 2, Schmidt, L.R. (Hrsg.), Bern: Hans Huber Verlag; Perrez, M., 1991: a. a. O.

[217] vgl. Brandstädter, J., 1982: a. a. O., S. 38

Jugendlicher) zum Ziel.[218] Unspezifische Präventionsmaßnahmen beruhen auf Kenntnissen über den Zusammenhang von bestimmten Verhaltensweisen und der Erhöhung des allgemeinen Erkrankungsrisikos.[219] In den meisten Fällen sind jedoch nach Hurrelmann & Settertobule Programme zur primären Prävention unspezifisch. Sie fokussieren allgemeine Bedingungen der Entstehung psychischer Störungen und Gesundheitsbeeinträchtigungen.[220]

Auf der 2. Dimension der Zielgruppe lassen sich populationsorientierte (für eine gesamte Population oder Teile einer Population) und risikogruppenorientierte (richtet sich an bestimmte Risikogruppen z.B. Raucher, Übergewichtige) Maßnahmen und Interventionen[221] für Personen mit einem bestimmten Risikoverhalten unterscheiden.[222]

Als 3. Dimension unterscheidet Perrez zwischen personenorientierten und systemorientierten Maßnahmen. Personenorientierte Maßnahmen stellen das Individuum in den Mittelpunkt ihres Interesses – hierbei sind Gesundheitsberatung oder Gesundheitsschulung wichtige Interventionsformen. Bei den systemorientierten Maßnahmen wird durch strukturelle Veränderungen (Verhältnisprävention) versucht, eine Beeinflussung durch soziale, ökologische oder kulturelle Einflüsse auf Personen zu verhindern, um die Gefahr einer Erkrankung zu vermindern.[223]

Insgesamt kann festgehalten werden, dass es nicht die Hauptaufgabe der Prävention sein sollte, ausschließlich die gefährdeten Gruppen anzusprechen, sondern vor allem die, welche über gesundheitsfördernde Verhaltensweisen verfügen. Pädagogisch er-

---

[218] Barth, J., 2000: a. a. O., S. 38

[219] Becker, P., 1984: a. a. O.

[220] vgl. Hurrelmann, K. & Settertobulte, W., 2002: Prävention und Gesundheitsförderung im Kindes- und Jugendalter, in: Lehrbuch der klinischen Kinderpsychologie und Psychotherapie, Petermann, F., Göttingen, Bern, Toronto, Seattle: Hogrefe Verlag, S. 133

[221] Entgegen dem Gebrauch des Präventionsbebriffs in der Psychologie und Medizin hat in der Soziologie und Pädagogik eher eine Orientierung an dem Begriff der Intervention stattgefunden. Siehe Raithel, J., 2004: a. a. O., S. 82

[222] vgl. Legewie, H., 1982: Prävention, in: Grundbegriffe der Psychotherapie, Bastine, R., Fiedler, P.A., Grawe, K., Schmidtchen, S. & Sommer, G., Weinheim: Edition Psychologie

[223] Perrez, M., 1998: a. a. O.

folgversprechender ist es, „protektive Faktoren zu fördern als Risiken zu mindern oder zu überwinden."[224]

Allgemein beinhaltet Gesundheitsprävention demnach das Prinzip der alten medizinischen Weisheit „Vorbeugen ist besser als Heilen"[225], was jedoch voraussetzt, dass Vorbeugung möglich ist, und die Kosten für präventive Maßnahmen im Vergleich zum Gewinn und zur Therapie in einem günstigen Verhältnis stehen, was nicht als selbstverständlich vorausgesetzt werden kann, da die Prävention der Suchtentwicklung oft schwieriger und weniger erfolgreich ist als die Behandlung von Suchterkrankungen, und der Aufwand von Präventionsmaßnahmen höher sein kann als die Behandlung selbst.[226] Abschließend soll noch einmal der Bezug zu der Veranstaltung der Universitätsklinik Freiburg hergestellt werden. Wie bereits erläutert, handelt es sich bei der Veranstaltung um ein primärpräventives Programm, das auf der Grundlage des salutogenetischen und nicht des medizinisch orientierten Konzeptes arbeitet. Die Veranstalter haben es sich zur Aufgabe gemacht, gesundes Verhalten durch Förderung von kognitiver Kompetenz zu stärken. Eine ausführlichere Erläuterung dieser Veranstaltung findet sich in Kapitel 3.4.

Was genau unter Prävention verstanden wird, soll nun im folgenden Kapitel geklärt werden.

4.2 Allgemeine Methoden der Prävention

Um das Ziel eines gesunden Lebensstils bzw. Lebensbedingungen zu erreichen, kommen verschiedene Methoden zur Auswahl. In Abhängigkeit vom Problembewusstsein der Empfänger wird unter anderem zwischen Gesundheitsaufklärung, -beratung, umgebungsbedingter Prävention und Training unterschieden. Diese werden im Folgenden kurz vorgestellt.

---

[224] vgl. Müller, H., Kersch, B. & Petermann, H., 1996: Problembelastungen – Drogengebrauch – schulische Prävention, in: Kindheit, Familie und Jugend, Möller, R., Abel, J., Neubauer, G. & Treumann, K.P., Münster, New York: Waxmann, S. 180

[225] vgl. Heil, F.E. & Scheller, R., 1984: Psychologische Beratung, in: Lehrbuch der Klinischen Psychologie, Schmidt, L.R., Stuttgart: Ferdinand Enke Verlag, S. 401

[226] vgl. Küfner, H., 1999: Prävention, in: Lehrbuch der Suchterkrankungen, Gastpar, M., Mann, K. & Rommelspacher, H., Stuttgart: Thieme., S. 15

4.2.1 Gesundheitsaufklärung

Von Aufklärung als repräsentative Methode der Prävention wird gesprochen, wenn die Ansprechpartner z.B. wenig über mögliche Risikofaktoren wissen und ihnen eine entsprechende Motivation zu einer gesunden Lebensweise fehlt.[227] Nach Brandstädter soll Aufklärung zur Schaffung eines Problembewusstseins, der Übermittlung von gesundheitsbezogenem Wissen beitragen und darüber hinaus eine Motivation zu gesundheitsbewusstem Verhalten und Handeln schaffen. „Ziel muß es sein, informierte Entscheidungen zu ermöglichen."[228]

Zu Beginn des 20. Jahrhunderts wurde eine Menge an Aufklärungs- und Informationsmaterialien entwickelt, die darüber informieren, wie den gegenwärtig vorherrschenden Zivilisationskrankheiten vorgebeugt werden kann.[229] Vielen dieser Aufklärungsschriften mangelt es jedoch an der nötigen Balance. Oft wird falsch informiert, Gefahren werden einseitig übertrieben, alle Drogen werden als Rauschgifte dargestellt und häufig werden gefährliche Wirkungen behauptet, obwohl darüber kein gesichertes Wissen vorliegt.[230] In neueren Materialen wie z.B. denen der BZgA wird verstärkt auf die Vermittlung von Hintergrundwissen zum Drogenkonsum Wert gelegt.

Aufklärung ist trotz dieser kritischen Anmerkungen nach Auffassung von Schwarzer eine unverzichtbare Präventionsmethode, die aber nur dann wirkungsvoll und erfolgreich ist, wenn die vermittelten Informationen dem Verständnisniveau der Ansprechpartner entsprechen und dabei sachlich richtig sind. Darüber hinaus stellt er fest, dass sich Informationen, die mit persönlichen Erfahrungen und Betroffenheit angereichert sind, als besonders wirkungsvoll erweisen.[231] Feldhege macht darauf aufmerksam, dass häufig sol-

---

[227] vgl. Röhrle, B., 1992: Prävention psychischer Störungen, in: Klinische Psychologie, Bd. 2, Bastine, R.H.E., Stuttgart, Berlin, Köln: Verlag W. Kohlhammer, S. 91

[228] Schenk, J., 1982: Suchtmittelmissbrauch, in Psychologische Prävention, Brandstädter, J. & Eye, A., 1982: a. a. O., S. 267

[229] vgl. Dlugosch, G.E., 1994: Gesundheitsberatung, in: Lehrbuch der Gesundheitspsychologie, Schwenkmezger, P. & Schmidt, L.R., Stuttgart: Ferdinand Enke Verlag, S. 222

[230] vgl. Wöbcke, M., 1977: Rauschmittelmißbrauch- Prävention und Therapie, München: Kösel

[231] vgl. Becker P., 1990: Prävention, in: Gesundheitspsychologie, Schwarzer, R., a. a. O., S. 433

che Maßnahmen nicht im Kontext direkter Kontakte stattfinden, sondern über entsprechende Medien vermittelt werden.[232]

Nach Aussage von Fuchs[233] sind solche Maßnahmen im Rahmen der Aufklärung besonders wirkungsvoll wenn:

1. ein großes Bedrohungspotential besteht,
2. das Verhalten von leicht beeinflussbaren und modifizierbaren sozialen und personalen Faktoren abhängt und außerdem
3. neben Informationsvermittlung auch Handlungsalternativen gegeben werden, die für den Ansprechpartner mit geringen Kosten verbunden sind.

Insbesondere der 3. Punkt ist nach Auffassung von Feldhege[234] einer der Gründe, warum Aufklärung oft scheitert. Seiner Meinung nach werden die Adressaten häufig nicht erreicht und Möglichkeiten zur Verhaltensänderungen in den meisten Fällen nicht aufgezeigt.

Auch Dlugosch[235] vertritt die Auffassung, dass diese Maßnahme insgesamt eher enttäuschende Ergebnisse erbracht habe, was schließlich zu der Entwicklung neuerer Strategien und Ansätze führte.

Aufklärungsarbeit sollte jedoch nicht nur in Zweifel gezogen werden, sie bleibt vor allem sinnvoll, wenn sie „als Instrument zur Schaffung eines adäquaten Problembewusstseins in der Bevölkerung konzipiert wird." Dabei können wichtige Mediatoren wie Eltern, Kino- bzw. Fernsehberühmtheiten, Sportler, Ärzte oder Politiker durch ihre Vorbildfunktion die Aufklärungsarbeit unterstützen – was in den letzten Jahren vor allem im Fernsehen durch den Einsatz bekannter Sportler vermehrt stattfindet.[236]

---

[232] vgl. Röhrle, B., 1992: a. a. O., S. 91

[233] Fuchs, R., Hahn, A., Jerusalem, M., Leppin, A., Mittag, W. & Schwarzer, R., 1989: Auf dem Weg einer sozialkognitiven Theorie des Gesundheitsverhaltens. Arbeitsberichte des Instituts für Psychologie, Nr. 11, Freie Universität, Berlin

[234] Feldhege, F., (o.J.): Konzeption einer Fachambulanz für suchtmittelgefährdete und -abhängige Klienten, München: Hektographie, S. 269

[235] Dlugosch, G.E., 1994: a. a. O., S. 223

[236] Schenk, J., 1982: Suchtmittelmissbrauch, in: Psychologische Prävention, Brandstädter, J. & Eye, A., Bern, Stuttgart, Wien: Verlag Hans Huber, S. 269

4.2.2 Gesundheitsberatung

Im Gegensatz zur Gesundheitsaufklärung ist die Gesundheitsberatung an Individuen gerichtet und nicht an anonyme Personengruppen. Es wird im direkten (kurzfristigen) Kontakt zu Klienten und seltener im indirekten Kontakt über Multiplikatoren (z.B. Eltern) „etwas zur Lösung antizipierbarer oder vorhandener Probleme beigetragen."[237]

Ziel der Beratung ist es, zu Einstellungs- und Verhaltensänderungen zu motivieren und handlungsrelevantes Wissen und Fähigkeiten zu spezifischen Umsetzungsmöglichkeiten zu vermitteln.[238]

Die Inhalte einer Gesundheitsberatung können sehr vielfältig sein, von einem allgemeinen Beratungsgespräch bis hin zu sehr spezifischen Fragestellungen. Vor allem im Zusammenhang mit kritischen Lebensereignissen kommt der präventiven Beratung eine große Bedeutung zu.

„Die Themen können auf den Ebenen der Prävention, Intervention und Rehabilitation angesiedelt sein."[239] Häufig sind die Übergänge jedoch fließend, so dass eine Beratung z.B. zur Raucherentwöhnung einen präventiven Charakter hat, aber auch als rehabilitierende Maßnahme angesehen werden kann, wenn bereits Krankheiten (z.B. Krebserkrankungen, Herz-Kreislauf-Erkrankungen) vorliegen. Besonders in kritischen Lebenssituationen kommt der präventiv ausgerichteten Beratung eine große Bedeutung zu, da Menschen in solchen Situationen gegenüber Hilfen besonders aufgeschlossen sind und „Krisen häufig die Weichen für positive oder negative Entwicklungen stellen."[240]

Innerhalb der Beratung gibt es zumindest in Deutschland keine festgelegten Kriterien oder Standards für die angewandten Methoden und Strategien. Kommunikationswissenschaftliche bzw. gesprächstherapeutische sowie verhaltenstheoretische Ansätze werden jedoch meist als theoretische Grundlage zur Hilfe genommen. Der Beratungsprozess hängt somit zum größten Teil von der Ausbil-

---

[237] Röhrle, B., 1992: a. a. O., S. 91

[238] vgl. Bengel, J. & Koch, U., 1988: Evaluation im Gesundheitswesen, in: Handbuch der Rehabilitationsforschung, Koch, U., Lucius- Horne, G. & Stegie, R. (Hrsg.), Berlin: Springer Verlag, S. 321ff; Schmidt, L.R. & Dlugosch, G.E., 1992: Entwicklungspsychologische Aspekte der Gesundheitspsychologie, in: Zeitschrift für Klinische Psychologie, 21/1992, S. 1-120

[239] Dlugosch, G.E., 1994: a. a. O.,S. 224

[240] Ulrich, D., 1987: Krise und Entwicklung. Zur Psychologie der seelischen Gesundheit, München: Psychologie Verlags Union

dung, dem Wissen und Können und somit den Erfahrungen des Beraters ab.[241]

In vielen Fällen reichen Aufklärungs- und Beratungsmaßnahmen aber nicht mehr aus, um stabile Verhaltenseffekte zu erreichen; daher müssen Aufklärung und Beratung häufig durch Trainingsmaßnahmen ergänzt werden.[242] Auf diese soll nun weiterführend eingegangen werden.

4.2.3 Training als Methode zur Gesundheitsförderung und Prävention

Trainingsmethoden sind als präventive Maßnahmen vor allem dann notwendig, wenn sich das Risikoverhalten schon zu einer Gewohnheit entwickelt und manifestiert hat.[243] Es richtet sich unmittelbar an die Zielpersonen, deren Fertigkeiten gefördert werden sollen, (z.B. Schüler) oder an Mediatoren.[244]

Die Schaffung eines Problembewusstseins, Wissens und der Motivation ist bei bestimmten Personen und Personengruppen jedoch oft nicht mehr ausreichend, um Risikoverhalten zu vermeiden bzw. ein langfristig gesundheitsbezogenes Handeln und Verhalten auszuüben und aufrechtzuerhalten.

Wichtiger ist das Einüben, das Lernen und Stabilisieren neuer Verhaltensweisen unter Einbezug der Beeinflussung von interpersonalen Prozessen zwischen den Gleichaltrigen einerseits und deren Eltern andererseits. Jugendlichen sollen auf diese Weise Fertigkeiten vermittelt werden, die es ihnen ermöglichen, sozialem Druck zu widerstehen.[245] Die im Training eingesetzten psychologischen Methoden bestehen vor allem aus Rollenspielen, Übungen und mentalen Trainingseinheiten, durch die angemessene Verhaltensweisen für kritische Situationen erlernt und ausgeführt werden. Solche Trainings werden bereits seit Jahren erprobt und verschiedene Erfahrungsberichte zu ihrer Nutzung und Effizienz liegen vor. Als Trainingsprinzip gilt, dass die Gestaltung der Aufgaben in kleinen

---

[241] vgl. Dlugosch, G.E., 1994: a. a. O.,

[242] vgl. Becker, P., 1984: a. a. O., S. 368

[243] vgl. Perrez, M., 1991: a. a. O., S. 379

[244] vgl. Becker, P., 1990: a. a. O., S. 434;

[245] vgl. Fischer, V., 2001: Suchtprävention bei Jugendlichen, Regensburg: Roderer, S. 34

Schritten vorzunehmen ist und Übungserfolge als Verstärker eingesetzt werden.[246]

Bei den bisher aufgezählten Methoden handelt es sich primär um
personenorientierte Ansätze; Systemorientierte Prävention hingegen zielt insbesondere auf gesundheitsförderliche Lebensbedingungen ab, wie nun abschließend dargelegt werden soll.

4.2.4 Systemorientierte Prävention

Die systemorientierte Prävention zielt darauf ab, Bedingungen, die
gesundheitsförderndes und -schädigendes Verhalten beeinflussen,
zu verändern. Somit kommt es zu einer Veränderung der räumli-
chen, ökologischen, sozialen, gesetzlichen oder kulturellen Umwelt
von Personen oder Personengruppen.[247]

Solche Programme bezeichnet man auch als umgebungsbezogen,
da sie die Systemeigenschaften (z.B. Organisationsstrukturen) än-
dern wollen, soziale Ressourcen (soziale Unterstützung) aktivieren
und damit gesunde Milieus schaffen, ohne dass an das Wohl spezifischer Personen gedacht wird.[248]

Nach Jeffery[249] lassen sich drei Typen von Strategien der systemorientierten Prävention unterscheiden: (1.) der Aufbau sogenannter Umweltbarrieren (darunter versteht man die Einrichtung von
Hindernissen, die den Zugang zu gesundheitsschädigenden Produk-
ten erschweren), sowie (2.) ökonomische Maßnahmen (die ein an-
gemessenes Gesundheitsverhalten fördern und das Risikoverhalten
hemmen, wie z.B. die Erhebung von Steuern für Alkohol- und Ta-
bakprodukte. „So ist z. B. eine deutliche Korrelation zwischen dem
Pro-Kopf-Alkoholkonsum und dem durch Besteuerung stark beeinflussbaren Preis von Alkohol sowie der Mortalitätsrate infolge von
Leberzirrhose nachgewiesen.")[250] Die (3.) Strategie besteht darin,
Werbung für gesundheitsschädigende Produkte und Verhaltenswei-

[246] vgl. Perrez, M., 1991: a. a. O., S. 379

[247] vgl. ebd., S. 374

[248] vgl. Röhrle, B., 1992: a. a. O.,S. 99

[249] Jeffery, R.W., 1997: Risikoverhalten und Gesundheit: Individuelle und populationsbezogene Perspektive, in: Public Health und Gesundheitspsychologie, Weitkunat, R., Haisch,J. & Kessler, M. (Hrsg.)., Bern: Huber, S.
126ff

[250] Pophan, Schmidt & DeLint, 1975: nach: Becker, P., 1990: a. a. O.,S. 434

sen einer besonderen Kontrolle zu unterwerfen oder sie sogar ganz zu verbieten, wie es mittlerweile auch seit mehreren Jahren in Deutschland für die Zigarettenwerbung im Fernsehen und Rundfunk der Fall ist. Für alle drei Strategien liegen Wirksamkeitsstudien vor, die jedoch nicht so sehr als Alternativen, sondern als Ergänzung zu gesundheitsfördernden Maßnahmen und zu personenbezogenen Strategien angesehen werden sollten.[251]

Bisher wurde auf Prävention im Allgemeinen näher eingegangen, wie jedoch speziell Tabakprävention für Jugendliche gestaltet werden kann, soll im folgenden Kapitel erläutert werden.

4.3 Tabakprävention

Aus einer Feststellung von Schmidt, „dass die einzige gesunde Zigarette die nichtgerauchte Zigarette ist und aus der Tatsache, dass es viel leichter ist, gar nicht erst mit dem Rauchen zu beginnen als durch Sekundärprävention wieder davon loszukommen", ergibt sich (...), dass der (...) Verhütung des Rauchens eine besondere Bedeutung zukommt.[252]

Im folgenden Abschnitt werden einige Möglichkeiten zur Prävention des Tabakkonsums von Jugendlichen dargestellt. Da Rauchen ein großes Gesundheitsrisiko darstellt, wie schon im Abschnitt 2.5 erläutert, sind Tabakprävention und Intervention von enormer Bedeutung. Die Notwendigkeit, mit der Prävention des Rauchens frühzeitig zu beginnen, wird durch verschiedene epidemiologische Daten belegt, in denen deutlich hervorgehoben wird, dass Personen, die früh mit dem Rauchen beginnen, mit größter Wahrscheinlichkeit zu Gewohnheitsrauchern im Erwachsenenalter werden (vgl. dazu Conrad, Flay & Hill, 1992; Paavola, Vatriainen & Puska, 1996).[253]

Im folgenden Abschnitt werden verschiedene Ansätze zur Veränderung des Gesundheitsverhaltens von rauchenden Jugendlichen erläutert.

---

[251] vgl. Perrez, M., 1991: a. a. O., S. 382

[252] Schmidt, F., 1987: Prävention des Rauchens- eine wichtige Aufgabe für die Schule, in: Prävention und Gesundheitserziehung, Laaser, G., Sassen, G., Muza, G. & Sabo, P. (Hrsg.), Berlin: Springer Verlag, S. 555

[253] Aßhauer, M. & Hanewinkel, R., 2000: a. a. O., S. 116

4.3.1 Primäre Prävention des Zigarettenrauchens

In den letzten Jahren sind vor allem in der amerikanischen Raucher-Präventionsforschung drei Wege verfolgt worden; der *Ansatz zum sozialen Einfluss* (social influenche approach), der *Ansatz zur Förderung genereller Lebenskompetenzen* (life skills approach) und der *Ansatz zur Veränderung von Einstellungen*. Diese drei Ansätze werden im Folgenden näher erläutert.

4.3.1.1 Ansatz zum sozialen Einfluss

Der *Ansatz zum sozialen Einfluss* ist eine situationsorientierte Interventionsstrategie, die vor allem auf die externen Einflussfaktoren des Rauchverhaltens abzielt, insbesondere auf den sozialen Druck zum Mitrauchen. Mitte der 70er Jahre wurde dieser Ansatz, dem die Theorie des sozialen Lernens (Bandura, 1969) als auch die „Social Inoculation Theory" (McGuire, 1964) zugrunde liegt, von Evans und Mitarbeiter entwickelt und systematisch evaluiert.[254]

Die damals erworbenen Erkenntnisse finden sich in vielen nachfolgenden Interventionsprojekten wieder und üben bis heute einen großen Einfluss aus. Evans nimmt an, dass sowohl Jugendliche als auch Erwachsene sozialem Druck (durch Eltern, Geschwister, Freunde, Medien) ausgesetzt sind, der gesundheitsschädigendes bzw. -förderndes Verhalten beeinflusst. Insbesondere dann, wenn Personen nicht über Handlungsstrategien verfügen, durch die sie sich dem sozialen Druck widersetzten können oder sich der Mechanismen dieses Drucks nicht bewusst sind.[255]

Daraus folgt für Gesundheitsförderungsprogramme, dass sie bei der Umsetzung ihrer Maßnahmen das Erkennen solcher Mechanismen fördern und Fertigkeiten für den Umgang mit sozialem Druck vermitteln müssen.

Die Interventionsmaßnahme „Ansatz zum sozialen Einfluss" umfasst folgende zwei Komponenten: Zum einen das Standfestigkeitstraining, welches die Entwicklung von Fertigkeiten (z.B. durch Rollenspiele und Modelllernen) fördert, um dem sozialen Druck zum Mitrauchen widerstehen zu können, zum anderen normative Aufklärungskomponenten, in denen Informationen vermittelt werden, um

---

[254] Vgl. Lopez, H. & Fuchs, R., 1990: a. a. O.

[255] Evans. R.I., 1976: Smoking in children: Developing a social psychology strategy of deterrence, in: Journal of Preventive Medicine, 5, 122ff

die Wahrnehmung von sozialen Normen zu beeinflussen und zu korrigieren.[256] Weiter werden nonverbale und verbale Fertigkeiten zur Standfestigkeit gegenüber Werbestrategien, als auch Informationen zur Aufklärung über den Einfluss von Vorbildern auf das eigene Verhalten mit Hilfe von Methoden aus Selbstsicherheitstrainings, vermittelt.[257]

Die Durchführung solcher Programme wird oft von sogenannten Mediatoren ausgeübt, die häufig einen ähnlichen Hintergrund wie die Zielgruppe aufweisen, und somit als Vorbilder herangezogen werden können. Eine Studie von Hornung belegt, dass Informationen, die von vertrauenswürdigen und kompetenten Personen übermittelt werden, die Einstellung von Schülern stärker positiv beeinflusst, als Informationen, die von Politikern vermittelt werden.[258]

Die Effektivität dieses Ansatzes konnte in einer Studie von Murray nachgewiesen werden; die Zahl der regelmäßig rauchenden Schüler konnte um 40-75 % reduziert werden und zwei Jahre nach Abschuss der Intervention waren noch Effekte eines solchen Programms festzustellen.[259]

4.3.1.2 Ansatz zur generellen Kompetenzentwicklung

Der *„Ansatz zur generellen Kompetenzentwicklung"* („life skills approach") von Botvin und Mitarbeiter gilt bisher als der vielversprechendste Ansatz. Auch dieser basiert wie schon der Vorherige auf der Theorie des sozialen Lernens (Bandura 1969) sowie der Theorie des Problemverhaltens (Jessor & Jessor 1983). Dieser Ansatz fasst jugendliches Risikoverhalten als sozial gelerntes und funktionales Verhalten auf, das durch Einflüsse der sozialen Umwelt und durch personale Faktoren wie Kognitionen, Einstellungen und Überzeugungen heraus entsteht. Ziel dieser sogenannten Life-Skills-Konzepte ist es deshalb, die kindlichen „Sozial- und Lebenskompetenzen"[260] zu stärken, damit sie ohne Suchtmittel besser mit

---

[256] vgl. Lopez, H. & Fuchs, R., 1990: a. a. O.

[257] vgl. Röhrle, B., 1992: a. a. O.

[258] vgl. Sieber, M., 1988: Zwölf Jahre Drogen, Bern: Hans Huber Verlag, S. 27

[259] vgl. Murray et al., 1987; Vatianan et al., 1986 nach Lopez, H. & Fuchs, R., 1990: a. a. O., S. 194

[260] Lebenskompetent ist nach Definition der WHO (1994) diejenige Person, die sich selbst kennt und mag, empathisch ist, kritisch und kreativ denkt, kommuniziert und Beziehungen knüpfen und aufrechterhalten kann,

Problemen, Sorgen, Alltagsschwierigkeiten und zwischenmenschlichen Konflikten fertig werden.[261]

Dieser Ansatz richtet seinen Fokus auf folgende 6 Interventionsschwerpunkte:

- Selbstwertgefühl,
- Selbstsicherheit,
- Entscheidungsfähigkeit,
- Kommunikationskompetenz,
- Kompetenzen zur Bewältigung sozialer Angstsituationen sowie
- soziale Kontaktfähigkeit.[262]

Die methodischen Komponenten bestehen aus Informationsvermittlung, Rollenspielen, Selbstbeobachtungsaufgaben, Selbstinstruktionen und Gruppendiskussionen.[263]

Die Effektivität des „Life-Skills-Training" ist besonders bei der Prävention des Zigarettenrauchens gut belegt und mit der des Ansatzes zum sozialen Druck vergleichbar.[264] Botvin weist in seiner Untersuchung zwischen 40 % und 80 % Konsumverringerung nach, und noch sechs Jahre später konnten Effekte dieses Programms nachgewiesen werden. Die Effektivität dieses Ansatzes scheint vor allem auf Veränderung der Einstellung und neuen Erkenntnissen über Zigarettenkonsum zu beruhen und weniger auf der Veränderung bzw. Beeinflussung von Persönlichkeitsmerkmalen.[265]

Eine andere, neuere Untersuchung von Turbin, Jessor und Costa[266] hat im Rahmen der Problemverhaltenstheorie untersucht, inwieweit das Rauchen bei Jugendlichen mit anderen Problemverhaltensweisen (z.B. Alkoholmissbrauch, Delinquenz, etc.) oder ge-

---

durchdachte Entscheidungen trifft, erfolgreich Probleme löst und Gefühle und Stress bewältigen kann.

[261] Aßhauer, M. & Hanewinkel, R., 2000: a. a. O.,S. 114

[262] vgl. Lopez, H. & Fuchs, R., 1990: a. a. O., S. 194

[263] vgl. Perez, M. & Gebert, S., 1994: Veränderung gesundheitsbezogenen Risikoverhaltens: Primäre und sekundäre Prävention, in: Lehrbuch der Gesundheitspsychologie, Schwenkmezger, P. & Schmidt, L.R., Stuttgart: Ferdinand Enke Verlag, S. 178

[264] Botvin & Eng, 1982: nach : Lopez, H. & Fuchs, R., 1990: a. a. O.

[265] Aßhauer, M. & Hanewinkel, R., 2000: a. a. O., S. 114

[266] Turbin, M. S., Jessor, R., Costa, F. M., 2000: Adolescent cigarette smoking: health- related behavior or normative transgression? Preventive Science, 1 (3), S. 115ff

sundheitsbezogenen Verhaltensweisen (z.B. falsche Ernährung, wenig körperliche Bewegung etc.) im Zusammenhang steht. Sie fanden heraus, dass jugendliches Rauchen in einem direkten und starken Zusammenhang mit anderem Problemverhalten steht und nur indirekt etwas mit anderem Gesundheitsverhalten zu tun hat.

Für die Entwicklung von Raucherpräventionsprogrammen ist diese Erkenntnis von großer Bedeutung, da sie sich demnach nicht vorwiegend auf gesundheitsbezogene Informationen, sondern mehr auf Einflussfaktoren jugendlichen Problemverhaltens konzentrieren sollten.

4.3.1.3 Ansatz zur Veränderung von Einstellungen

Der präventive *Ansatz zur Veränderung von Einstellungen* zum Zigarettenkonsum bezieht sich auf eine allgemeine Populationsgruppe. Dieser Ansatz verfolgt eine Veränderung des Zigarettenkonsums sowie der Rauchgewohnheiten durch massenmediale Aufklärungskampagnen.[267] In der Literatur lassen sich Unterteilungen in Medien der Massenkommunikation sowie in Medien der personalen Kommunikation vorfinden, deren Übergang jedoch fließend ist. Fernsehen, Rundfunk, Plakate und Flugblätter werden als klassische Massenmedien verstanden, wobei das persönliche Gespräch (z.B. telefonischer Hilfedienst) der Methode der personalen Kommunikation zugeordnet wird.[268]

Zwei unterschiedliche Theorien dienen als Grundlage für massenmediale Maßnahmen. Beide Ansätze werden ausführlich von der BZgA[269] dargestellt und dienen hier als Grundlage der Erläuterung: die Agenda-Setting-Perspektive und das Elaboration Likelihood Model.

Die *Agenda-Setting-Perspektive* geht davon aus, dass massenmediale Kampagnen weniger beeinflussen, was wir denken, sondern mehr, worüber wir nachdenken. Sie untersucht, inwiefern sich die Darstellung in den Medien auf die Prioritätensetzung der öffentlichen Meinung auswirkt und den politischen Aufgabenplan beeinflusst und welche Faktoren ausschlaggebend sind, damit es die Me-

---

[267] Perrez, M. & Gebert, S., 1994: a. a. O., S. 178

[268] vgl. BzgA, 2002: Kommunikationsstrategien zur Raucherentwöhnung. Bd. 18, BZgA: Köln, S. 16

[269] vgl. BzgA 2006a: Expertise zur Prävention des Substanzmissbrauchs. Bd. 29, BZgA: Köln, S. 25f

dien zur Berichterstattung eines bestimmten Themas bringen. Für suchtpräventive Zwecke bedeutet dies, dass sie sich mehr mit ihren Anliegen zum Thema der öffentlichen Diskussion und zum Gegenstand des politischen Handels machen müssen.

Das *Elaboration Likelihood* (ELM) untersucht, inwiefern massenmediale Botschaften, die auf Überzeugung abzielen, sich verbreiten können, so dass sich diese schließlich auf das Konsumverhalten auswirken. Petty und Cacioppo gehen von zwei Wegen aus, über die sich Werbung auf die Einstellung und das Verhalten auswirken kann:

1. „über den zentralen Weg, der einen großen kognitiven Aufwand erfordert (Aufmerksamkeit, Reflexion vor dem Hintergrund eigener Überzeugungen und Beurteilung der Argumente) und der schließlich zu einer Beurteilung der Botschaft führt, die sich schließlich in das eigene Meinungsbild einfügt und somit Einstellungs- und Verhaltensänderungen bewirken kann. Und über den

2. peripheren Weg: Dieser beinhaltet keine aufwendige Prüfung der Botschaft, er nimmt die Glaubwürdigkeit und Attraktivität des Vermittlers der Botschaft als Grundlage für die Akzeptanz oder Verwerfung.

Demnach besagt die Theorie des ELM, dass Einstellungsänderungen längerfristig standfester sind und eher zu Verhaltensänderungen führen, wenn diese den zentralen Verarbeitungsweg durchlaufen.

Für suchtpräventive Maßnahmen sollte nach Meinung von Agostinelli und Grube der zentrale Verarbeitungsweg angestrebt werden; jedoch sollten auch Elemente des peripheren Weges (z.B. bekannte, beliebte und attraktive Prominente für die jeweilige Zielgruppe[270]) genutzt werden, um die Zielgruppe insbesondere Kinder und Jugendliche für die zentrale Verarbeitung zu motivieren. Dies setzt jedoch voraus, dass Kinder und Jugendliche Werbung, insbesondere Zigarettenwerbung, interessant finden und sich diese auch ansehen. Im empirischen Teil dieser Studie wurden Schüler einer Freiburger Schule zu diesem Thema befragt.

In einer Studie von Meyer et al. wurde die Wirksamkeit von Massenmedien auf die Einstellung zum Zigarettenkonsum überprüft. Es

---

[270] Werner Lorant, Trainer des Fußballvereins TSV 1860 München, hat an einer Werbung für Nikotinkaugummi teilgenommen.

kamen in drei verschiedenen Gemeinden unterschiedliche Interventionsmaßnahmen bezüglich des Zigarettenkonsums zum Einsatz.

Zwei Jahre nach Beginn dieser Studie wurde die Prävalenz von Rauchern in den drei Gemeinden erhoben. 50 % der als hohe Risikopersonen eingestuften Rauchern aus der zweiten Gemeinde, haben demnach das Rauchen aufgegeben, also diejenigen, die sowohl über Massenmedien als auch über individuelle verhaltenstherapeutische Maßnahmen Beratung erfahren haben. Keinen bedeutenden Unterschied gab es zwischen der ersten Gemeinde und der Kontrollgemeinde.[271] Aufgrund des Ergebnisses dieser Studie kann dem Einfluss von Massenmedien nur eine sehr begrenzte Bedeutung zugeschrieben werden.

Die Bedeutsamkeit der Einflussnahme der Massenmedien auf Präventionsmaßnahmen sollte trotz dieser Studie nicht unterschätzt werden, wie Wakefield und seine Mitarbeiter belegen. Sie untersuchten den Wirkungsprozess von Medien auf das Rauchverhalten und kommen zu folgenden Schlussfolgerungen :

- Medien fördern Diskussionen über das Rauchen,
- Medien verstärken das Rauchverhalten oder die positiven Einstellungen zum Nichtrauchen,
- Medien scheinen die soziale Bewertung des Rauchens zu formen und zu reflektieren,
- Medien vermitteln Informationen über das Rauchen,
- Medien dienen als Quelle für Beobachtungslernen, sie setzten verstärkt Modelle ein, denen Jugendliche nacheifern,
- Medien können das Thema Raucherprävention auf die politische Tagesordnung bringen.[272]

Wakefield und seine Mitarbeiter betonen, dass jede mediale Einflussnahme auf das Rauchverhalten Jugendlicher von vielen indivi-

---

[271] vgl. Perrez, M. & Gebert, S., 1994: Veränderung gesundheitsbezogenen Risikoverhaltens: Primäre und sekundäre Prävention, in: Lehrbuch der Gesundheitspsychologie, Schwenkmetzger, P. & Schmidt, L.R., Stuttgart: Ferdinand Enke Verlag

[272] Wakefield, M., Nichter, B. & Giovino, G., 2003: Effects of anti-smoking advertising on youth smoking: A review. In: Journal of Health Communication, 8 (3), S. 229ff, nach: Bundeszentrale für gesundheitliche Aufklärung 2006a: a. a. O.

duellen, familiären, Peer-bezogenen und gesellschaftlichen Faktoren abhängig ist.

Auch wenn Medien nach Aussage von Meyer et al. nur ein geringer Einfluss auf die Einstellungen und das Wissen von Menschen zugeschrieben wird, können sie dennoch auf individuelle Einstellungen und generelle Meinungen einer Gesellschaft Einfluss nehmen und evtl. auch verändern. Wie unterschiedlich die Einstellung Jugendlicher generell gegenüber Zigarettenwerbung sein kann, soll sich fünften Teil der vorliegenden Untersuchung veranschaulicht werden.

Die drei dargestellten Präventionsansätze setzen ihren Schwerpunkt zur Verhaltensänderung bei unterschiedlichen Aspekten. Dabei stehen zum einen der Umgang mit umgebungsbedingten Aspekten, zum anderen die Entwicklung personenbezogener Faktoren sowie die Einstellungen zum Zigarettenkonsum im Vordergrund. Sowohl der Ansatz zum sozialen Einfluss als auch der zur generellen Kompetenzentwicklung scheinen die Aufnahme des Rauchens hinauszögern zu können, wie verschiedene Studien (s. Best et al., 1984; Evans, 1976, 1983; McAlister et al., 1979; Murray et al., 1987; Flay, 1985; Botvin et al., 1980, 1982; Botvin et al., 1986;) erfolgreich nachgewiesen haben.[273]

Es ist jedoch davon auszugehen, dass eine Kombination der verschiedenen Methoden und somit die Beachtung der verschiedenen begünstigenden Faktoren bezüglich des Rauchens die Wahrscheinlichkeit erhöhen, dass Rauchen präventiv vermieden werden kann.

4.3.1.4 Beispiel für primärpräventive Maßnahmen

Die bisher bestehenden verhaltenstherapeutischen Tabakentwöhnungsprogramme sind zum Großteil an den Bedürfnissen erwachsener Raucher orientiert. Für junge Raucher gibt es nur wenig effektive Programme. Der Schwerpunkt der Interventionen bei Kindern und Jugendlichen liegt demnach bei der Primärprävention. Innerhalb der letzten Jahre sind immer mehr Primärpräventionsprogramme (ALF, Klasse 2000, Be Smart – Don't Start, Nichtrauchen ist cool) für junge Zigarettenkonsumenten entwickelt und durchgeführt worden. Die meisten Präventionsprogramme finden im schuli-

---

[273] vgl. Lopez, H. & Fuchs, R., 1990: a. a. O., S. 194

schen Kontext statt, da Gruppennormen im Freundeskreis und innerhalb der Klasse als einer der stärksten Einflussfaktoren für den Beginn des Zigarettenkonsums gelten.

In diesem Abschnitt wird exemplarisch für die Vielfalt der vorhandenen Programme das ALF-Programm vorgestellt. Von den Programmen, die über einen längeren Zeitraum mit deutlich höheren finanziellen Mitteln und zeitlichem Aufwand im Vergleich zum Freiburger Präventionsprogramm durchgeführt werden, hat sich die Autorin für dieses Programm entschieden, da sie es als ein sehr intensives und wichtiges Programm mit Langzeiterfolgen erachtet.

Eines der primärpräventiven „Life-Skills" Projekte für Schulen ist das am Institut für Therapieforschung (IFT) in München entwickelte, durchgeführte und evaluierte Programm „ALF – Allgemeine Lebenskompetenzen und Fertigkeiten". Dieses suchtpräventive Programm richtet sich an Schüler der 5. bis 7. Klasse von Hauptschulen und Gymnasien. Ziel dieses Projektes ist es, Schüler in ihrer Persönlichkeit und Lebenskompetenz zu stärken und zu fördern, mit ihnen erfolgreiche Problemlösestrategien zu entwickeln und anzuwenden. Sie sollen lernen, durchdachte Entscheidungen zu treffen, Freundschaften aufzubauen und verständlich zu kommunizieren, damit sie Zigaretten und anderen legalen, wie auch illegalen Drogen widerstehen können.[274]

Das Präventionsprogramm besteht aus 12 Unterrichtseinheiten, in denen jeweils 90 Minuten suchtpräventive Themen mit den Schülern gemeinsam erarbeitet werden. Das ALF-Curriculum für die 5. Klasse bearbeitet folgende Inhalte:

1. sich kennenlernen,
2. sich wohl fühlen,
3. Informationen zum Rauchen,
4. lernen sich dem Gruppendruck zu widersetzten,
5. Kommunikationsfertigkeiten und soziale Kontakte auszubauen, lernen Gefühle auszudrücken,
6. Selbstsicherheitstraining,
7. Informationen zu Alkohol,
8. lernen, sich der Beeinflussung von Medien und Werbung zu widersetzten,

---

[274] Walden, K., 2000: Allgemeine Lebenskompetenzen und Fertigkeiten: ALF, Baltmannsweiler: Schneider-Verlag Hohengehren

9. üben, Entscheidungen zu treffen,

10. die Verbesserung des Selbstbildes und der Freizeitgestaltung.[275]

Die Einheiten sind nach einer festen Struktur aufgebaut, variieren aber in dem zu bearbeitenden Thema. Zu Beginn werden die gestellten Hausaufgaben besprochen, die zur Vertiefung der ALF-Inhalte dienen, danach folgt in der Regel die Bearbeitung des jeweiligen Themas (z.B. in Rollenspielen, Kleingruppenarbeit, Gruppendiskussionen). Gegen Ende einer Einheit findet eine imaginative Entspannungsübung mit anschließender Gesprächsrunde und näherer Erläuterung der neuen Hausaufgaben statt.

Die Ergebnisse einer repräsentativen Studie von Kröger & Reese[276] belegen, dass sich Lebenskompetenz-Trainings wie das ALF-Programm als wirksamer Schutz in der Suchtprävention erweisen: von den über 1.440 untersuchten Hauptschülern und Gymnasiasten hat sich der Anteil der aktuellen Raucher in den ALF-Klassen deutlich verringert (von 8,3 % auf 4,5 %), während der Anteil der Raucher in den nicht ALF-Klassen deutlich zugenommen hat (von 5,8 % auf 11,4 %).

Dieses Ergebnis führt zu der Schlussfolgerung, dass nicht nur so früh wie möglich, sondern auch kontinuierlich und langfristig Suchtprävention erfolgen sollte. Präventionsprogramme zielen auf eine Verschiebung des Einstiegsalters, eine Steigerung der Attraktivität des Nichtrauchens und eine Erhöhung der Lebenskompetenz ab.[277] Selbstbewusstsein, Widerstand gegen Gruppendruck, Wissen und Kommunikationsfähigkeit, Stress- und Problembewältigung können einen Schutz gegen verfrühten und übermäßigen Konsum psychoaktiver Substanzen bedeuten.[278]

---

[275] vgl. Fischer, V., 2001: Suchtprävention bei Jugendlichen. Theoretische Aspekte und empirische Ergebnisse, Regensburg: Roderer Verlag, S. 49

[276] Kröger, & Reese, 2000: Schulische Suchtprävention nach dem Lebenskompetenzkonzept- Ergebnisse einer vierjährigen Interventionsstudie. Sucht, 46, 2000, S. 218ff

[277] Barta, A., Collins, S. & Torchalla, I., 2004: Rauchen bei Kindern und Jugendlichen, in: Zeitschrift für Jugendschutz. Kind Jugend Gesellschaft, 1/04, S. 71ff

[278] Klett, 2004: Suchtprävention ohne erhobenen Zeigefinger. Zugriff am 05.08.2007 unter: http://www.klett-pressebox.de/sixcms/media.php/273/themendienst _28_11-12.pdf

4.4 Das Raucherpräventionsprogramm der Universitätsklinik Freiburg und seine Zielsetzung

Zigarettenrauchbedingte Erkrankungen nehmen nach wie vor weiter zu. Ebenso steigt die Anzahl rauchender Jugendlicher simultan, insbesondere im europäischen Vergleich nehmen deutsche Jugendliche noch immer eine erschreckende Spitzenposition ein: Jugendliche zwischen 14 und 15 Jahren rauchten 1999 häufiger als der europäische Durchschnitt.[279]

Die Universitätsklinik Freiburg behandelt in beträchtlichem Umfang Menschen mit schweren Folgeerkrankungen des Rauchens. Durch ihre Erfahrungen möchte das Ärzteteam Dr. Leifert und PD Dr. Stremmel Schülern zeigen, dass hinter den Folgen des langjährigen Rauchens im Sinne von Krankheiten nicht nur abstrakte Inhalte stehen, sondern reelle Menschen mit individuellen Schicksalen. Beide Ärzte sehen die Aufklärungsarbeit als ein ganz entscheidendes Mittel an, eine Reduktion der Erkrankungen und Sterblichkeit durch äußere Ursachen zu erreichen.

4.4.1 Vorgehensweise

Seit Juli 2005 werden in unregelmäßigen Abständen, je nach Anfrage der Schulen, in die Universitätsklinik jeweils ca. 240 Schüler eingeladen, um ihnen ein detailliertes Aufklärungsprogramm über die Gefahren des Rauchens zu vermitteln. Methodisch arbeiten die Referenten mit Informationen, Furchtappellen und Emotionen. Bisherige Rückmeldungen der teilgenommenen Schulen waren durchweg positiv, was wiederum zeigt, dass diese kombinierte Form der Primärprävention ihre Berechtigung hat.

Bisher haben an dieser Veranstaltung etwa 1.500 Schüler aus 22 Schulen im Alter von 12-18 Jahren mit wachsender Nachfrage teilgenommen.

---

[279] vgl. Leifert, J., 2007: a. a. O., S. 7; Barta, A., Collins, S. & Torchalla, I., 2004: a. a. O., S. 71

4.4.2 Ablauf der Veranstaltung

1.Teil: Präsentation von Dr. Leifert über das Rauchen

1. Begrüßung durch Dr. Leifert

2. Zu Beginn wird ein Werbeslogan und Anti-Raucher-Slogan (bekannt aus dem Kino) vorgespielt. Kurze Erläuterung dazu.

3. Die Schüler/innen werden anhand eines PowerPoint-Vortrages mit der Lebensgeschichte einer Patientin (genannt Susanne Möller) vertraut gemacht. Diese Präsentation soll darauf abzielen, Schülern zu verdeutlichen, wie schnell sich aus dem ursprünglich Experimentier-/ Probierrauchen eine Nikotinabhängigkeit mit fatalen Folgen entwickeln kann.

4. Danach folgen statistische Daten anhand einer PowerPoint-Präsentation zu folgenden Themen:

   - zur Tabakepidemie und weltweiten Sterblichkeit
   - über das weltweite Rauchverhalten von Frauen und Männern
   - über das aktuelle Rauchverhalten in Deutschland
   - über die Entwicklungstrends in Deutschland von 1984-2003
   - zu Jugend und Rauchen (wie viele rauchen, wann sie anfangen zu rauchen usw.)
   - über die Sterblichkeitsrate in Deutschland pro Jahr (das sind 140.000 im Jahr, 383 pro Tag und alle 4 Minuten ein Mensch). Um diese hohe Sterberate zu verdeutlichen, setzt Dr. Leifert eine Eieruhr ein, die alle 4 Minuten klingelt, um diese erschreckende Zahl den Jugendlichen zu verdeutlichen.

5. Es folgen Bilder über die Lunge und deren Funktion.

6. Informationen über Zusatzstoffe im Tabak wie z.B. Schokolade, Zucker, Lakritz.

7. Krebserregende Inhaltsstoffe werden aufgezeigt.

8. Die Nikotinwirkung wird erläutert.

9. Es folgen Krankheitsbilder: z.B. Lungenkrebs und wie viel häufiger Raucher als Nichtraucher daran erkranken bzw. sterben.

10. Informationen über rauchende Frauen und deren Gefährdung bzw. die Gefahr eines Ungeborenen, wenn Frauen während der Schwangerschaft rauchen.

11. Des Weiteren folgen Informationen über das Passivrauchen.

12. Vorteile des Raucherstopps werden aufgezeigt.

13. Informationen über die Finanzen der EU sollen anhand von Zahlen verdeutlichen, wer am Rauchen verdient und um wie viel Geld es sich dabei handelt.

14. Dann folgt das Thema Werbung und Konditionierung. Zuerst werden Bilder von "coolen" rauchenden Stars präsentiert, so wie es die Werbung vermittelt. Anhand eines praktischen Experiments erklärt Dr. Leifert was konditionieren bedeutet und wie dies von der Werbung eingesetzt wird um die Konsumenten zu beeinflussen. Für das Experiment bittet Dr. Leifert einen Schüler nach vorne. Beim ersten Durchgang pfeift er mit einer Trillerpfeife und bläst dabei gleichzeitig dem Schüler Luft ins Gesicht. Die Reaktion des Schülers sollte ein Zwinkern sein. Beim zweiten Durchgang pfeift Dr. Leifert nur noch mit der Trillerpfeife und der Schüler sollte wieder zwinkern. Damit soll die Methode der Werbung erläutert werden, dass diese „coole" Stars, die rauchen, einsetzt, damit der Betrachter später auch diese Stars und deren Coolness mit dem Rauchen verbindet, selbst wenn diese gar nicht rauchen.

15. Es folgen Bilder (Fotos) über alte, kranke, sterbende Menschen, die rauchen

16. Teil 1 wird abgeschlossen, indem noch einmal auf die Geschichte von Susanne Möller und ihr ursprüngliches „Experimentierrauchen" zurückgegriffen wird. Damit wird auf den Zusammenhang der bisher gezeigten Folgen aufmerksam gemacht.

Pause: Nach dem ersten Vortrag haben die Schüler/innen 15 bis 20 Minuten Pause.

Vortrag von PD Dr. Stremmel: Zum Thema Krankheitsbilder

17. Begriffsbestimmung: Bronchialkarzinom (Lungenkrebs).

18. Es folgen typische Sätze von Rauchern mit denen sie versuchen die Gefahren des Rauchens abschwächen bzw. zu verdrängen (z.B. Meine Oma hat bis zu ihrem Tod mit 85 Jahren geraucht). Frage an die Schüler: welchen dieser Sätze sie am überzeugendsten finden bzw. selbst schon einmal angewandt haben.

19. Erläuterung der klinischen Anzeichen und Symptome eines Bronchialkarzinoms.

20. Bilder: Röntgen-Thorax und CT-Thorax bei Patienten mit Bronchialkarzinom.

21. Zwei Krankheitsgeschichten und deren Behandlungsverlauf werden vorgestellt.

22. Danach folgen statistische Daten anhand einer PowerPoint-Präsentation zu folgenden Themen:

    - Operationsquote bei Bronchialkarzinom (von 100 Fällen können etwa 35 operiert werden – für 65 gibt es keine Heilungschancen).
    - Ergebnisse über Therapieerfolge- bzw. Misserfolge.

23. Schätzfrage an Schüler bezüglich der durchschnittlichen Lebensdauer eines Patienten nach Diagnosestellung. Antwort: 9 Monate.

24. Darstellung der Häufigkeit des Bronchialkarzinoms bei Männern und Frauen.

25. Ergebnisvorstellung der Studie von Doll, anhand welcher das Risiko für Nichtraucher und Raucher, an Bronchialkarzinom zu erkranken, verdeutlicht wird.

26. Vorstellung von Methoden zur Abgewöhnung des Rauchens.

27. Appell an die Schüler, mit dem Rauchen aufzuhören. Erläuterung warum.

28. Abschließend wird ein verändertes Bild der Marlboro-Werbung präsentiert, das mit dem Titel: „Bob, I`ve got cancer" überschieben ist. Damit wird auf die zu Beginn der Veranstaltung präsentierte Werbung noch einmal Bezug genommen, um die Scheinwelt, mit der die Tabakindustrie wirbt und lockt, hervorzuheben.

29. Dass die Realität eines Rauchers anders aussieht bzw. ausse-
hen kann, als die Werbung es darstellt, soll mit Hilfe des folgenden Patientengesprächs den Schülern verdeutlicht werden.

Patientengespräch

Zu jeder Veranstaltung wird ein Patient eingeladen, der aufgrund
seines Tabakkonsums unter schweren Erkrankungen leidet. So werden die Schüler über die negativen Konsequenzen des Rauchens
informieren und direkte oder indirekte Appelle an sie adressiert.
Durch die Darstellung dieser Krankheitsgeschichten sollen die Schüler dazu angeregt werden, ihr eigenes Rauchverhalten und die
möglichen Folgen zu überdenken. Moderiert wird dieses Patientengespräch von Dr. Leifert.

Nach dem Patientengespräch besteht die Möglichkeit, Fragen an
Dr. Leifert und PD Dr. Stremmel zu stellen. Die Veranstaltungsdau-
er liegt mit ca. 180 Minuten, in denen die Aufnahmekapazität der
Schüler nahezu ausgeschöpft wird, noch in einem angemessenen
Rahmen.

4.4.3 Zukunftsperspektive:

Für die nächsten Jahre ist eine Ausweitung des Raucherpräventionsprogramms auf 50 bis 60 Veranstaltungen pro Jahr auf möglichst alle Schulen im Südbadischen Raum (150 Schulen mit jeweils
etwa 100 Schülern im Alter zwischen 12 und 17 Jahren) geplant. Da
es dafür eines erheblichen organisatorischen, personellen und
technischen Aufwands bedarf, die Veranstaltung bisher jedoch
weitgehend auf der ehrenamtlichen Tätigkeit von Dr. Leifert und
PD Dr. Stremmel basiert, findet die Veranstaltung bislang noch in
kleinerem Umfang statt.

Die folgenden Kapitel werden sich nun mit dem empirischen Teil
dieser Untersuchung auseinandersetzten.

5. Empirie

5.1 Beschreibung der empirischen Untersuchung

Zu Beginn des 5. Kapitels stellt die Autorin den empirischen Teil dieser Untersuchung dar. Eingangs wird der Begriff Pilotstudie umrissen, um den Forschungsgegenstand der vorliegenden Studie zu erläutern. Auf dieser Grundlage folgen Erläuterungen zur Forschungsmethode und der Kriterien, die bei der Auswahl der Befragung ausschlaggebend waren. Anschließend folgt die Beschreibung der Zielgruppe, um die Zusammensetzung der Stichprobenpopulation näher einzugrenzen. Den Abschluss bilden die Erläuterung und der Aufbau der Fragebögen sowie die Durchführung des Fragebogenprojekts, um den Aufbau der Fragebögen darzustellen, und die Vorüberlegungen, die zu dieser Form der Erstellung und schließlich zur Durchführung geführt haben, transparent darzulegen.

Bei einer Pilotstudie handelt es sich um eine Vorstudie, auch „Pretest" genannt. In dieser werden alle Arbeitsschritte der Hauptuntersuchung in kleinerem Maßstab, aber mit identischen Prozeduren und Verfahrensabläufen getestet, um die Funktionsfähigkeit von Untersuchungsgeräten, die Eignung von Untersuchungsmaterial und den Untersuchungsablauf zu prüfen, um mögliche Fehlerquellen frühzeitig entdecken und beseitigen zu können.[280] Pilotstudien entsprechen in ihren Grundvoraussetzungen umfangreichen qualitativen Untersuchungen; es werden auch hier, Hypothesen aufgestellt, auf denen die entsprechenden Untersuchungsfragen aufgebaut werden, diese werden Probanden vorgelegt, Stichproben werden daraus gezogen, codiert und analysiert.[281] Der Fokus dieser Studie ist nicht auf die Untersuchung der Forschungsmethode gerichtet, sondern auf den Forschungsgegenstand.

Die Autorin dieser Arbeit möchte anhand einer Pilotstudie die Akzeptanz eines Präventionsprogramms und dessen Auswirkungen untersuchen, um die gewonnenen Daten später an den Veranstalter des Präventionsprogramms (das Ärzteteam) weitergeben zu können, der plant, aufbauend auf den gewonnenen Erkenntnissen der Pilotstudie eine umfangreichere Untersuchung des Präventionsprogramms durchzuführen. Da es sich bei einer Pilotstudie um eine Voruntersuchung einer Hauptstudie handelt, wird die Autorin die-

---

[280] vgl. Schnell, R, Hill, P.B., Esser, E., 1999: Methoden empirischer Sozialforschung. (6. Aufl.), München, Wien: Oldenburg Verlag, S. 328

[281] vgl. Bortz, J. & Döring, N., 1995: Forschungsmethoden und Evaluation, (2. Aufl.), Berlin, Heidelberg, New York, etc. : Springer, S. 332

ser Untersuchung zu weiteren Erläuterungen kommen, die sowohl bei einer Hauptuntersuchung als auch bei einer Pilotstudie eine wesentliche Rolle spielen.

5.2 Forschungsgegenstand

Um die Wissenschaftlichkeit des Forschungsgegenstandes nachzuweisen, ist es zunächst von Bedeutung, bestimmte Begriffe wie empirische Forschung, wissenschaftliche Hypothese und Variable zu erläutern. Bortz und Döring bieten in ihrem Buch „Forschungsmethoden und Evaluation für Sozialwissenschaftler" geeignete Erklärungen und werden in diesem Kapitel als Grundlagenliteratur herangezogen. Die empirische Forschung, „sucht nach Erkenntnissen durch systematische Auswertung von Erfahrungen"[282], wofür sie zunächst eine Fragestellung benötigt, die in einer wissenschaftlichen Hypothese abgehandelt werden kann. „Eine wissenschaftliche Hypothese formuliert mehr oder weniger präzise eine Beziehung zwischen zwei oder mehr Variablen, die für eine bestimmte Population vergleichbarer Objekte oder Ergebnisse gelten soll."[283] Bortz und Döring verstehen unter einer Variablen „ein Symbol für die Menge von Merkmalsausprägungen".[284]

Um von einer wissenschaftlichen Hypothese sprechen zu können, müssen jedoch zunächst folgende Kriterien erfüllt sein:

„Eine wissenschaftliche Hypothese ist eine allgemeingültige, über den Einzelfall oder ein singuläres Ereignis hinausgehende Behauptung (AllSatz).

Einer wissenschaftlichen Hypothese muss zumindest implizit die Formalstruktur eines sinnvollen Konditionalsatzes („Wenn-dann-Satz" bzw. „Je-desto-Satz") zugrunde liegen.

Der Konditionalsatz muss potentiell falsifizierbar sein, d.h. es müssen Ereignisse denkbar sein, die dem Konditionalsatz widersprechen."[285]

Demnach sind wissenschaftliche Hypothesen, Annahmen in Form von Konditionalsätzen die über reale Sachverhalte und über den

---

[282] Bortz, J. & Döring, N., 1995: a. a. O., S. 5
[283] ebd. S. 9
[284] ebd. S. 6
[285] ebd. S. 7

Einzelfall hinaus weisen und durch Erfahrungsdaten widerlegbar sind.

In den kommenden Ausführungen werden die oben genannten Kriterien auf den Forschungsgegenstand übertragen, um die erwähnten Bedingungen zu prüfen und die Wissenschaftlichkeit des Forschungsgegenstandes zu belegen. Hierbei handelt es sich um die Auswirkungen der Präventionsveranstaltung auf das Rauchverhalten von Schülern einer Freiburger Schule. Zusätzlich wird untersucht, inwieweit sich die Einstellung der Schüler bezüglich des Rauchens durch den Besuch der Veranstaltung verändert.

Allein die Themenwahl macht deutlich, dass die vorliegende Untersuchung nicht eine vereinzelte Begebenheit, sondern vielmehr eine allgemeingültige Auseinandersetzung mit der Thematik im Forschungsgegenstand behandelt. Somit gilt das erste Kriterium als überprüft, weil sich auf die Thematik nicht ausschließlich eine Einzelfallbehandlung oder ein singulärer Umstand zuschreiben lässt.

Im Hinblick auf das zweite Kriterium ist es möglich, einen Konditionalsatz sowohl in einer „Wenn-dann"-Konstruktion als auch in einer „Je-desto"-Konstruktion, zu bilden. Potentiell könnte ein „Wenn-dann"-Satz wie folgt lauten: Wenn Jugendliche die Präventionsveranstaltung besuchen, dann kann ihre Einstellung zu dieser Thematik geprägt, beeinflusst oder verändert werden."

Ein denkbarer „Je-desto"-Satz wäre: „Je mehr Jugendliche mit der Thematik Rauchen konfrontiert werden, desto mehr überdenken sie ihr eigenes Rauchverhalten bzw. das von anderen Personen."

Der zweite Aspekt ist durch die beiden formal und inhaltlich korrekten Konditionalsätze erfüllt: Durch die „Wenn-dann"- und „Je-desto"-Konstruktionen stellt sich dieses Kriterium als wissenschaftlich überprüfbar dar.

Der dritte Punkt, den es festzustellen gilt, ist die Falsifizierbarkeit der gebildeten Konditionalsätze. Es ist durchaus vorstellbar, dass die Schüler, die den Fragebogen bearbeitet haben, zu der Feststellung kommen, dass der Besuch dieser Veranstaltung zu keinerlei Veränderungen bezüglich ihrer Einstellung oder ihres Verhaltens gegenüber dem Rauchen geführt hat. Durch die Abhandlung des dritten und letzten Kriteriums, welches positiv im Hinblick auf die Wissenschaftlichkeit überprüft wurde, kann abschließend festgehalten werden, dass die vorliegende Hypothese Aussagen beinhaltet, die sich im Rahmen dieser Untersuchung wissenschaftlich bearbeiten lassen. Sie entspricht den Vorgaben der Literatur von Bortz und Döring und die Wissenschaftlichkeit des Forschungsgegenstandes gilt hiermit als nachgewiesen.

5.3 Auswahl der Forschungsmethode

In der hier vorliegenden Arbeit umfasst die gewählte Forschungsmethode eine umfangreichere empirische Untersuchung, die in Form einer regionalen quantitativen Befragung durchgeführt wurde. Vergleicht man die qualitative Sozialforschung mit einer quantitativen Erhebung, so können Differenzen ausgemacht werden. „In der qualitativen Forschung werden verbale bzw. nichtnumerische Daten interpretativ verarbeitet, in der quantitativen Forschung werden Messwerte statistisch analysiert."[286] Viele Forschungsprojekte (wie auch diese Studie) kombinieren beide Herangehensweisen.

Die quantitative Erhebung der vorliegenden Untersuchung besitzt nicht den Anspruch auf Verallgemeinerung, da sie regional durchgeführt wurde. So können zwar Tendenzen für ein bestimmtes Areal hervorgehoben werden, aber es darf nicht von einer Allgemeingültigkeit gesprochen werden. Bei der späteren Auswertung dieser quantitativen Befragungsmethode ist es von großer Bedeutung, mit Kausalschlüssen im Sinne von „Wenn-dann"-Beziehungen behutsam umzugehen, um Aussagen nicht in einer verfremdeten oder gar verfälschten Weise darzustellen.

Generell eignen sich Fragebögen in vielfältiger Weise für unterschiedliche Thematiken. Mit ihnen lassen sich Einstellungen, Eigenschaften und Fähigkeiten von Menschen erforschen; auch Verhaltensweisen, Lebensereignisse oder andere Sachverhalte thematisieren sie.[287]

Diese empirische Methode besitzt jedoch sowohl Vor- als auch Nachteile. Ein wesentlicher Vorteil ist die einfache Handhabung der Durchführung. Die Fragebögen können als Formulare verteilt werden, so dass den Beteiligten eine individuelle Zeiteinteilung

---

[286] Bortz, J. & Döring, N., 1995: a. a. O., S. 274
[287] ebd., S. 177

zugesprochen wird. So besteht die Möglichkeit, dass die Personen, die den Fragebogen ausgefüllt haben, keinen Zeitdruck verspüren oder durch die Anwesenheit der durchführenden Person in ihrer Meinung beeinflusst werden, was einen positiven Einfluss auf die Ergebnisse hat. Die Antworten sind so meist „ehrlicher", als bei Anwesenheit eines Interviewers. Eine vorangestellte Instruktion vermittelt die nötigen Anweisungen, so dass jede Frage nach eigenen Fähigkeiten und Zeitbedürfnissen mit gründlichen Überlegungen beantwortet werden kann. In Abgrenzung zu Interviews wird bei Fragebögen auf jegliches Eingreifen des Durchführenden, der nicht anwesend zu sein braucht, verzichtet. Die Fragebögen sollen von homogenen Gruppen bearbeitet werden. Des Weiteren sollte noch erwähnt werden, dass sich Fragebögen durch ihre hohe Strukturierbarkeit, auf welche im Kapitel 5.6 näher eingegangen wird, auszeichnen.[288]

Demgegenüber sind jedoch eine Reihe von Nachteilen dieser Administrationsform formuliert worden. Da sich Fragebögen auf das Erinnerungsvermögen und die Aufmerksamkeit von Probanden beziehen, können beabsichtigte Verfälschungen oder unbemerkte Fehler in der Handhabung Konsequenzen für die Beantwortung nach sich ziehen.[289] Da bei der Befragung der Durchführende nicht anwesend sein muss, kann es zu intellektuellen und emotionalen Verständigungsschwierigkeiten kommen, die zu Stichprobenverzerrungen führen können.[290]

Die bereits oben angeführten negativen Eigenschaften einer Fragebogenaktion werden im Folgenden weiter ausgeführt und um weitere Aspekte ergänzt. Probanden betrachten das Bearbeiten eines Fragebogens als eine Art Kommunikation. Der imaginäre Gesprächspartner, die Erstellerin des Fragebogens, erlangt eine gewisse Einwirkungskraft auf die Beantwortung. Der Proband überlegt sich während der Bearbeitung, was er über sich selbst in dem Fragebogen mitteilt und wie seine Antworten auf den Fragebogensteller wirken. Eine mögliche Konsequenz wäre eine eingeschränkte ehrliche Beantwortung des Fragebogens, da beim Probanden die Selbstdarstellung überwiegt.[291]

---

[288] vgl. ebd., S. 231

[289] vgl. ebd., S. 177

[290] vgl. Schnell, R., Hill, P. & Esser, E., 1999:a. a. O.,, S. 336

[291] Bortz, J. & Döring, N., 1995: a. a. O., S. 212

In diesem Zusammenhang ist es wichtig, das Phänomen der „soziale(n) Erwünschtheit"[292] zu erwähnen und näher darauf einzugehen: Der Proband antwortet im Sinne von geläufigen Norm- und Wertvorstellungen, wobei seine eigene Meinung in den Hintergrund gerät. Dieses Phänomen tritt meist dann auf, wenn der Proband negative Folgen seiner ehrlichen Beantwortung fürchtet. Obwohl es sich um einen anonymisierten Fragebogen handelt und in der Realität keine Sanktionen folgen können, muss erwähnt werden, dass eine Beantwortung im Sinne von „soziale(r) Erwünschtheit" eine abweichende Bearbeitung mit sich führen kann.

5.4 Stichprobe des Fragebogenprojekts

Die Frage zu Beginn dieser Untersuchung war, wie man möglichst verbindliche Aussagen über die Akzeptanz der Raucherpräventionsveranstaltung und deren Auswirkungen auf das Rauchverhalten und die Einstellung bezüglich des Rauchens vieler tausend Schüler formuliert, wenn man tatsächlich nur einige hundert Schüler untersucht hat. Unter diesen Bedingungen ist es ratsam, die Zielgruppe auf einen bestimmten Teil der Grundgesamtheit zu beschränken. Die durch die Stichprobe gewonnenen Ergebnisse müssen repräsentativ für die Grundgesamtheit sein. Die Auswahl der Stichprobe ist daher ausschlaggebend für die Gültigkeit der Untersuchung.[293] Für die qualitative Befragung stehen mehrere Möglichkeiten der Stichprobenauswahl zur Verfügung:

1. Die Fragebögen können an Schüler, die der Erstellerin bekannt sind, ausgeteilt werden. Diese Umfrageergebnisse wären mit hoher Wahrscheinlichkeit nicht repräsentativ, da anzunehmen ist, dass viele der Befragten nicht ihre ehrliche Meinung wiedergeben würden. In diesem Punkt greift das bereits in Kapitel 5.3 erläuterte Phänomen der sozialen Erwünschtheit, welches eine abweichende Meinungsäußerung zur Thematik als Folge hat.

2. Es könnten Schüler mehrerer Schulformen und unterschiedlicher Klassenstufen befragt werden. Eine solche Art der Umfrage wäre jedoch im Rahmen dieser Studie nicht repräsentativ, da die Altersklassen und Schulformen der Teilnehmer an der Raucherpräventionsveranstaltung zu breit gefächert sind

---

[292] ebd,. S. 212
[293] vgl. ebd., S. 370ff

und nicht jede Altersklasse in jeder Schulform vorhanden ist, was eine Vergleichbarkeit der Ergebnisse nahezu unmöglich macht.

3. Darüber hinaus ist es denkbar, dass die Fragebogenexemplare an Schüler einer bestimmten Schule eines festgelegten Bezirks verteilt werden. Mit einer solchen regionalen Befragung sind verschiedene Voraussetzungen erfüllt: Zum einen ist die Wahrscheinlichkeit sehr hoch, dass Schüler verschiedener Altersstufen den Fragebogen bearbeiten und zum anderen ist davon auszugehen, dass alle Fragebogenbeantworter zwangsläufig schon einmal mit der Thematik „Rauchen" in Berührung gekommen sind (z.B. Thema im Unterricht). Dies lässt unterschiedliche Meinungen zum Thema „Verhalten und Einstellung bezüglich des Rauchens" zu. Eine Vergleichbarkeit der Ergebnisse ist somit gewährleistet.

Im Rahmen dieser Untersuchung wird die dritte Stichprobenart ausgewählt. Damit konnte sichergestellt werden, dass die gewünschte Zielgruppe (Schüler und Schüler der 8. bis 12. Schulklasse des Walter-Eucken Gymnasiums in Freiburg) erreicht wird. Zum anderen ergaben sich auch zeitliche und organisatorische Vorteile, da die Erstellerin des Fragebogens die Untersuchung allein durchgeführt hat und sich die Schulen, die insgesamt an dem Raucherpräventionsprogramm teilnehmen, in relativ weiter räumlicher Entfernung zum Studienort der Autorin befinden.

5.5 Erstellung der Fragebögen

Für Fragebögen, die im Rahmen einer Pilotstudie bzw. empirischen Untersuchung entwickelt werden, existiert eine gängige Methode: Die Forschende sucht zunächst nach bereits vorhanden Medien, um in Anlehnung an diese ihren Fragebogen zu beleuchten. Falls jedoch kein geeignetes bzw. nicht ausreichendes Vergleichsmaterial vorliegt, arbeitet man sich selbstständig in die Thematik ein. In diesem Fall wird ein Ideenpool zusammengestellt, welcher Hypothesen beinhaltet, die in Form von Fragen in den Fragebogen eingearbeitet werden. Eine solche Vorgehensweise wurde bei dieser Studie angewandt. Dieser Ideenpool umfasst demnach alle für die Untersuchung ausschlaggebenden Inhalte. Sie werden im Folgenden in homogene Themenbereiche eingeordnet und verleihen dem Fragebogen eine gewisse Struktur, die im Verlauf dieses Forschungskapitels vorgestellt wird. Diese Gliederung ist für die Wissenschaftlichkeit relevant, jedoch nicht für die Probanden. Ihnen ist die Konstruktion nicht bekannt, da für sie das Wissen über diese Struktur keine Notwendigkeit erforderlich macht.[294]

Die vorliegenden Fragebögen wurden von der Autorin neu verfasst. Fragebogenuntersuchungen zu der Thematik des Rauchens liegen von der Bundeszentrale für gesundheitliche Aufklärung vor und sind der Autorin bekannt. Die Daten dieser Erhebungen wurden in Kapitel 3.2 herangezogen. Der sich daraus ergebende Ideenpool umfasst sowohl Anregungen aus der Literatur, „Standardisierung von Fragestellungen zum Rauchen",[295] als auch Bestandteile persönlicher Erfahrungen, die mit in die Erstellung der Fragebögen einfließen. Die endgültigen Entwürfe der drei Fragebögen entstanden durch mehrere Überarbeitungen, in denen einige Teile erweitert und andere wiederum gekürzt wurden.

Fragebögen können unterschiedliche Formen aufweisen. Zunächst kann zwischen offenen und geschlossenen Fragen unterschieden werden. Bei offenen Fragen müssen die Probanden ihre Antworten selbst formulieren. Dadurch können besonders gut Hintergründe und Bezüge ermittelt werden.[296] Im Vergleich zu „ja-nein"-Konstruktionen erhält die Forschende eine größere Bandbreite an Antworten, bei denen es denkbar ist, dass die Probanden auch außerhalb des Ideenpools antworten und neue, eigene Gedanken, die über die Vorüberlegungen der Fragebogenerstellerin hinausgehen, einfließen lassen. Es kann jedoch nicht davon ausgegangen werden, dass in der Realität alle Probanden eine so hohe Motivation und Bereitschaft für ein solches Antwortverhalten aufbringen. Häufig machen sie sich keine oder nur wenige Gedanken über das befragte Thema und geben auf offene Fragen ein selektives bzw. sozial erwünschtes Bild ab. Ein weiterer Nachteil der schriftlichen Beantwortung in Textform ist die Auswertung. Die Interpretation von offenen Fragen birgt Fehler und ist zudem sehr aufwendig, da ein eigens konstruiertes Kategoriensystem benötigt wird.[297] Aus diesen Gründen und mit dem Wissen um die aufgezählten Nachtei-

---

[294] vgl. Bortz, J. & Döring, N., 1995: a. a. O., S. 231f.

[295] Riemann, K. & Gerber, U., 1997: Standardisierung von Fragestellungen zum Rauchen, Köln: BZgA

[296] vgl. Müller-Böling, D. & Klandt, H., 1993: Methoden Empirischer Wirtschafts- und Sozialforschung, Köln: Förderkreis Gründungs- Forschung, S. 35

[297] vgl. ebd., S. 35

le, werden lediglich zwei offene Fragen in den zweiten Fragebogen eingebaut, deren Auswertung sich aufgrund der engen Rahmenbedingungen dieser Untersuchung auf eine Zusammenfassung der Antworten beschränken wird.

Die Entscheidung bezüglich der Art der Frageformulierung fiel somit auf die geschlossenen Fragen. Bei dieser Form der Befragung, werden zwei oder mehr Antwortmöglichkeiten vorgegeben, von denen die Befragten jeweils mindestens eine auswählen sollen. Typisch für diesen Fragetyp sind „Multiple-Choice-Fragen: Zu einer Frage werden mehrere Antwortmöglichkeiten vorgegeben, zwischen denen der Befragte durch ankreuzen auswählen kann (z.B. Frage 1.3 in Abb. 4). Vorteil dieses Fragetyps sind die bessere Vergleichbarkeit der Antworten, eine höhere Durchführungs- und Auswertungsobjektivität, die leichtere Beantwortbarkeit für die Befragten und ein geringerer Aufwand bei der Auswertung.[298] Ein Fragetyp, der dabei auf die Ermittlung von Fakten abzielt, wird als Faktfrage bezeichnet. Da jedoch nicht nur konkreten Fakten bei der Befragung interessieren, sondern ebenso persönliche Einstellungen, Motive oder Werthaltungen, kommen in den entwickelten Fragebögen überwiegend Meinungsfragen zum Einsatz.[299] In den entwickelten Fragebögen finden sich des Weiteren Antwortkonstruktionen mit den Möglichkeiten „ja" - „nein" und den Antwortalternativen wie „zum Teil". Für diese Frageform findet sich in der Fachliteratur der Begriff „Item mit vorgegebener Alternativantwort". Diese Art der Befragung, ist besonders für die vorliegende Untersuchung von großem Nutzen, da die Probanden nur einfache Reproduktionsleistungen erbringen müssen.[300] Eine weitere wesentliche Kategorie bei den „ja" - „nein" Antworten ist die Kategorie „weiß nicht". Der Proband macht bei der Wahl dieser Antwortmöglichkeit auf das Fehlen seiner kognitiven Haltung gegenüber dem vorgestellten Thema aufmerksam. Diese „weiß nicht" Antwort wird bei der Auswertung in aller Regel wie andere nichtsubstantielle Antworten wie z.B. „keine Angaben" subsumiert. Aber auch das nicht Vorliegen einer messbaren Einstellung oder Tatsacheneinschätzung („Non-Attitude") ist als gültiger und interpretativer Wert zu betrachten.[301]

---

[298] vgl. Diekmann, A., 2002: Empirische Sozialforschung. Grundlagen, Methoden, Anwendungen.(9. Aufl.), Reinbek bei Hamburg: Rowohlt- Taschenbuch- Verlag

[299] vgl. Bortz, J. & Döring, N., 1995: a. a. O.

[300] vgl. ebd., S. 196

[301] vgl. Schnell, R., Hill, P., Esser, E., 1999: a. a. O., S. 314f

Weiterhin sollte erwähnt werden, dass bei Meinungs- oder Einstellungsbefragungen die Alternativantworten („ja" - „nein") Stellungnahmen erzwingt, die in dieser dann vorliegenden Form den tatsächlichen Ansichten des Probanden nicht entsprechen müssen. Diese Schwierigkeit wird bei Fragen mit mehreren Auswahlantworten weitgehend vermieden. Der Proband muss sich bei dieser Form der Befragung mit mehreren „richtig klingenden" Antwortalternativen auseinandersetzten. Dieser Antworttyp lässt graduierte Meinungsabstufungen zu.[302] Eine weitere Differenzierung der Fragen mit Auswahlantworten ist *die Mehrfachvorgabe mit Rangordnung* und die *ungeordnete Mehrfachvorgabe*. Bei der Mehrfachvorgabe mit Rangordnung äußern die Probanden anhand verschiedener Antwortskalen (z.B. „ich nehme die Zigarette bestimmt an", „ich nehme die Zigarette wahrscheinlich an", „ich lehne die Zigarette wahrscheinlich ab" und „ich lehne die Zigarette bestimmt ab") ihre Meinung. Bei der ungeordneten Mehrfachvorgabe liegen die Antwortkategorien „ungeordnet" vor (z.B. Kann auf die Frage warum man das Rauchen aufgeben bzw. erst gar nicht damit beginnen würde, folgenden Antworten ankreuzen: „weil es gesundheitsschädlich ist", „weil es mir nicht schmeckt", „weil ich rauchen blöd finde" etc.).

Eine weitere Art der Antwortvorgabe sind die *Skalen*. Dabei handelt es sich um die von Stevens (1946) unterschiedene *Nominal-, Ordinal-, Intervall- und Rationalskalierung*.[303] Bei der Vorliegenden Untersuchung wurden lediglich nominal- und ordinalskalierte Daten verwendet, so dass an dieser Stelle ausschließlich auf diese Beiden näher eingegangen wird.

Bei *nominalskalierten Daten* erfolgt eine Zuordnung zu Kategorien, welche eindeutig und erschöpfend sein müssen. Bei der Auswertung sind lediglich Aussagen über die Häufigkeit bestimmter Antworten möglich. Beispiel sind die Fragen nach dem Geschlecht einer Person, bei der als Antwort nur die Kategorie „weiblich" und „männlich" in Frage kommen, oder die Frage nach der Schulart, mit den eindeutigen und erschöpfenden Kategorien „Hauptschule", „Realschule", „Gymnasium" und „Andere Schulart".[304]

Ordinalskalierte Daten geben eine Rangfolge bzw. Größer-Kleiner-Relation wieder. Typische Beispiele sind die Schulnoten von eins bis sechs, sowie Einzelratings von „stimme ich voll zu" über

---

[302] vgl. Bortz, J. & Döring, N., 1995: a. a. O., S. 196
[303] vgl. Schnell, R., Hill, P., Esser, E., 1999: a. a. O., S. 136f
[304] vgl. ebd., S. 136f

„stimme ich zu", „stimme ich teilweise zu", und „stimme ich kaum zu" bis „stimme ich nicht zu". Anhand dieser wird das Ausmaß der Zustimmung oder Ablehnung zu vorgegebenen Gründen erfasst.

Bei den Fragebögen zur vorliegenden Untersuchung fiel die Entscheidung auf eine fünfstufige Skala (z.B. Fragen 2.1 bis 2.6 in Abb. 7), da sie mit jeweils zwei Abstufungen bezüglich der Ablehnung bzw. der Zustimmung und einer neutralen Mitte ein breites Spektrum möglicher Varianten der Beantwortung abdeckt.[305] Schließlich können die Kategorien noch verbalisiert oder in Zahlenform verschlüsselt werden. Letzteres bietet den Vorteil, dass Mittelwerte berechnet und verglichen werden können, während andererseits die Versprachlichung für die Probanden und somit die Zuverlässigkeit der Messung erhöht wird.[306]

Auch *Statements*[307], die auf *Skalen* (z.B. Likert-Skalen) zu beurteilen sind, können wie bereits erwähnt, anstelle von Fragen eingesetzt werden. Sie lassen sich besonders gut für die Forschung von Einstellungen und Meinungen einsetzten und eignen sich vor allem für unsichere Probanden, um eine eindeutige Stellungnahme herbeizuführen.[308]

Einige wichtige Komponenten, die bei der Konstruktion von *Statements* beachtet werden sollten, sind von Edwards (1957) zusammengestellt worden: Statements sollen einfach, klar und direkt formuliert sein, selten mehr als 20 Worte umfassen und nur einen vollständigen Gedanken enthalten. Begrifflichkeiten wie „alle", „immer", „niemand", und „niemals" sollten vermieden werden, Worte wie „nur", „gerade" und „kaum" nur in Ausnahmefällen benutzt werden. Auf diese Weise soll ausgeschlossen werden, dass sich die Formulierung der Frage und Statements in einem unrealistischen oder unpräzisen Bereich bewegen und die Probanden diese Fragen oft nach der sozialen Erwünschtheit beantworten.[309]

Drei besondere Fragetypen, die in den vorliegenden Fragebögen erscheinen, werden abschließend dargestellt. Hierbei handelt es

---

[305] vgl. Kirchhoff, S., Kuhnt, S., Lipp, P. & Schlawin, S., 2000: Der Fragebogen, (3. Aufl.), Wiesbaden: Verlag für Sozialwissenschaften, S. 22
[306] vgl. Diekmann, A., 2002: a. a. O.
[307] Unter Statements werden nach Bortz & Döring (1995) selbstbezogene Aussagen verstanden, die auf Rating- Skalen zu beurteilen sind.
[308] vgl. Mummenday, H., 1995: Die Fragebogen- Methode: Grundlagen und Anwendungen in Persönlichkeits-, Einstellungs- und Selbstkonzepterforschung, Göttingen: Hogrefe, S. 55ff
[309] vgl. Schnell, R., Hill, P., Esser, E., 1999: a. a. O., S. 174

sich um Filterfragen, Kontrollfragen und Retrospektivfragen. Wie bereits festgestellt werden konnte, erfüllt jede Frage eine bestimmte Funktion im Fragebogen/Interview. Bereits die Bezeichnung „*Filterfrage*" macht deren Funktion deutlich: Es geht darum, bestimmte Fragekomplexe für einen Teil der Befragten auszuschalten. Dies bewirkt eine Zeit- und Arbeitsersparnis sowohl für die „herausgefilterten" Probanden als auch für die Auswertende. Filterfragen finden sich in dem vorliegende FB 1, Frage 1.7 und FB 3, Frage 3.11. Dort werden zunächst „ja" - „nein" Fragen gestellt (z.B. Frage 3.11 in Abb. 11). Diejenigen, die diese Frage mit „nein" beantworten, werden herausgefiltert, so dass die Anschlussfrage nur von den Probanden beantwortet wird, die tatsächliche entsprechende Erfahrungen gemacht haben.

Die Aufgabe der *Kontrollfrage* erklärt sich ebenfalls anhand ihrer Bezeichnung. Sie wird eingesetzt, um die „Richtigkeit" von früheren Antworten zu überprüfen. In den vorliegenden Fragebögen wurde eine Kontrollfrage in FB 3 eingesetzt. Mit der Frage 2.1 („Was trifft auf Dich zu?") und den Antwortvorgaben („ich habe noch nie regelmäßig geraucht", „ich habe früher einmal geraucht", „ich bin zurzeit Raucher", und „ich habe noch nie geraucht") soll die zu Beginn gestellte Frage („Bist du Raucher?") kontrolliert werden. Der Grund für diese Frage lag darin, dass aufgrund der Ergebnisse der vorangegangenen Fragebögen anzunehmen war, dass einige der Probanden auf diese Frage zunächst mit „nein" antworten würden, da sich relativ viele der nicht regelmäßig Rauchenden nicht als „Raucher" bezeichnen.

Retrospektivfragen sollten bei Befragungen möglichst selten eingesetzt werden. Der Grund besteht darin, dass die Befragten die Fragen nach vergangenen Handlungen und Erlebnissen auf Erinnerungsleistungen angewiesen sind. Hierbei besteht die Gefahr, dass beim Abrufen Erinnerungsprobleme auftreten oder das die Befragten Schätzstrategien anwenden müssen, was unter Umständen zu falschen, das gesamte Antwortbild verzerrenden, Angaben führt.[310] Diese Schwierigkeiten müssen bei der Verwendung von Retrospektivfragen auf jeden Fall bedacht und bei der Formulierung der Fragestellung bzw. der Antwortalternativen berücksichtigt werden. In den hier verwendeten Fragebögen taucht dieser Fragetyp lediglich in FB 3 bei Frage 2.2 auf. Da es sich jedoch um ein persönliches Ereignis handelt und die Probanden keine Aussage bezüglich der Häufigkeit und der Menge machen müssen, stellt die Verwendung

---

[310] vgl. Diekmann, A., 2002: a. a. O.,

der Retrospektivfrage nach Ansicht der Verfasserin kein Problem dar.

Ein weiterer wichtiger Aspekt sind die Rücklaufquoten. Da diese oftmals einen starken Schwankungsbereich aufweisen, müssen im Vorfeld Maßnahmen getroffen werden, die präventiv einen erhöhten Rücklauf zur Folge haben. Bezüglich der Verbesserung von Rücklaufquoten stimmt die Autorin mit den Ansichten der Forschungsliteratur überein. „Die höchsten Rücklaufquoten werden für Befragungen erzielt, die sich an homogene Teilpopulationen wenden, für die der Umgang mit schriftlichen Texten nichts Ungewöhnliches ist."[311] Für Schüler gehört der Umgang mit Schrift zum Schulalltag, daher ist davon auszugehen, dass sie durch das Schreiben von Hausaufgaben und Klassenarbeiten mit Texten vertraut sind. Darüber hinaus sind Schüler einer Freiburger Schule als Zielgruppe dieser Fragebögen als „homogene Teilpopulation"[312] zu bezeichnen.

Es wurden leicht verständliche und knapp formulierte Fragen konstruiert, die eine positive Auswirkung auf den Befragungsverlauf zur Konsequenz haben. Aufgrund der regional begrenzten Untersuchung war es möglich, durch eine telefonische als auch schriftliche Vorankündigung an der Schule die Schüler vorzubereiten und so die Rücklaufquote zu verbessern.

Fragebögen werden schneller und vollständiger bearbeitet, wenn sie ein Thema behandeln, das für das Umfeld relevante bzw. interessante Bereiche umfasst und den Aspekt der Aktualität beinhaltet.[313] Das Oberthema Rauchen erfüllt für Schüler diese Kriterien, auch wenn man eventuell durch die ständige Präsenz in den Medien annehmen könnte, dass ein abnehmendes Interesse vorzufinden sei. Vielmehr ist jedoch von einer generellen Neugierde an dem bis zu einem bestimmten Alter Verbotenen auszugehen. Dieses Faktum in der Themenwahl erhöht die Bereitschaft, drei Fragebögen zu bearbeiten und begünstigte damit die Rücklaufquoten.

Bei der Erstellung der vorliegenden Fragebögen wurden die in diesem Unterkapitel beschriebenen Techniken berücksichtigt.

---

[311] Bortz, J. & Döring, N., 1995: a. a. O., S. 235
[312] ebd.
[313] vgl. ebd., S. 235

5.6 Konstruktion der Fragebögen

Die Fragebögen wurden mit großer Wahrscheinlichkeit von Schülern, die einen unterschiedlichen Erfahrungshintergrund bezüglich des Themas Rauchens haben, bearbeitet. Sowohl Schüler die bereits seit mehreren Jahren rauchen, als auch Schüler, die erst seit kurzem bzw. auch gar nicht rauchen, erhielten die Fragebögen, sofern sie für die Präventionsveranstaltung angemeldet waren.

Da die zu beantwortenden Fragen für alle Schüler/innen aller Klassenstufen nachvollziehbar und verständlich sein müssen, wird bei der Formulierungen und der Auswahl der Fragen insbesondere auf die jüngeren Schüler Rücksicht genommen. Anhand einer Vorstudie (Feasibility-Studie[314]) wurde die Durchführbarkeit des ersten Fragebogens überprüft. Die aus den Ergebnissen und Erfahrungen resultierenden Erkenntnisse wurden auf den Fragebogen übertragen und führten zu der aktuellen Version, die als Grundlage der vorliegenden Untersuchung dient.

„Eine verständliche, die Handhabung des Fragebogens eindeutig anleitende Instruktion ist bei schriftlichen Befragungen unverzichtbar."[315] Wie in der Forschungsliteratur beschrieben,[316] beginnt der Fragebogen mit einer Instruktion, in der zunächst Daten über die eigene Person, der Grund der empirischen Untersuchung und das Thema erläutert werden. Im weiteren Verlauf der Einführung wird den Probanden Anonymität zugesichert, auf den ausschließlichen Gebrauch der Datenerhebung für die Studie hingewiesen und Vorgehensweisen bzw. Hilfen zur Beantwortung gegeben. Die Anrede in der Instruktion als auch im Verlauf des Fragebogens ist die zweite Person Singular, die Du-Form. Die Autorin hat sich für diese Anredeform entschieden, da davon auszugehen war, dass die Probanden minderjährig sind, und eine persönlichere Anrede bei diesem Thema weniger Hemmungen hervorrufen würde.

Es folgt die *Instruktion*, die ausschließlich dem ersten Fragebogen vorangestellt ist: „Mein Name ist Friederike Lutz und ich beschäftige mich mit dem Thema ‚Untersuchung zum Raucherpräventionsprogramm der Universitätsklinik Freiburg und dessen Auswirkungen

---

[314] Bortz, J. & Döring, N., 1995: a. a. O., S. 128f
[315] ebd., S. 234
[316] vgl. Mummendy, H., 1995: a. a. O., S. 68f

auf das Rauchverhalten als auch die Einstellung zum Rauchen von Jugendlichen'. Aus diesem Grund habe ich drei Fragebögen zu dieser Thematik erstellt. Der erste Fragebogen liegt diesem Anschreiben bei. Den zweiten Fragebogen werde ich Dir einen Tag nach dem Besuch der Präventionsveranstaltung austeilen und den dritten Fragebogen bekommst Du 3 Monate später. Die von Dir ausgefüllten Fragebögen werden anonym behandelt und nur für den ausschließlichen Gebrauch meiner schriftlichen Arbeit verwendet. Ich bitte Dich, jede Frage einzeln und alle Fragen zu beantworten. Bei Fragen und Unklarheiten kannst Du Dich gerne an mich persönlich oder an Frau Welk wenden. Vielen Dank für Deine Mithilfe."

Der Verlauf des Fragebogens (FB) gliedert sich in *drei Teile* die nachfolgend näher beschrieben werden und sich in dieser Form, in allen drei Fragebögen wiederfinden:

1. Angaben zur Person (Vorkommen in FB 1, 2, 3)

2. Angaben zum Rauchverhalten (Vorkommen in FB 1, 3) bzw. Angaben zur Veranstaltung (Vorkommen in FB 2)

3. Angaben zur persönlichen Einstellung gegenüber dem Rauchen (Vorkommen in FB 1, 2, 3)

Wie es in der Fachliteratur vorgegeben ist, werden im ersten Teil des Untersuchungsinstruments die sozialstatistischen Angaben der Probanden erfasst (siehe Fragen 1.2 bis 1.6 in Abb. 4). Es finden sich sowohl Fragen zum Geschlecht, der Schulart, der besuchten Klasse, dem Geburtsmonat und des Geburtsjahres als spezifische Angaben.

---

1. Fragen zur Person

1.1 Letzter Buchstabe des Vornamens Deiner Mutter:_____

1.2 Geschlecht:
☐ Weiblich
☐ Männlich

1.3 Schulart
☐ Hauptschule
☐ Realschule
☐ Gymnasium
☐ Andere Schulart: _____

1.4 Klasse: _____

1.5 Dein Geburtsmonat: _____

1.6 Dein Geburtsjahr: _____

1.7 Bist Du Raucher?
☐ Ja.
☐ Nein.

Abb. 4: Fragen zu Person

Diese Fragen dienen sowohl dazu, sich ein genaueres Bild der sozialstatistischen Zusammensetzung der Testgruppe machen zu können, als auch bestimmte Antworten in Relation zu Fragen im thematischen Teil des Fragebogens setzen zu können. Die Fragen 1.1, 1.5 und 1.6 werden bei der Auswertung nicht beachtet, da sie ursprünglich der Autorin als Codierungsfragen dienen sollten, was jedoch zu einer Einzelbeobachtung geführt hätte. Nach Rücksprache mit der Dozentin (Frau Dr. Roos) wurde der Schwerpunkt auf die Beurteilung der Gesamtstichprobe gelegt, womit die Codierungsfragen überflüssig wurden.

Im zweiten Teil des FB 1 (Fragen 2.1 bis 2.10, siehe Abb. 5) und des FB 3 (Fragen 2.1 bis 2.6, siehe Abb. 6) werden die Fragen zum Rauchverhalten der Schüler erfasst. Bis auf die Frage 2.10 in FB 1 und 2.4 in FB 3 („Warum rauchst Du nicht bzw. warum würdest Du das Rauchen aufgeben?"), sind die Fragen nicht identisch.

2. Fragen zum Rauchverhalten:

2.1 Mit welchem Alter hast Du mit dem Rauchen eigentlich so richtig begonnen?
- ☐ 10 Jahre oder jünger.
- ☐ 11-12 Jahre.
- ☐ 13-14 Jahre.
- ☐ 15-16 Jahre.
- ☐ 17-18 Jahre oder älter.

2.2 Wie viele Zigaretten rauchst Du ungefähr am Tag?
- ☐ 1-5 Stück.
- ☐ 6-10 Stück.
- ☐ 11-20 Stück.
- ☐ 21-30 Stück.
- ☐ 31 Stück und mehr.

2.3 Rauchst Du, weil es Dir schmeckt?
- ☐ Ja.
- ☐ Nein.

2.4 Rauchst Du, weil Du nicht damit aufhören kannst?
- ☐ Ja.
- ☐ Nein.

2.5 Zu welchen Zeiten rauchst Du am häufigsten?
(Mehrfachnennungen sind möglich)
- ☐ Morgens.
- ☐ Mittags.
- ☐ Abends.
- ☐ Zu jeder Tageszeit.

2.6 An welchen Orten und zu welchen Anlässen rauchst Du?
(Mehrfachnennungen sind möglich)
- ☐ Ich rauche zu Hause.
- ☐ Ich rauche in der Schule.

- ☐ Ich rauche, wenn ich Alkohol getrunken habe.
- ☐ Ich rauche auf Partys.
- ☐ Ich rauche, wenn ich mich mit meinen Freunden treffe.
- ☐ Ich rauche, wenn ich unterwegs bin (z. B. Kino, Schwimmbad, Urlaub...).
- ☐ Ich rauche immer und überall.

2.7 Hast Du wegen Deiner Freunde/ Bekannten mit dem Rauchen angefangen?
- ☐ Ja.
- ☐ Nein.

2.8 Wer aus Deiner Familie raucht?
- ☐ Niemand.
- ☐ Mutter.
- ☐ Vater.
- ☐ Geschwister.

2.9 Rauchen Deine engeren Freunde und Bekannten?
- ☐ Alle.
- ☐ Die meisten.
- ☐ Etwa die Hälfte.
- ☐ Nur wenige.
- ☐ Keine(r).

2.10 Warum rauchst Du nicht bzw. warum würdest Du das Rauchen aufgeben?
(Mehrfachnennungen sind möglich)
- ☐ Weil es gesundheitsschädlich ist.
- ☐ Weil es mir nicht schmeckt.
- ☐ Weil ich rauchen blöd finde.
- ☐ Wegen des Sports.
- ☐ Weil es zu teuer ist.
- ☐ Ich weiß nicht.
- ☐ Ich würde das Rauchen nie aufgeben.

Abb. 5: Fragen zum Rauchverhalten, FB 2

In FB 1 werden mit den Fragen 2.1 bis 2.7, ausschließlich die Schüler/innen zu ihrem Rauchverhalten befragt, die bei der Frage 1.7 angeben, Raucher zu sein. Es werden in Form von Faktfragen mit „ja" - „nein" Konstruktionen und mit Multiple-Choice-Fragen das Alter bei Rauchbeginn, der Umfang des Rauchens, die Gründe des Rauchbeginns, die Zeiten, Orte und Anlässe des Rauchens erfasst, um einen Überblick über das Rauchverhalten der Probanden zu bekommen. Die Fragen 2.8 bis 2.10 werden von allen Schüler/innen beantwortet. Bei diesen drei Fragen wird das Rauchverhalten der Familie, der Freunde und das eigene zukünftige Rauchverhalten erfasst, um die umgebungsbedingten Einflussfaktoren, Eltern, Geschwister und Freunde (Konformitätsdruck), auf das Rauchverhalten der Probanden zu überprüfen. Bei Frage 2.8 und 2.10 handelt es sich um Fragen mit ungeordneten Mehrfachvorgaben, bei Frage 2.9 liegt eine Mehrfachvorgabe mit Rangordnung vor.

---

2. Fragen zum Rauchverhalten:

2.1 Was trifft auf Dich zu?
☐ Ich habe noch nie regelmäßig geraucht.
☐ Ich habe früher einmal geraucht.
☐ Ich bin zurzeit Raucher.
☐ Ich habe noch nie geraucht.

2.2 Wann hast Du das letzte Mal geraucht?
☐ Das war heute (oder gestern).
☐ Vor 1- 2 Wochen.
☐ Vor 1- 6 Monaten.
☐ Vor 6- 12 Monaten.
☐ Vor mehr als 1 Jahr.
☐ Habe noch nie geraucht.

2.3 Wenn Du jetzt aufhören würdest zu rauchen, wie würden Deine Freunde reagieren?
☐ Sie würden es gut finden.
☐ Sie würden es bedauern.
☐ Es wäre ihnen egal.
☐ Ich rauche nicht.

2.4 Warum rauchst Du nicht bzw. warum würdest Du das Rauchen aufgeben?
(Mehrfachnennungen sind möglich)
☐ Weil es gesundheitsschädlich ist.
☐ Weil es mir nicht schmeckt.
☐ Weil ich rauchen blöd finde.
☐ Wegen des Sports.
☐ Weil es zu teuer ist.
☐ Ich weiß nicht.
☐ Ich würde das Rauchen nie aufgeben.

2.5 Stelle Dir vor, Du bist mit anderen zusammen. Eigentlich hast Du gar keine Lust zu rauchen. Jemand bietet Dir eine Zigarette an und sagt: „Komm, rauch doch eine mit!" Was machst Du?
☐ Ich nehme die Zigarette bestimmt an.
☐ Ich nehme die Zigarette wahrscheinlich an.
☐ Ich weiß nicht.
☐ Ich lehne die Zigarette wahrscheinlich ab.
☐ Ich lehne die Zigarette bestimmt ab.

2.6 Wie willst Du es in Zukunft mit dem Rauchen halten?
(Nur eine Antwort ankreuzen)
☐ Ich rauche nicht und habe auch nicht die Absicht damit anzufangen.
☐ Ich rauche nicht, aber vielleicht probiere ich es mal.
☐ Ich rauche zwar, aber ich habe die Absicht es aufzugeben.
☐ Ich rauche und werde in Zukunft weiterrauchen.
☐ Ich rauche nicht mehr wegen der Veranstaltung.

Abb. 6: Fragen zum Rauchverhalten, FB 3

In FB 3 richten sich die Fragen 2.1 bis 2.6 an alle rauchenden und nichtrauchenden Schüler. Da nach Rücklauf und Auswertung des ersten Fragebogens auffallend war, dass erstaunlich wenige Schüler/innen sich als Raucher bzw. Raucherin bezeichneten, wurden in FB 3 die Fragen 2.1 und 2.2 als Kontrollfrage zu der Frage „Bist Du Raucher" eingesetzt. Die Fragen 2.3 und 2.5 befassen sich mit dem Rauchverhalten unter Freunden, bzw. mit der Einschätzung der Probanden bezüglich der Einstellung ihrer Freude gegenüber ihrem Rauchverhalten. Beide Fragen weisen eine Mehrfachvorgabe von Antwortmöglichkeiten auf, die eine Rangordnung darstellen und ermöglicht der Verfasserin die Einflussvariable „sozialer Druck" auf das Rauchverhalten von Jugendlichen zu überprüfen. Frage 2.6 erfasst, wie auch in FB 1 und 2 (Frage 3.15), das zukünftige Rauchverhalten der Probanden in Form einer Frage mit ungeordneter Mehrfachvorgabe von Antwortmöglichkeiten.

Kurz zusammengefasst lässt sich festhalten, dass der zweite Teil des FB 2 sich verstärkt an rauchende Schüler/innen richtet und der zweite Teil des FB 3 alle Schüler/innen anspricht.

Der zweite Teil des FB 2 erfasst die Meinung der Schüler/innen zu der Präventionsveranstaltung. (siehe Fragen 2.1 bis 2.6 in Abb. 7 und Fragen 2.7 bis 2.8.2 in Abb. 8). In diesem Bereich sollen die Probanden bei den Fragen 2.1 bis 2.6 in den unterschiedlichen Abstufungen „sehr gut", „gut", „teilweise gut", „nicht so gut", „schlecht" einschätzen, für wie gut sie die Veranstaltung erachten.

2. Fragen zur Veranstaltung:

Bitte setze hinter jede Aussage ein Kreuz in die entsprechende Spalte.

		Sehr gut	Gut	Teilweise gut	Nicht so gut	Schlecht
		1	2	3	4	5
2.1	Wie hat dir diese Veranstaltung gefallen?					
2.2	Wie gut hast Du verstanden, was dir erzählt und gezeigt wurde?					
2.3	Wie wurden die Informationen im ersten Teil dieser Veranstaltung von Dr. Leifert präsentiert?					
2.4	Wie wurden die Informationen im zweiten Teil dieser Veranstaltung von Dr. Stremmel präsentiert?					
2.5	Wie gut hat Dir das Patientengespräch im letzten Teil dieser Veranstaltung gefallen?					
2.6	Wie hat Dir die Organisation der Veranstaltung gefallen?					

Abb. 7: Fragen zur Veranstaltung 2.1 bis 2.6, FB 2

```
2.7 Hast Du die Veranstaltung als abschreckend empfunden?
    ☐  Ja.
    ☐  Nein.
    ☐  Zum Teil.
2.8 Hast Du bei dieser Veranstaltung Informationen erhalten die für Dich wichtig und neu waren?
    ☐  Ja.
    ☐  Nein.
    ☐  Zum Teil.
2.8.1 Wenn ja, welche Informationen waren für Dich wichtig und neu?
    _____
    _____
    _____
    _____

2.8.2 Welche Verbesserungsvorschläge hast Du für diese Veranstaltung?
    _____
    _____
    _____
    _____
```

Abb. 8: Fragen zur Veranstaltung 2.7 bis 2.8, FB 2

Die Fragen 2.7 und 2.8 (siehe Abb. 8) sind von der Verfasserin formuliert worden, um Informationen über die Wirkung bzw. Aktualität der vermittelten Inhalte innerhalb der Veranstaltung zu bekommen. Bei Frage 2.8.1 und 2.8.2 handelt es sind um offene Fragen, bei denen die Probanden gebeten werden, sich frei darüber
zu äußern, welche Informationen für sie neu und wichtig waren
und welche Verbesserungsvorschläge sie bezüglich der Veranstaltung anbringen möchten. Diese Form der Befragung wurde von der
Autorin gewählt, um den Probanden das Gefühl zu vermitteln, dass
ihre Meinung bei dieser Befragung wichtig und interessant ist und
um   die   Motivation   für   das   Ausfüllen   der   Fragebögen
aufrechtzuerhalten.

Im dritten Teil der FB 1, 2 und 3 geht es darum, die Einstellungen
der Schüler/innen gegenüber dem Rauchen deutlich werden zu lassen. Der dritte Teil besteht in FB 1 und 2 aus Frage 3.1 bis 3.15,
FB 3 weist die Fragen 3.1 bis 3.13 auf. Die Fragen 3.1 bis 3.10 und
3.13 kommen in allen drei Fragebögen vor. FB 1 und 2 weisen im
dritten Teil identische Fragen auf. Wobei die Frage 3.15 aus FB 1
und 2 als Frage 2.6 in FB 3 auftaucht und bereits erläutert wurde.
FB 3 unterscheidet sich mit seinen Fragen 3.11 bis 3.12 von den
anderen Beiden.

Zunächst die Erläuterung der Fragen 3.1 bis 3.10 aus FB 1, 2 und 3 (siehe Abb. 9). Bei den Fragen 3.1 bis 3.10 sollen die Probanden in den unterschiedlichen Abstufungen „stimme ich voll zu", „stimme ich zu", „stimme ich teilweise zu", „stimme ich kaum zu" und „stimme ich nicht zu" ihre Meinung zu verschieden Statements abgeben. Die Antwortkategorien in diesem Bereich sind aus den bereist erwähnten Gründen in fünf Abstufungen aufgeführt. Die Statements beziehen sich auf die Einstellung der teilnehmenden Probanden zur gestellten Thematik. Diese haben, wie bereits im Vorfeld erläutert, die Funktion, verunsicherte Probanden zu einer eindeutigen Stellungnahme zu bewegen. Dazu eigenen sich besonders klar und kurz formulierte Statements, wie sie hier vorliegen. Sie beinhalten keine Wörter wie „selten", „kaum", „immer", etc., die die Eindeutigkeit der Aussagen abschwächen würde. Die Statements sind in den Fragebögen in der Art und Weise formuliert, wie in Abb. 9 dargestellt:

3. Fragen zur persönlichen Einstellung gegenüber dem Rauchen:

In wie weit stimmst Du folgenden Aussagen zu?
Bitte setze hinter jede Aussage ein Kreuz in die entsprechende Spalte.

		Stimme ich voll zu 1	Stimme ich zu 2	Stimme ich teilweise zu 3	Stimme ich kaum zu 4	Stimme ich nicht zu 5
3.1	Raucher sind cool					
3.2	Raucher haben einen schwachen Willen.					
3.3	Raucher gefährden ihre Gesundheit.					
3.4	Raucher gefährden die Gesundheit von Anderen.					
3.5	Rauchen dient der Stressbewältigung.					
3.6	Raucher haben mehr Kontakte/ Freunde.					
3.7	Rauchen macht sexy.					
3.8	Rauchen beruhigt.					
3.9	Rauchen macht selbstsicher.					
3.10	Rauchen macht schlank.					

Abb. 9: Fragen zur persönlichen Einstellung gegenüber dem Rauchen 3.1 bis 3.10

Im weiteren Verlauf werden nun die Fragen 3.11 bis 3.15 aus den FB 1 und 2 näher erläutert (siehe Abb. 10).

3.11 Welche Folgen des Zigarettenrauchens kennst Du?
(Mehrfachnennungen sind möglich)
☐ Der Teer in den Zigaretten schädigt die Atemwege.
☐ Rauchen hilft gegen Pickel.
☐ Rauchen verursacht Lungenkrebs.
☐ Das Kohlenmonoxid in den Zigaretten macht süchtig.
☐ Rauchen ist nur dann schädlich, wenn man es jahrelang tut.
☐ Raucher sterben früher als Nichtraucher.
☐ Raucher bekommen häufiger einen Herzinfarkt.
☐ Das Nikotin in den Zigaretten macht süchtig.

3.12 Auf Zigarettenpackungen steht, dass „rauchen tötet". Wirkt das auf Dich abschreckend?
☐ Ja.
☐ Nein.
☐ Ich weiß nicht, mir ist es eigentlich egal.

3.13 Sollte man in der Öffentlichkeit mehr und deutlicher auf die Gefahren des Rauchens aufmerksam machen?
☐ Ja, es sollte mehr Aufklärung/Informationen über die Gefahren und die Folgen des Rauchens geben.
☐ Nein, ich finde, es wird schon zu viel darüber gesprochen.
☐ Ich weiß nicht, mir ist es eigentlich egal.

3.14 Was denkst Du über Zigarettenwerbung, z. B. im Kino?
☐ Ich finde sie cool.
☐ Ich finde sie langweilig.
☐ Macht Lust aufs Rauchen.
☐ Man sollte sie weglassen.

3.15 Wie willst Du es in Zukunft mit dem Rauchen halten?
(Nur eine Antwort ankreuzen)
☐ Ich rauche nicht und habe auch nicht die Absicht damit anzufangen.
☐ Ich rauche nicht, aber vielleicht probiere ich es mal.
☐ Ich rauche zwar, aber ich habe die Absicht es aufzugeben.
☐ Ich rauche und werde in Zukunft weiterrauchen.
☐ Ich rauche nicht mehr wegen dieser Veranstaltung.

Abb. 10: Fragen zur persönlichen Einstellung gegenüber dem Rauchen, FB 1 und FB 2

Die Fragen 3.11, 3.12 und 3.13 beziehen sich auf die Folgen des Rauchens und auf das Thema Veröffentlichung von Gefahren. Die Probanden sollen sich bei Frage 3.12 dazu äußern ob veröffentlichte Gefahren abschreckend auf sie wirken und wie weit sie es als wichtig erachten, auf die Gefahr des Rauchens aufmerksam gemacht zu werden. Diese Fragen lassen indirekt darauf schließen, wie groß der Bedarf solcher Präventionsveranstaltungen ist. Bei Frage 3.11 handelt es sich um eine geschlossene Frage mit mehrfach ungeordneten Antwortvorgaben. Wie schon erläutert, bietet diese Art der Frageformulierung das gleichzeitige Ankreuzen mehrerer Antwortvorgaben an. Diese Frageformulierung wurde für diese Untersuchung gewählt, um festzustellen, welches Wissen die Probanden über die Folgen des Rauchens vor und nach der Veranstaltung aufweisen. Die Folgen des Rauchens werden den Probanden während der Veranstaltung genannt. Die Fragen 3.12 und 3.13 werden ausschließlich mit drei Antwortalternativen „ja", „nein" und „ich weiß nicht, mir ist es eigentlich egal" bearbeitet. Bei Frage 3.13 werden die drei Antwortalternativen in einer etwas ausführlicheren Form angegeben (siehe Abb. 10).

Bei Frage 3.14 in FB 1 und 2 (siehe Abb. 10) handelte es sich um eine Meinungsfrage bezüglich der Zigarettenwerbung im Kino. Durch die vier Antwortvorgaben wird von den Probanden gefordert, zu dieser Thematik Stellung zu beziehen. Diese Frage wurde aufgrund der Thematik dieser Untersuchung gestellt, da das Thema Werbung innerhalb der Präventionsveranstaltung aufgegriffen wird und durch diese Fragestellung eine mögliche Veränderung der Einstellung bezüglich der Werbung zu beobachten ist.

Abschließend werden nun die Fragen 3.11 bis 3.12 des dritten Fragenbogens erläutert (Abb. 11). Bei Frage 3.11 handelt es sich um eine Kombination aus einer Filterfrage und einer Frage mit mehrfach ungeordneten Antwortvorgaben. Durch die Filterfunktion sollen die Probanden die mit „nein" antworten direkt an Frage 3.12 weitergeleitet werden. Probanden, die mit „ja" antworten, haben die Möglichkeit aus verschieden Antwortvorgaben mehrere auszuwählen. Zur Beantwortung der Frage 3.11.1 wurde die „ja" - „nein" Konstruktion vorgegeben, die in Frage 3.11.2 um die Kategorie „ich weiß nicht" erweitert wurde.

3.11 Hast Du versucht jemanden aus Deiner Familie oder aus Deinem Freundes- und Bekanntenkreis vom Rauchen abzubringen?
(Mehrfachnennungen sind möglich)
☐ Nein (bei Nein bitte mit Frage 3.12 weitermachen).
☐ Ja. Wenn ja, wen?
☐ Mutter
☐ Vater
☐ Geschwister
☐ Verwandte
☐ Freunde
☐ Bekannte

3.11.1 Warst Du bei dem Versuch jemandem vom Rauchen abzubringen erfolgreich?
☐ Ja
☐ Nein

3.11.2 Bist Du *durch die Veranstaltung* auf die Idee gekommen jemanden vom Rauchen abzubringen?
☐ Ja.
☐ Nein.
☐ Ich weiß nicht.

3.12 Was ist Deine Meinung zu folgenden Aussagen?
(Mehrfachnennungen sind möglich)
☐ Zu viele Verbote fördern das Rauchen.
☐ Tabak und Zigaretten müssen (noch) teurer werden.
☐ In Kneipen, Diskotheken, Cafés sollte auch in Deutschland Rauchverbot eingeführt werden.
☐ Die Tabakwerbung sollte eingeschränkt werden.
☐ Auf dem Schulgelände sollte das Rauchen für Schüler und Lehrer verboten werden.

Abb. 11: Fragen zur persönlichen Einstellung gegenüber dem Rauchen, FB 3

Mit den Fragen 3.11 bis 3.11.2 stellt die Verfasserin einen Bezug zu den vorher gestellten Fragen 2.8 („Wer aus Deiner Familie raucht?") und 2.9 („Rauchen Deine engen Freunde und Bekannte?) in FB 1 her. Diese drei Fragen zielen darauf ab, herauszufinden, inwieweit die Probanden nach dem Besuch der Veranstaltung nicht nur ihr eigenes, sondern auch das Rauchverhalten ihrer Familie und Freunde zu verändern versuchen. Die letzte Frage in FB 3 (Frage 3.12) besteht noch einmal aus fünf Statements, denen die Probanden durch Ankreuzen zustimmen können. Die Statements beziehen sich auf aktuelle Themen hinsichtlich des Raucherschutzes, um so einen Überblick über das Meinungsbild der Probanden zu diesem Themenkomplex zu erlangen.

Zum Ende des Kapitels 5.6 ist festzuhalten, dass nach Bortz und Döring Fragen, die einheitlich beantwortet werden können, zu vermeiden sind, da sie kaum zu einer Differenzierung beitragen.[317] Die Verfasserin ist sich dessen durchaus bewusst und hat versucht dies, bei der Fragekonstruktion zu berücksichtigen.

---

[317] vgl. Bortz, J.& Döring, N., 1995: a. a. O., S. 233

5.7 Durchführung des Fragebogenprojekts

Die Fragebögen wurden per Computer erfasst und mit Hilfe der Funktionen von Microsoft Excel ausgewertet. In der schriftlichen Beschreibung der Diagramme wird grundsätzlich auf die Auswertung nicht beantworteter Fragen verzichtet.

Die schriftliche Befragung wurde ausschließlich mit Schülern der Freiburger Walter-Eucken Schule durchgeführt, da es sich um eine regionale Befragung handelt. Die Klassenstufen 8, 9, 10, 11 und 12 haben sich dazu bereit erklärt, an dieser Befragung teilzunehmen. Aus organisatorischen und zeitlichen Gründen war es nicht möglich, die Durchführung aller drei Befragungen selbst zu kontrollieren, d.h. während des Ausfüllens des jeweiligen Fragbogens persönlich anwesend zu sein. Während eines ersten Termins an der Schule wurde Frau Welk, der Ansprechpartnerin der Schule, die Untersuchung und die Instruktionen für die Durchführung der Befragung erläutert. Die Schule nahm die Anfrage auf die Durchführung in ihrer Institution sehr positiv auf. Der erste Fragebogen wurde anschließend von Frau Welk an die einzelnen Klassenlehrer verteilt.

Den zweiten Fragebogen händigte die Autorin den Klassenlehrern direkt nach der Präventionsveranstaltung aus und der dritte Fragebogen wurde ebenfalls mit entsprechenden Erläuterungen persönlich an Frau Welk ausgegeben, die Diesen wiederum an die entsprechenden Klassenlehrer verteilte. Für die Beantwortung der Fragebögen standen den Schülern jeweils 20 bis 30 Minuten zur Verfügung. Alle Fragebögen wurden jeweils von den Klassenlehrern eingesammelt und an Frau Welk weitergegeben, die diese der Autorin übergeben hat.

Während der Untersuchungsphase bestand ständiger telefonischer oder schriftlicher Kontakt per E-Mail mit Frau Welk. So war es möglich, immer den aktuellen Stand der Befragung zu erfahren und bei eventuellen Rückfragen behilflich zur Seite zu stehen.

In Bezug auf einen höheren Rücklauf muss an dieser Stelle erwähnt werden, dass insbesondere die zweite und dritte Befragung im Nachhinein einen produktiveren Verlauf genommen hätte, wenn die Autorin die Untersuchungen eigenhändig und unter ständiger Präsenz vor Ort durchgeführt hätte.

Dies bedeutet jedoch nur, dass es verbesserungswürdige Aspekte gibt, die Untersuchungen allerdings mit 215 im ersten, 178 im zweiten und 185 Exemplaren im dritten Durchlauf immer noch als sehr gut und umfangreich eingestuft werden muss. Das Nicht-

Erreichen der maximalen Verteilung[318] hat jedoch keine Auswirkung auf die Auswertung der vorliegenden Untersuchung.

---

[318] meint: ausgeteilte Exemplare = zurückgegebene und beantwortete Exemplare

6. Auswertung der empirischen Untersuchung

Im Folgenden werden die Ergebnisse der Untersuchung erläutert. Aufgrund des vorgegebenen Rahmens dieser Untersuchung kann nicht auf alle Untersuchungsergebnisse eingegangen werden. Um sicherzustellen, dass jedoch alle relevanten Informationen bezüglich der Hypothesen ausgewertet und diskutiert werden, wird die Autorin einige der Fragen in der Auswertung kombinieren. Eine abschließende Beurteilung der Ergebnisse erfolgt in der Schlussbetrachtung.

6.1 Zusammensetzung der Stichprobe

Im ersten Teil aller drei Fragebögen finden sich sowohl Fragen nach dem Alter und Geschlecht als auch nach spezifischen Angaben, die sich auf das Rauchverhalten der Schüler beziehen. Diese Fragen dienen einerseits dazu, sich ein genaueres Bild von der Population der Untersuchungsteilnehmer machen zu können, andererseits dazu, bestimmte Daten in Relation zu Fragen im thematischen Teil des jeweiligen Fragebogens setzten zu können.

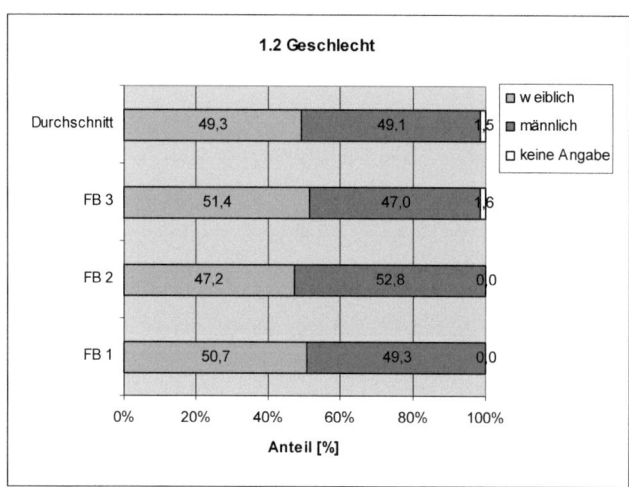

Abb. 12: Zusammensetzung der Stichprobe, Geschlecht

Als erstes Charakteristikum kann man die Gesamtmenge der Befragten nach Geschlechtern differenzieren (siehe Abb. 12 Frage 1.2 und Tab. 2). Hierbei zeigt sich ein relativ ausgeglichenes Bild: Der

durchschnittliche Anteil der weiblichen bzw. männlichen Probanden liegt bei 49,3 % bzw. 49,1 %.

		Fragebogen					Durchschnitt	
		FB 1		FB 2		FB 3		
		[Anz.]	[%]	[Anz.]	[%]	[Anz.]	[%]	[Anz.]	[%]
Geschlecht	weiblich	109	50,7	84	47,2	95	51,4	96,0	49,8
	männlich	106	49,3	94	52,8	87	47,0	95,7	49,7
	keine Angabe	0	0,0	0	0,0	3	1,6	1,0	0,5
Gesamt		**215**	100,0	**178**	100,0	**185**	100,0	**192,7**	100,0

Tab. 2: Geschlecht

Da die Schule und alle teilnehmenden Schüler darüber unterrichtet
wurden, dass die Teilnahme an der Fragebogenaktion sowohl anonym als auch freiwillig ist, handelt es sich bei der ausgewogenen
Geschlechterverteilung um eine zufällige Konstellation.

Frage 1.7 (siehe Abb. 13 und Tab. 3) ermöglicht eine Unterteilung
der befragten Schüler in Raucher und Nichtraucher.

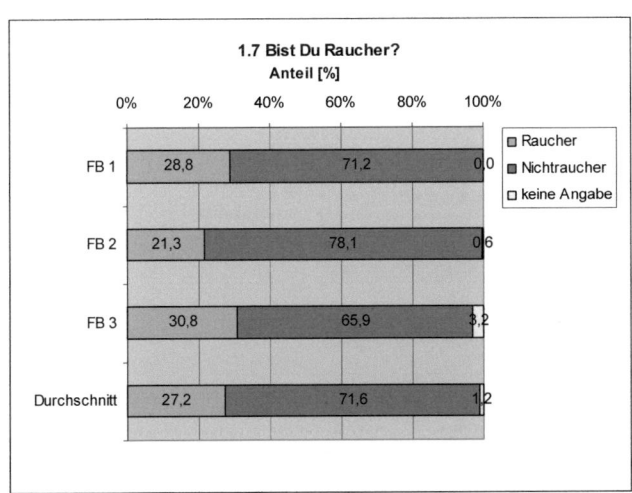

Abb. 13: Anteil Raucher/Nichtraucher

In FB 1 gaben 28,8 %, in FB 2 21,3 % und in FB 3 30,8 % der Befragten an, dass sie Raucher seien. Die Mehrheit der Probanden gab
an, Nichtraucher zu sein. Eine deutliche Zunahme der Nichtraucher
ist vor allem in FB 2, der kurz nach der Veranstaltung ausgeteilt

wurde, zu erkennen mit 78,1 %. In FB 1 gaben noch 71,2 % an, dass sie Nichtraucher seien und in FB 3 waren es noch 65,9 %.

| | | Fragebogen | | | | | | Durchschnitt | |
| | | FB 1 | | FB 2 | | FB 3 | | | |
		[Anz.]	[%]	[Anz.]	[%]	[Anz.]	[%]	[Anz.]	[%]
Raucher	weiblich	35	16,3	18	10,1	31	16,8	28,0	14,5
	männlich	27	12,6	20	11,2	26	14,1	24,3	12,6
	Gesamt:	**62**	*28,8*	**38**	*21,3*	**57**	*30,8*	**52,3**	*27,2*
Nichtraucher	weiblich	74	34,4	66	37,1	61	33,0	67,0	34,8
	männlich	79	36,7	73	41,0	58	31,4	70,0	36,3
	keine Angabe	0	0,0	0	0,0	3	1,6	1,0	0,5
	Gesamt:	**153**	*71,2*	**139**	*78,1*	**122**	*65,9*	**138,0**	*71,6*
keine Angabe	weiblich	0	0,0	0	0,0	3	1,6	1,0	0,5
	männlich	0	0,0	1	0,6	3	1,6	1,3	0,7
	Gesamt:	**0**	*0,0*	**1**	*0,6*	**6**	*3,2*	**2,3**	*1,2*
Gesamt		**215**	*100,0*	**178**	*100,0*	**185**	*100,0*	**192,7**	*100,0*

Tab. 3: Anteil Raucher/Nichtraucher

Einen detaillierteren Überblick über das Rauchverhalten der Probanden liefern die folgenden zwei Abbildungen, die durch die Verknüpfung zweier Fragen (1.7 „Bist Du Raucher?" und 1.4 „Klasse") erstellt wurden siehe Abb. 14).

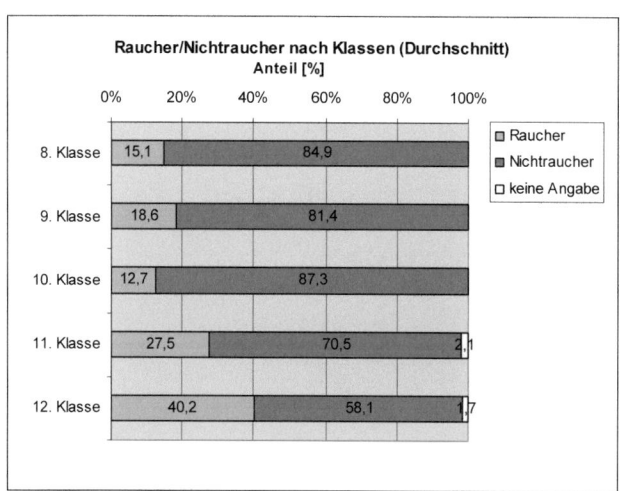

Abb. 14: Anteil Raucher/Nichtraucher nach Klassen

Hier erkennt man den Anteil der Raucher bzw. Nichtraucher aufgeschlüsselt nach den Klassenstufen: Mit 40,2 % findet sich der größte Anteil der Raucher bei den älteren Schülern aus Klassenstufe 12. In

Klasse 11 gaben 27,5 % an, dass sie Raucher seien, in Klasse 10 waren es lediglich 12,7 %, in Klasse 9 18,6 % und in Klasse 8 noch 15,1 %. Die Werte der Nichtraucher sinken entsprechend mit dem Anstieg der Klassen, mit Ausnahme der 10. Klassen. In Klasse 8 gaben 84,9 % der Schüler an, Nichtraucher zu sein, in Klasse 9 81,4 %, in Klasse 10 sind es 87,3 % (auch dieser Wert ist mit dem Fehlen einiger Schüler zu begründen) in Klasse 11 bestätigten 70,5 % und in Klasse 12 noch 58,1 %, dass sie Nichtraucher seien.

Wenn man weiterhin Frage 1.7 („Bist Du Raucher?") mit der Frage 1.2 („Geschlecht") verknüpft, erhält man den in Abb. 15 dargestellten Anteil der weiblichen und männlichen Raucher nach Fragebögen getrennt und als Durchschnitt:

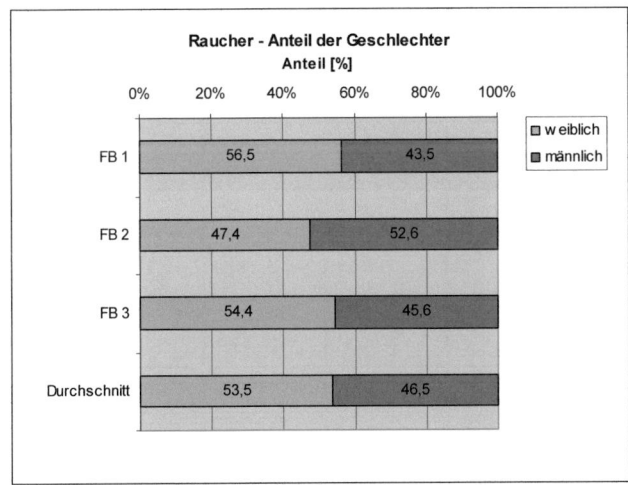

Abb. 15: Anteil weiblich/männlich der Raucher

Laut FB 1 sind 56,5 % der Raucher weiblich und 43,5 % männlich. In FB 2 liegt der Anteil der weiblichen Raucher bei 47,4 %, der der männlichen Raucher bei 52,6 %. Die deutliche Veränderung in FB 2 ist eventuell auf das Fehlen einiger Schüler der 11. Klasse zurückzuführen. Die Werte in FB 3 nähern sich den Werten von FB 1 an, mit 54,4 % weiblichen und 45,6 % männlichen Rauchern. Somit ergibt sich der Durchschnittswert von 53,5 % weiblichen und 46,5 % männlichen Rauchern.

In Kapitel 2.3.1.2 wurde bereits die These näher erläutert „dass Mädchen in ihren Konsumgewohnheiten die Jungen mittlerweile eingeholt hätten" und aufgrund verschiedener empirischer Untersuchungen für nicht haltbar befunden. Innerhalb dieser Untersuchung trifft diese These jedoch zu. Der deutlich höhere Wert der weiblichen Raucher von 7 Prozentpunkten lässt die Vermutung zu, dass dies zum einen auf die von Lopez benannte Toleranz der Gesellschaft gegenüber rauchenden Frauen[319] als auch auf die zunehmenden Emanzipationsbestrebungen der letzten Jahre zurückzuführen ist.

Im Folgenden sind die drei Fragen 1.2, 1.4 und 1.7 miteinander verknüpft. Dadurch ergibt sich ein sehr detailliertes Bild, das in Tab. 4 dargestellt ist.

| | | | Fragebogen | | | | | | Durchschnitt | |
| | | | FB 1 | | FB 2 | | FB 3 | | | |
			[Anz.]	[%]	[Anz.]	[%]	[Anz.]	[%]	[Anz.]	[%]
8. Klasse	Raucher	weiblich	1	16,7	1	12,0	1	16,7	1,0	15,1
		männlich	3		2		3		2,7	
	Nichtraucher	weiblich	9	83,3	5	88,0	7	83,3	7,0	84,9
		männlich	11		17		13		13,7	
Gesamt 8. Klasse			**24**	100,0	**25**	100,0	**24**	100,0	**24,3**	100,0
9. Klasse	Raucher	weiblich	1	15,4	0	9,5	1	30,4	0,7	18,6
		männlich	3		2		6		3,7	
	Nichtraucher	keine Angabe	0		0		1		0,3	
		weiblich	5	84,6	5	90,5	5	69,6	5,0	81,4
		männlich	17		14		10		13,7	
Gesamt 9. Klasse			**26**	100,0	**21**	100,0	**23**	100,0	**23,3**	100,0
10. Klasse	Raucher	weiblich	0	5,3	2	13,0	3	19,0	1,7	12,7
		männlich	1		1		1		1,0	
	Nichtraucher	weiblich	10	94,7	11	87,0	10	81,0	10,3	87,3
		männlich	8		9		7		8,0	
Gesamt 10. Klasse			**19**	100,0	**23**	100,0	**21**	100,0	**21,0**	100,0
11. Klasse	Raucher	weiblich	18	29,4	8	23,2	8	28,8	11,3	27,5
		männlich	7		5		7		6,3	
	Nichtraucher	keine Angabe	0		0		2		0,7	
		weiblich	29	70,6	23	75,0	17	65,4	23,0	70,5
		männlich	31		19		15		21,7	
	keine Angabe	weiblich	0	0,0	0	1,8	1	5,8	0,3	2,1
		männlich	0		1		2		1,0	
Gesamt 11. Klasse			**85**	100,0	**56**	100,0	**52**	100,0	**64,3**	100,0
12. Klasse	Raucher	weiblich	15	45,9	7	32,1	18	41,5	13,3	40,2
		männlich	13		10		9		10,7	
	Nichtraucher	weiblich	21	54,1	22	67,9	22	53,8	21,7	58,1
		männlich	12		14		13		13,0	
	keine Angabe	weiblich	0	0,0	0	0,0	2	4,6	0,7	1,7
		männlich	0		0		1		0,3	
Gesamt 12. Klasse			**61**	100,0	**53**	100,0	**65**	100,0	**59,7**	100,0
Gesamt			**215**		**178**		**185**		**192,7**	

Tab. 4: Anteil Raucher/Nichtraucher nach Klassen

---

[319] vgl. Lopez, H., 1983: a. a. O., S. 14

Hierbei zeigen sich einige Auffälligkeiten, die Auswirkungen auf die Auswertung der Befragung haben und nun näher diskutiert werden.

Beim Betrachten der Tabelle wird deutlich, dass sich die Werte der achten Klassen am besten miteinander vergleichen lassen, da sich die Anzahl der Schüler innerhalb der drei FB kaum verändert hat. Bei den männlichen Rauchern kam es in FB 2 zu einer positiven Veränderung von 4,7 %. Der Anteil der Raucher lag somit im Anschluss an die Veranstaltung auf einem Wert von 12 %. In FB 3 stieg er wieder auf 16,7 % an und lag somit wieder auf dem Ursprungswert von FB 1. Die Werte der Nichtraucher zeigen den Erfolg aus der anderen Perspektive: Hier ist im FB 2 eine entsprechende Zunahme von 4,7 % zu verzeichnen, in FB 3 geht der Anteil der Nichtraucher auf den Ausgangswert zurück.

In den 9. Klassen zeigt sich bei den Nichtrauchern keine große Veränderung. Anders sieht es bei den Rauchern aus. Es ist hier eine leichte Abnahme von FB 1 zu FB 2 zu erkennen. Der Anteil der weiblichen und männlichen Schüler hat sich um jeweils einen Befragten verändert. In FB 3 ist eine deutliche Zunahme der männlichen Probanden zu vermerken: In FB 3 geben 3 Schüler mehr als in FB 1 an, Raucher zu sein.

Bei den zehnten Klassen lassen sich die Werte aller drei FB miteinander vergleichen, da die Anzahl der Befragten nur geringfügig variiert. Auffällig ist hier, dass es zu einer deutlichen Zunahme unter den weiblichen Rauchern kam. Von zunächst 5,3 % in FB 1 auf 13 % in FB 2 und schließlich auf 19 % in FB 3. Der Anteil der männlichen Raucher hat sich nicht verändert.

Innerhalb der elften Klassen lassen sich ausschließlich die Werte des zweiten und dritten Fragebogens miteinander vergleichen. FB 1 weicht durch seine Anzahl der Befragten deutlich von den anderen beiden ab. Von FB 2 zu FB 3 lässt sich eine Zunahme unter den männlichen Rauchern feststellen, von 5,6 %, der Anteil der weiblichen Raucher hat sich nicht verändert. Bei den weiblichen Nichtrauchern hat der Anteil stark abgenommen von zunächst 23 Befragten auf 17 in FB 3. Auffällig ist der Wert der Befragten, die keine Angaben gemacht haben. Hier ist eine Zunahme von zunächst 1,8 % in FB 2 auf 8 % in FB 3 zu beobachten.

In den 12. Klassen lassen sich Schwankungen von etwa 20 % bei der Anzahl der Probanden zwischen den drei FB feststellen. Daher auch hier der Vergleich zwischen FB 1 und FB 3. Zunächst ist eine deutliche Zunahme unter den weiblichen Rauchern von FB 1 (15 Probanden) zu FB 3 (19 Probanden) festzustellen. Bei den männlichen Rauchern ist eine positive Veränderung von FB 1 zu FB 3 zu vermerken – von 13 Probanden in FB 1 zu 9 Probanden in FB 3. Insgesamt hat sich der Anteil der Raucher verringert, von 45,9 % auf 41,5 %. Auffällig auch hier die Zunahme der Schüler, die keine Angabe zu dieser Frage gemacht haben: von 0 % in FB 1 und 2 auf 4,6 % in FB 3.

Insgesamt lassen die Ergebnisse die Vermutung zu, dass die Präventionsveranstaltung sich verstärkt an die Altersgruppe der neunten Klassen wenden sollte. Hier ist die deutlichste Zunahme unter den Rauchern verzeichnet worden, von 9,5 % in FB 2 auf 30,4 % in FB 3. Eine weitere Auffälligkeit waren die kurzfristigen positiven Veränderungen der Raucher von FB 1 zu FB 2. Dieses Ergebnis lässt die Schlussfolgerung zu, dass die Präventionsveranstaltung kurzfristig kleine Veränderungen bezüglich des Rauchverhaltens erreichen kann, aber keine Langzeiterfolge zu verzeichnen sind. Auf diesen Fakt wird die Autorin in ihrer Schlussbetrachtung näher eingehen.

6.2 Rauchverhalten der Schüler

Die nachfolgenden Fragen beziehen sich auf das Rauchverhalten der Probanden. Aufgrund des relativ niedrigen Raucheranteils aus den ersten beiden FB hat die Autorin in FB 3 die Fragen 2.1 und 2.2 eingebaut, um die Ergebnisse der Frage 1.7 „Bist Du Raucher?" aus den drei FB kontrollieren zu können. Die nun folgenden zwei Fragen dienen als so genannte Kontrollfragen.

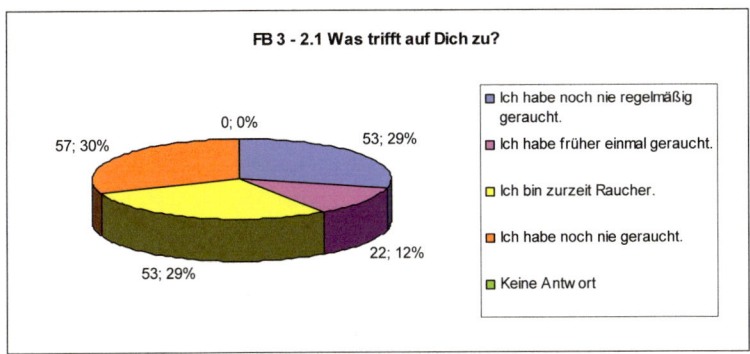

Abb. 16: Kontrollfrage 2.1 aus FB 3

Die Frage 1.7 („Bist Du Raucher?") haben im Durchschnitt 71,6 % der Schüler mit „Nein" und 27,2 % mit „Ja" beantwortet (siehe Abb. 13).

Betrachtet man das Ergebnis der Kontrollfrage 2.1 aus FB 3 (siehe Abb. 16) zeigt sich, dass 29 % der Schüler angeben, dass sie zurzeit rauchen („Ich bin zurzeit Raucher.") und weitere 29 % nicht regelmäßig rauchen („Ich habe noch nie regelmäßig geraucht"). Wenn man die Werte dieser beiden Antworten zusammen rechnet, da diese Angaben nach Auffassung der Autorin noch am ehesten auf aktuelle Rauchgewohnheiten schließen lässt, ergibt sich ein Anteil von 58 % der Befragten, die rauchen. Im Vergleich dazu gaben in FB 3 bei Frage 1.7 30,8 %, der Schüler an, dass sie Raucher seien (Abb. 13). Das ergibt eine Differenz von 28 %, die rauchen, aber angegeben haben, „Nichtraucher" zu sein.

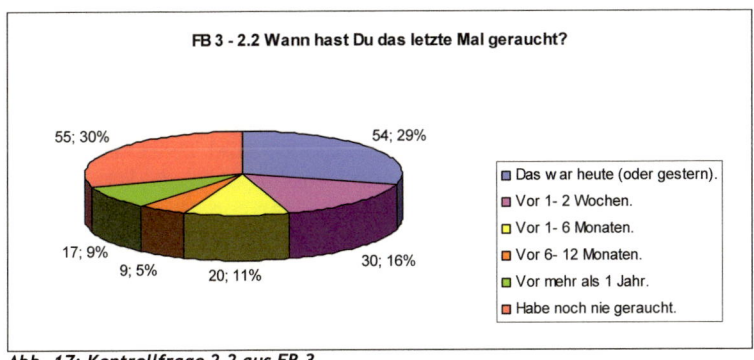

Abb. 17: Kontrollfrage 2.2 aus FB 3

Bei Frage 2.2 („Wann hat Du das letzte Mal geraucht?") wurden die Antworten „Das war heute (oder gestern)" von 29 % und die Antwort „Vor 1-2 Wochen" von 16 % der Schüler angekreuzt (siehe Abb. 17). Auch hier fasst die Autorin aus dem zuvor genannten Grund die beiden Antworten zusammen. Das heißt 45 % der Befragten geben an, geraucht zu haben, jedoch nur 30,8 % haben im selben Fragebogen die Frage „Bist Du Raucher?" mit „Ja" beantwortet. Auch hier lässt sich eine Differenz von 15 % feststellen. Wenn man das Ergebnis der beiden Antworten auf das Gesamtergebnis der Befragung überträgt, muss man davon ausgehen, dass der Anteil der Raucher bei allen Fragen, die nach Raucher und Nichtraucher getrennt sind, um mindestens 15 % höher liegt. Aufgrund der 29 % aus Frage 2.1 lässt sich ein höherer Anteil nicht ausschließen.

Die Ergebnisse verdeutlichen zum einen, wie wichtig eine detaillierte Fragestellung bei diesem Thema ist, um genaue Angaben erzielen zu können, und zum anderen, dass Jugendliche offenbar eine gewisse Hemmung haben, sich als Raucher zu bezeichnen, insbesondere wenn sie nicht täglich bzw. unregelmäßig rauchen. Daraus schließt die Autorin, dass das unregelmäßige Rauchen bei Jugendlichen nicht gleichgesetzt wird mit dem Rauchen eines täglichen Rauchers. Ob fehlende Klarheit über die Bezeichnung „Raucher" und ab wann man sich als solchen bezeichnen sollte, zu den hohen Anteilen der Nichtraucher führte, müsste in einer weiteren Studie empirisch untersucht werden.

In FB 1 und FB 3 liegt im Gegensatz zu FB 2 der Schwerpunkt auf dem Rauchverhalten der Befragten. In FB 1 sind insbesondere die Historie und Rauchgewohnheiten abgefragt worden. Anhand von Frage 2.1 („Mit welchem Alter hast Du mit dem Rauchen eigentlich so richtig begonnen?") ist das Alter der Befragten zum Zeitpunkt ihres Rauchbeginns erfasst worden. Das Ergebnis ist in Abb. 18 als Säulendiagramm dargestellt. Es zeigt sich, dass 55 % der befragten Schüler (34 Nennungen von insgesamt 62) im Alter zwischen 13 und 14 Jahren mit dem Rauchen begonnen haben. 26 % der Schüler (16 Nennungen) geben als Rauchbeginn ein Alter von 15 bis 16 Jahren an, 8 % (5 Nennungen) 11 bis 12 Jahre und 6 % der Schüler (4 Nennungen) war beim Rauchbeginn 17 bis 18 Jahre oder älter. 5 % der Schüler (3 Nennungen) hat zu dieser Frage keine Angaben gemacht.

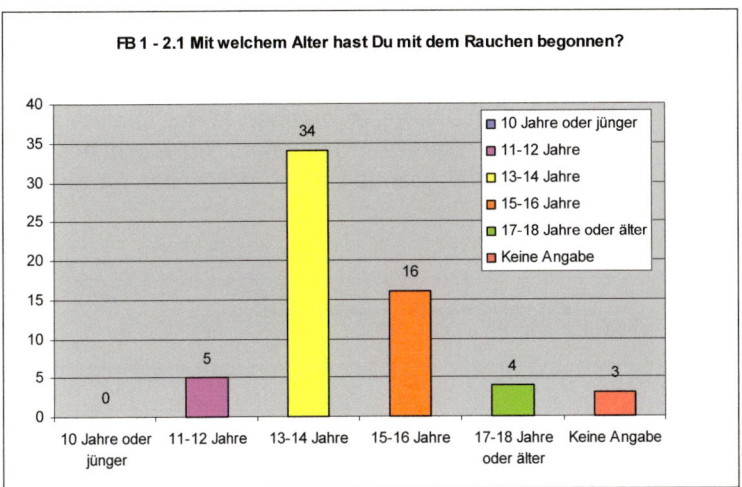

Abb. 18: Frage nach dem Alter bei Rauchbeginn

Insgesamt besteht mit 63 % eine Tendenz zu jüngeren Probanden, die zwischen 11 und 14 Jahren mit dem Rauchen beginnen. Dies bestätigt die Angaben aus der Forschungsliteratur, aus der hervorgeht, dass das Durchschnittsalter beim Rauchen der ersten Zigarette für Jungen bei 12,8 Jahren, für Mädchen bei 13 Jahren liegt.[320] Für die Präventionsveranstaltung könnte dies bedeuten, ihre Veranstaltung zukünftig verstärkt an diese Altersgruppe zu richten, d.h. anhand altersgerechter Beispiele und Fakten die Gründe des Rauchbeginns näher zu beleuchten und auf die Gefahren näher einzugehen.

Die Fragen 2.7, 2.8 und 2.9 aus dem ersten FB beschäftigen sich mit den umgebungsbedingten Einflussfaktoren auf das Rauchverhalten und werden im Folgenden anhand von Torten- und Säulendiagrammen dargestellt.

Frage 2.8 erfasst das Rauchverhalten der Familienmitglieder der Befragten, Frage 2.9 das Rauchverhalten des weiteren sozialen Umfeldes. Um herauszufinden, welche Personen aus dem Umfeld der Befragten rauchen und dadurch eventuell Einfluss auf das Rauchverhalten der Befragten selbst nehmen, sind die Fragen 2.8

---

[320] vgl. BZgA 2005,

und 2.9 jeweils mit dem Ergebnis der Frage 1.7 („Bist Du Raucher?") verknüpft worden.

Das Rauchverhalten der Familienmitglieder ist in Abb. 19 (Frage 2.8 „Wer aus Deiner Familie raucht?") getrennt nach Rauchern und Nichtrauchern dargestellt. Die Werte ergeben in der Summe mehr als 100 %, da bei dieser Frage Mehrfachnennungen möglich waren und somit die Anzahl der Probanden nicht gleich der Anzahl der Antworten ist.

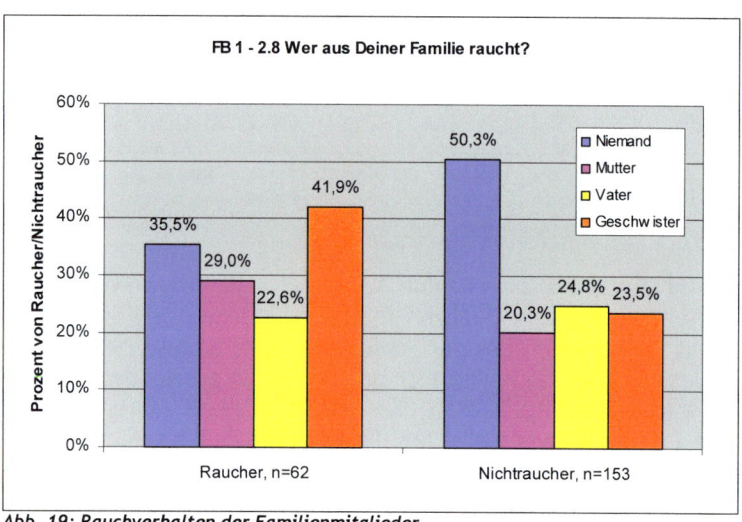

Abb. 19: Rauchverhalten der Familienmitglieder

35,5 % der Raucher und 50,3 % der Nichtraucher haben angegeben, dass niemand aus ihrer Familie raucht. Schon hier wird deutlich, dass rauchende Probanden häufiger in einem Haushalt mit weiteren rauchenden Familienmitgliedern leben. Bei 29 % der Raucher und 20,3 % der Nichtraucher rauchen die Mütter. Beim Anteil der rauchenden Väter ist kein Unterschied erkennbar: 22,6 % der Raucher geben an, dass ihre Väter rauchen und bei den Nichtrauchern 24,8 %. Deutlich dagegen heben sich die Angaben über das Rauchverhalten der Geschwister voneinander ab: Gegenüber 23,5 % der Nichtraucher geben 41,9 % der rauchenden Probanden an, dass sie rauchende Geschwister haben.

In der Fachliteratur, wie bereits in Kapitel 2.3.2.1 erläutert, findet sich dazu häufig der Hinweis, dass besonders Eltern und Geschwister die Initiation zum Rauchen beeinflussen, was sich anhand der hier vorliegenden Ergebnisse, insbesondere durch den hohen Wert der Geschwister bei den rauchenden Probanden, bestätigt. Insbesondere der Wert der Geschwister lässt vermuten, dass die Beeinflussung durch Gleichaltrige bzw. Altersnahe deutlich höher liegt als durch die Eltern. Um dies weiter zu untersuchen, befasst sich Frage 2.9 zusätzlich zu dem familiären Umfeld damit, ob und wie viele der engeren Freunde und Bekannten der Probanden rauchen („Rauchen Deine engeren Freunde und Bekannten?"). Dadurch, dass die Ergebnisse dieser Frage wiederum mit den Ergebnissen der Frage 1.7 verknüpft wurden, ist es möglich, die Unterschiede zwischen Rauchern und Nichtrauchern und deren Freundeskreisen und den daraus möglicherweise resultierenden Beeinflussungen herauszuarbeiten (siehe Abb. 20).

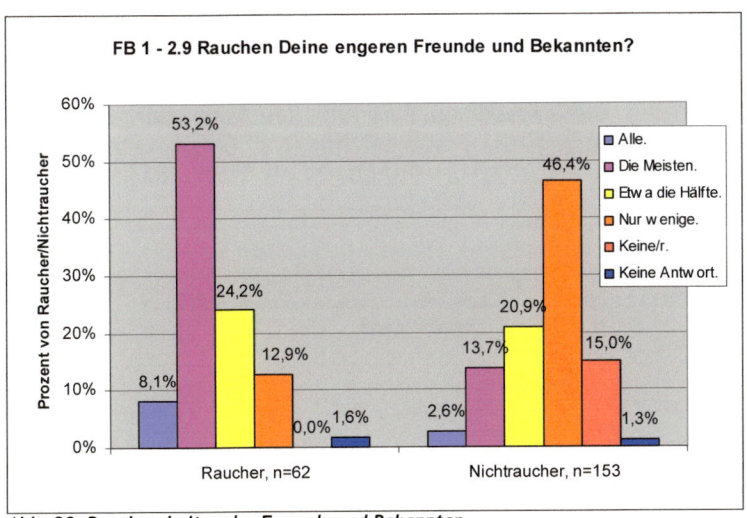

Abb. 20: Rauchverhalten der Freunde und Bekannten

Mit 53,2 % hat über die Hälfte der Raucher angegeben, dass „die meisten" ihrer Freunde bzw. Bekannten rauchen. Wenn man den Wert von 8,1 % der Raucher dazurechnet, bei denen „alle Freunde" rauchen, ergibt sich ein Wert von 61,3 %. Dieses Ergebnis bestätigt die Aussage der BZgA,[321] dass 63 % der 12- bis 15-Jährigen und 75 % der 16- bis 19-jährigen Raucher einem Freundeskreis angehören, in dem die meisten bzw. alle Freunde rauchen. Bei den Nichtrauchern gaben dagegen lediglich 13,7 % an, dass die meisten ihrer

---

[321] vgl. BZgA, 2001: a. a. O.

Freunde rauchen würden und nur 2,1 % gehören einem Freundeskreis an, in dem „alle Freunde" rauchen. 24,4 % der rauchenden
Probanden und 20,9 % der Nichtraucher gehören einem Freundeskreis an, der „etwa zur Hälfte" aus Rauchern besteht.

46,4 % der Nichtraucher und nur 12,9 % der Raucher antworteten,
dass sie einem Freundeskreis angehören, in dem „nur wenige" rauchen. Auffällig ist besonders die Angabe, dass „keiner" der Freunde raucht: Diese Antwort findet sich mit 15 % ausschließlich bei
Nichtrauchern.

Diese Ergebnisse bestätigen die Angaben aus der Forschungsliteratur, dass Raucher und Nichtraucher zum größten Teil einem Freundeskreis angehören, der ihren Rauchgewohnheiten entspricht.

Anhand von Frage 2.7 („Hast Du wegen Deiner Freunde/Bekannten
mit dem Rauchen angefangen?") soll der Einfluss der Freunde und
Bekannten auf das Rauchverhalten der Probanden genauer untersucht werden. Diese Frage sollte nur von Rauchern bearbeitet werden, also denjenigen, die Frage 1.7 mit „Ja" beantwortet haben.
Das Ergebnis der Frage 2.7 ist in Abb. 21 als Tortendiagramm dargestellt.

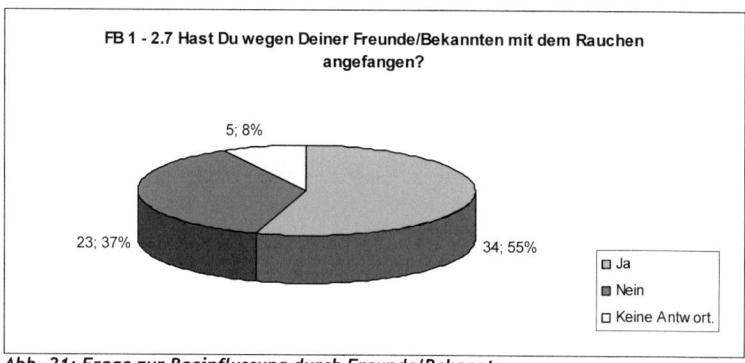

Abb. 21: Frage zur Beeinflussung durch Freunde/Bekannte

55 % der Probanden geben als Grund ihres Rauchbeginns ihre
Freunde bzw. Bekannten an; 37 % führen ihren Rauchbeginn nicht
auf ihr soziales Umfeld zurück und 8 % haben dazu keine Angaben
gemacht. Dieses Phänomen findet sich in der Fachliteratur (s. Kapitel 2.3.2.1) unter dem Begriff Konformitätsdruck bzw. sozialer

Druck zum Mitrauchen und erweist sich als einer der wichtigsten Einflussfaktoren auf das Rauchverhalten.

Aus pädagogischer Sicht verdeutlicht dieses Ergebnis einen massiven Handlungsbedarf im Bereich der Aufklärung und der sogenannten „Life-Skills-Konzepte", die bereits in Kapitel 3.3.1.2 näher erläutert wurden.

Frage 2.10 aus FB 1 bzw. Frage 2.4 aus FB 3, versucht die Gründe der Probanden hervorzuheben, warum diese nicht rauchen bzw. warum sie das Rauchen aufgeben würden („Warum rauchst Du nicht bzw. warum würdest Du das Rauchen aufgeben?"). Aufgrund einer besseren Übersichtlichkeit wird diese Frage in Form zweier Balkendiagramme dargestellt. Das eine stellte die Antworten der Nichtraucher da (Abb. 22) und das andere die Antworten der Raucher (Abb. 23). Die Summen der Prozentzahlen ergeben keine 100 %, da bei der Beantwortung Mehrfachnennungen zulässig waren.

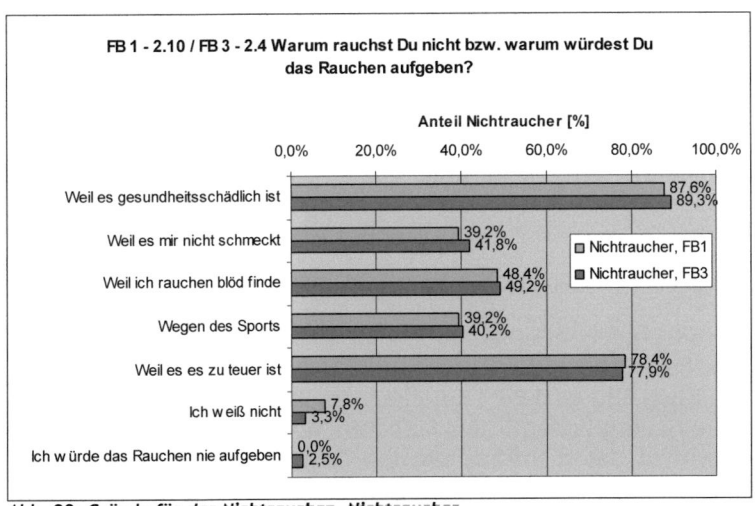

Abb. 22: Gründe für das Nichtrauchen, Nichtraucher

Bei der Betrachtung der Nichtraucher erkennt man, dass es zunächst kaum Unterschiede zwischen FB 1 und FB 3 gibt. Die Hauptargumente für das Nichtrauchen sind demnach die Gesundheitsschädlichkeit („Weil es gesundheitsschädlich ist") und die Kosten („Weil es zu teuer ist"). Dies lässt die Vermutung zu, dass es mehr Raucher geben würde, wenn das Rauchen billiger wäre. Die Tatsache, dass ca. 40 % der Nichtraucher sagen, dass sie nicht rauchen, weil es ihnen nicht schmeckt („Weil es mir nicht weil es ihnen nicht schmeckt („Weil es mir nicht schmeckt"), lässt darauf schließen, dass diese 40 % wahrscheinlich schon einmal das Rauchen probiert haben.

2,5 % der Nichtraucher gaben in FB 3 an, dass sie das Rauchen nie aufgeben würden. Das ist – wie schon weiter oben erläutert – darauf zurückzuführen, dass sich offenbar einige Raucher, insbesondere Gelegenheitsraucher, nicht als Raucher bezeichnen. Dies wiederum zeigt aus pädagogischer Sicht einen Handlungsbedarf in der Wahrnehmungsschulung.

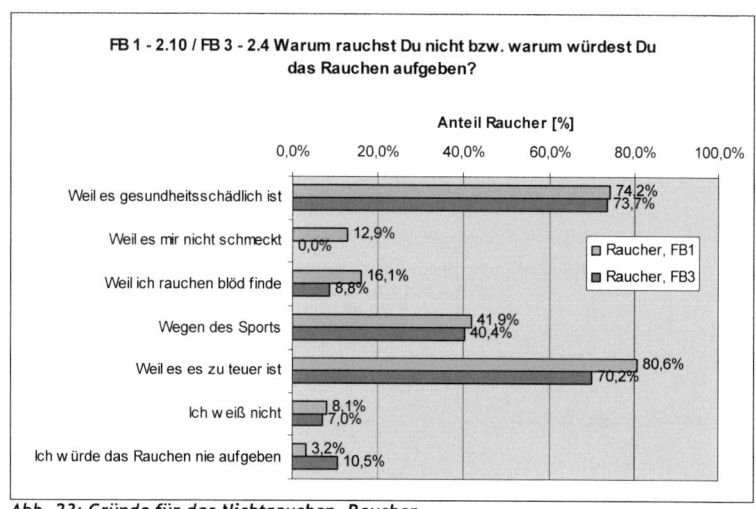

Abb. 23: Gründe für das Nichtrauchen, Raucher

Bei der Betrachtung der Raucher sind teilweise leichte Unterschiede zwischen FB 1 und FB 3 zu erkennen. Auffällig ist insbesondere, dass die Hauptgründe für das Aufhören, genauso wie bei den Nichtrauchern für das Nichtrauchen, die Gesundheitsschädlichkeit und die Kosten sind. Das bedeutet zum einen, den Rauchern absolut bewusst ist, dass das Rauchen gesundheitsschädlich ist und zum anderen höhere Tabakpreise dazu führen könnten, dass Raucher mit dem Rauchen aufhören. Das Ergebnis bezüglich der Gesundheitsschädlichkeit, entspricht den bisherigen Forschungen zum Zusammenhang zwischen gesundheitlichen Kontrollüberzeugungen und konkretem Gesundheitsverhalten, auf dessen Problematik bereits in Kapitel 2.3.2.2 „Spezielle Einstellungen zum Rauchen" näher eingegangen wurde.

Auffällig ist weiterhin, dass in FB 1 fast 13 % der Raucher sagen, dass sie mit dem Rauchen aufhören würden, weil es ihnen nicht schmeckt. Das kann bedeuten, dass sie rauchen, obwohl es ihnen nicht schmeckt oder aber, dass sie mit dem Rauchen aufhören würden, wenn es ihnen nicht schmecken würde.

Weiterhin sieht man, dass in FB 3 im Vergleich zu FB 17% mehr sagen, dass sie das Rauchen nie aufgeben würden. Ebenso erkennt man, dass die Kosten für 10 % der Raucher kein Aufhörargument mehr sind. Dies könnte darauf hindeuten, dass sich speziell bei den Rauchern keine Langzeiterfolge durch die Veranstaltung eingestellt haben.

6.3 Bewertung der Präventionsveranstaltung

Der Schwerpunkt von FB 2 liegt auf der Beurteilung der Veranstaltung selbst. Der erste Fragenblock (Frage 2.1 bis 2.6) befasst sich mit inhaltlichen-, organisatorischen- und Verständnisfragen bezüglich der Veranstaltung. Die Ergebnisse werden hier in Form von Balkendiagrammen dargestellt (Abb. 24). Bei diesen Fragen sollen die Probanden die einzelnen Kriterien auf einer Skala von (sehr gut/ gut/ teilweise gut/ nicht so gut/ schlecht) bewerten. Im Folgenden werden die prägnanten Ergebnisse diskutiert.

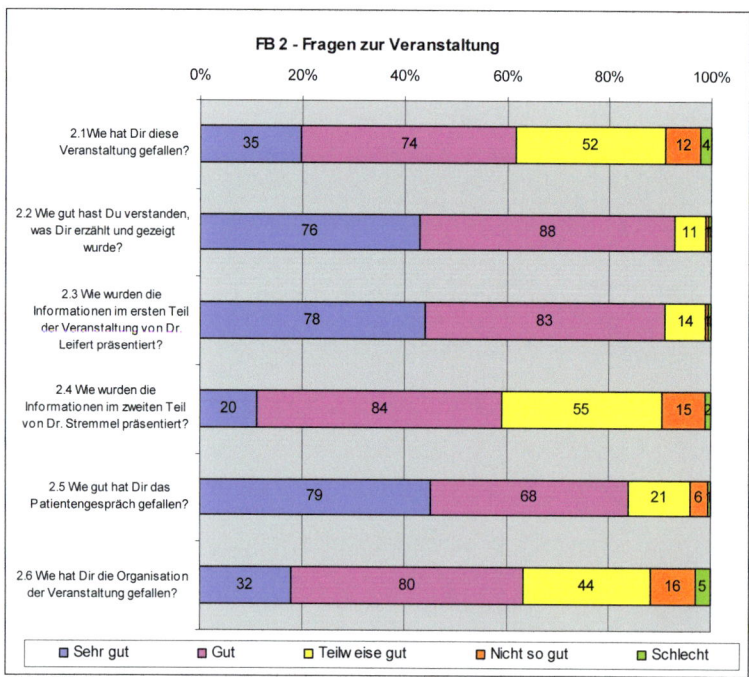

Abb. 24: Fragen zur Veranstaltung

35 Probanden hat die Veranstaltung sehr gut gefallen, 74 haben sie als gut erachtet und 52 beurteilten sie als teilweise gut. Abgesehen von den 12, die die Veranstaltung als nicht so gut bewertet haben und den 4, die sie als schlecht beurteilt haben, lässt sich aus Sicht der Autorin ein weiterer Bedarf vermuten, da die Probanden Interesse und Motivation an einem solchen Projekt gezeigt haben.

124

Die Frage 2.2 („Wie gut hast Du verstanden, was dir erzählt wurde?") wurde von 76 der Probanden mit sehr gut bewertet, 88 von ihnen fanden die Veranstaltung gut. Lediglich 1 empfand die Veranstaltung als schlecht verständlich. Dies lässt den Rückschluss zu, dass die PowerPoint-Präsentationen dieser Veranstaltung zumindest für die untersuchte Schulform und die untersuchten Altersgruppen verständlich präsentiert wurden. Ob diese Schlussfolgerung jedoch auch auf andere Schulformen zu übertragen ist, ist in einer weiteren Untersuchung noch zu prüfen.

Frage 2.3 („Wie wurden die Informationen im ersten Teil dieser Veranstaltung von Dr. Leifert präsentiert?") beantworten 78 der Probanden als sehr gut und 83 als gut. 14 erachteten die Veranstaltung als teilweise gut und nur 1 beurteilte sie als schlecht. Dieses Ergebnis verdeutlicht, wie positiv diese altersgerecht gestaltete Präsentation von den Probanden angenommen wurde.

Frage 2.4 („Wie wurden die Informationen im zweiten Teil dieser Veranstaltung von Dr. S. präsentiert?") beurteilten 20 als sehr gut, 84 als gut und 55 als teilweise gut. Als nicht so gut erachteten 15 der Probanden die Präsentation und 2 beurteilten sie als schlecht. Der Grund für dieses Ergebnis ist vermutlich, dass die Präsentation von Dr. Stremmel mehr auf die biologischen und medizinischen Fakten ausgerichtet ist und dementsprechend schwieriger verständlich und weniger ansprechend für Schüler ist.

79 der Probanden halten das Patientengespräch für sehr gut (Frage 2.5 „Wie gut hat Dir das Patientengespräch im letzten Teil dieser Veranstaltung gefallen?"), 68 für gut und 21 für teilweise gut. 6 fanden es nicht so gut und 1 befand es schlecht. In der Fachliteratur wird diese Art der Informationsvermittlung häufiger erwähnt, siehe Kapitel 3.2.1.

Schwarzer[322] vertritt die Meinung, dass diese Art der Prävention unverzichtbar, wirkungsvoll und erfolgreich sei, da die Informationen mit persönlichen Erfahrungen angereichert werden und sich dadurch als sehr realistisch und wirkungsvoll erweisen. Hier lässt sich aufgrund des Ergebnisses diese Form der Informationspräsen-

---

[322] Schwarzer, R., 1990: a. a. O., S. 433

tation positiv hervorheben, da die Informationen realistisch und alltagsnah vermittelt werden.

Die letzte Frage aus diesem Fragenblock „Wie hat Dir die Organisation der Veranstaltung gefallen?" (Frage 2.6) beantworten 32 Befragte mit sehr gut, 80 beurteilten die Organisation mit gut und 44 als teilweise gut. 16 der Probanden fand die Organisation nicht so gut und 5 beurteilten sie mit schlecht. Insgesamt ist hierzu eine positive Rückmeldung vorzufinden, was die Schlussfolgerung zulässt, dass diese Form der Informationsvermittlung und Aufklärung sich als sinnvoll und altersgerecht herausgestellt hat.

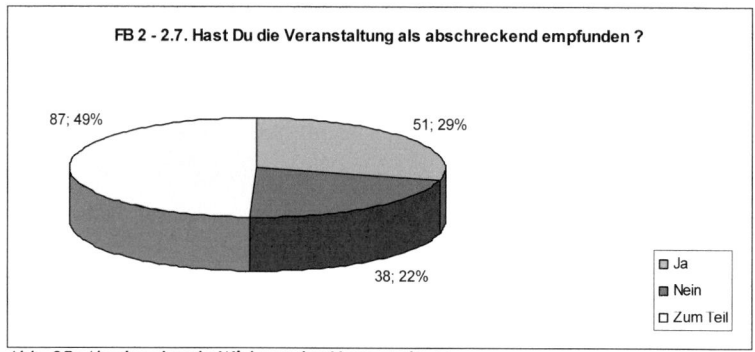

Abb. 25: Abschreckende Wirkung der Veranstaltung

Durch die Fragestellung von Frage 2.7 aus dem zweiten FB soll erfasst werden, ob die Veranstaltung eine abschreckende Wirkung auf die Schüler ausübt (siehe Abb. 25).

Fast die Hälfte der Probanden hat diese Frage mit „Zum Teil" beantwortet. Dieses Ergebnis lässt die Vermutung zu, dass die Probanden den ersten und dritten Teil der Veranstaltung, die sehr alltagsnah und anschaulich präsentiert wurden, als abschreckend empfunden haben, wie z.B. im ersten Teil der Veranstaltung die Eieruhr, die alle 4 Minuten durch ihr klingeln verdeutlich, dass in diesem Moment ein Mensch in Deutschland an den Folgen des Rauchens stirbt oder das abschließende Patientengespräch.

51 Schüler (29 %) empfanden die gesamte Veranstaltung als abschreckend, davon waren 42 Nichtraucher, die dem Rauchen insgesamt kritischer und möglicherweise auch ängstlicher gegenüber

stehen. Interessant wäre in einer weiteren Untersuchung herauszufinden, ob diese abschreckende Wirkung positive Folgen bezüglich
des Beibehaltens des Nichtrauchens mit sich bringt.

Als nicht abschreckend empfanden 38 Schüler (22 %) die Veranstaltung. Dieses Ergebnis könnte damit zusammenhängen, dass die Bilder bzw. Fakten für die entsprechenden Altersgruppen nicht abschreckend bzw. spannend genug präsentiert wurden. Dies zeigt
sich auch in den Antworten der Befragten auf Frage 2.8.2 („Welche
Verbesserungsvorschläge hast Du für diese Veranstaltung"), deren
Ergebnis weiter unten dargestellt ist.

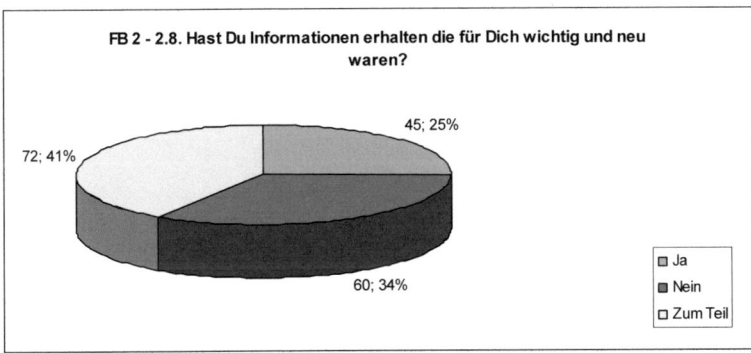

FB 2 - 2.8. Hast Du Informationen erhalten die für Dich wichtig und neu waren?

72; 41%
45; 25%
60; 34%

☐ Ja
■ Nein
☐ Zum Teil

Abb. 26: Informationsgehalt der Veranstaltung

Mit der Frage 2.8 „Hast Du bei dieser Veranstaltung Informationen
erhalten, die für Dich wichtig und neu waren?" soll zunächst geklärt werden, wie viele der Schüler Informationen als wichtig
und/oder neu empfunden haben (siehe Abb. 26).

Bei der Betrachtung dieser Abbildung wird deutlich, dass mit 41 %
die meisten Schüler antworteten, dass sie „zum Teil" Informationen als neu und wichtig empfunden haben. 25 % der Probanden
beantworteten diese Frage mit „Ja", was die Vermutung zulässt,
dass es sich hierbei um eher jüngere Probanden gehandelt haben
könnte, die mit diesem Thema bisher weniger konfrontiert wurden.

34 % der Probanden verneinten die Frage. Hier lässt sich aufgrund
des Ergebnisses feststellen, dass die vermittelten Informationen
ganz oder zumindest teilweise von vielen der Probanden als neu

und wichtig empfunden wurden, dass jedoch für zukünftige Veranstaltungen weitere Informationen, die den jeweiligen Alters- und Schulgruppen entsprechen, mit aufgenommen werden könnten.

Die Anschlussfrage 2.8.1 ermöglicht den Schülern die Informationen zu benennen, die sie als wichtig und neu erachtet haben. Das Ergebnis ist in Abb. 27 dargestellt.

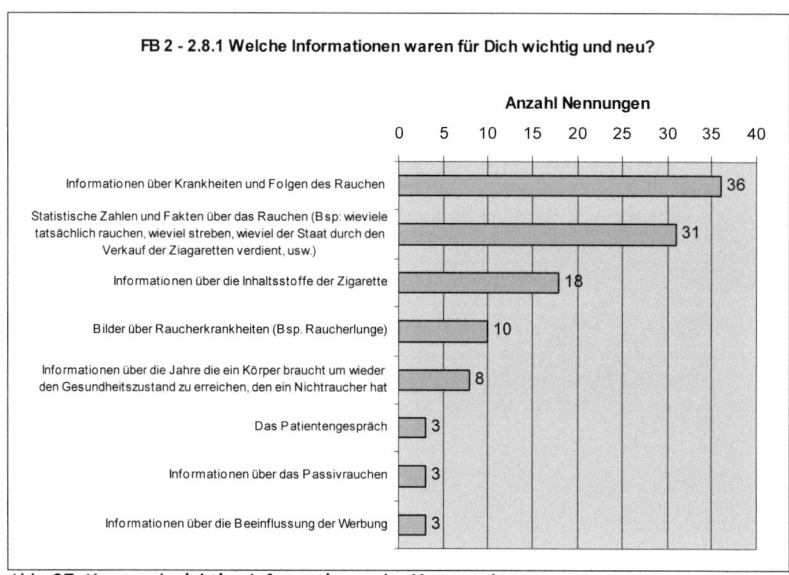

Abb. 27: Neue und wichtige Informationen der Veranstaltung

36 Probanden beurteilten die „Informationen über Krankheiten und deren Folgen", die durch das Rauchen bedingt auftreten können, als neu und wichtig. 18 benannten die „Inhaltsstoffe der Zigarette" und 10 Probanden beurteilten die „Bilder über erkrankte Organe (Bsp. Raucherlunge)" als neu und wichtig. Daraus folgt, dass in diesem Bereich ein weiterer dringender Aufklärungsbedarf besteht, auch wenn häufig davon ausgegangen wird, dass die Inhaltsstoffe, Erkrankungen bzw. Folgen des Rauchens aufgrund Antiraucherwerbungen oder Packungsinformationen bekannt sein müssten. Dies kann und sollte auch mehr in den normalen Unterricht (z.B. Biologie oder Chemie) integriert werden. Detaillierte Informationen bezüglich dieser Themen könnten möglicherweise mehr Kinder und Jugendliche vom Rauchen abhalten.

Die „statistischen Angaben" wurden von 31 der Probanden als neu und wichtig beurteilt. Auch aus diesem Ergebnis geht deutlich hervor, dass einigen Schülern die zum Teil erschreckenden Zahlen bezüglich der Raucher und der Todesfälle nicht bewusst sind. Besonders die Präsentation der Eieruhr, die alle 4 Minuten klingelte, um zu verdeutlichen, dass in diesem Zeitraum ein Mensch in Deutschland an Folgen des Rauchens stirbt, hat bei den Schülern einen großen Eindruck hinterlassen. Auch die Angaben bezüglich der Steuereinnahmen durch den Verkauf der Zigaretten waren für einige der 31 Probanden wichtig und neu und wurden zusätzlich erwähnt.

Als weitere Information, die den Schülern wichtig und neu erschien, wurde von 8 der Probanden die Regenerationszeit genannt, die ein Körper nach dem Aufhören des Rauchens benötigt, um sich dem Gesundheitszustand eines Nichtrauchers wieder zu nähern. Für jeweils 3 Probanden waren die Informationen über das Passivrauchen, die Beeinflussung durch Werbung und das Patientengespräch erwähnenswert.

Bei der Betrachtung der Ergebnisse dieser Frage, wird deutlich, in welchen Bereichen für die Schüler ein weiterer Handlungsbedarf besteht. Um Langzeiterfolge beim Nichtrauchen erreichen zu können, sollten nach Ansicht der Autorin diese Punkte verstärkt in Form weiterer Veranstaltungen oder als Unterrichtseinheiten präsentiert werden.

Als abschließende Frage des zweiten Teils in FB 2, wurden in Frage 2.8.2 die Verbesserungsvorschläge der Schüler bezüglich der Veranstaltung erfasst.

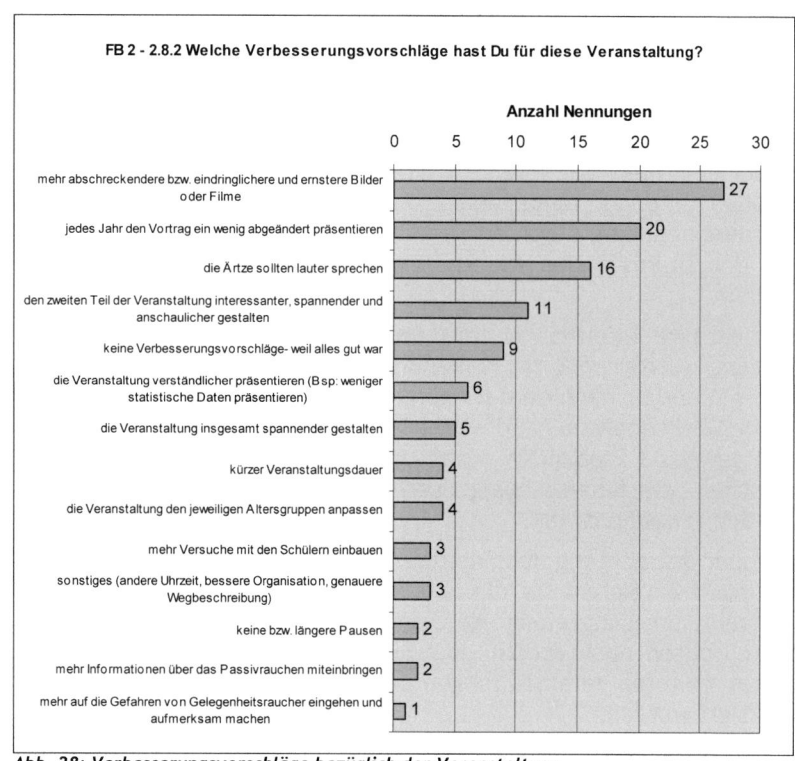

FB 2 - 2.8.2 Welche Verbesserungsvorschläge hast Du für diese Veranstaltung?

Anzahl Nennungen

Abb. 28: Verbesserungsvorschläge bezüglich der Veranstaltung

Die gewonnenen Ergebnisse der Erhebung werden in Abb. 28 in Form eines Balkendiagramms verdeutlicht.

„Mehr abschreckende bzw. eindringlichere und ernstere Bilder oder Filme" wurde als meist genannter Verbesserungsvorschlag von 27 Probanden angegeben. Dieses Ergebnis verdeutlicht, dass statistische Zahlen und vorgebrachte Fakten offensichtlich weniger abschreckend auf die Schüler wirken als Bilder und Filme, in denen die Gefahren des Rauchens dargestellt werden. 20 der Probanden äußerten den Vorschlag, dass die „Veranstaltung jedes Jahr in leicht abgeänderter Form präsentiert werden sollte", dies kann als positive Rückmeldung anerkannt werden, insbesondere dadurch, dass einige der Probanden schon im Jahr zuvor die Veranstaltung besucht hatten und das Interesse an der Präsentation nicht verloren haben. Weitere 16 Schüler sehen eine Notwendigkeit, im „lauteren Sprechen während der Veranstaltung". Für zukünftige Veranstaltungen sollte überprüft werden, ob es an der Akustik des Raumes liegt oder die Veranstalter tatsächlich zu leise sprechen. 11 Probanden brachten Verbesserungsvorschläge bezüglich des zweiten Teils der Veranstaltung vor, den sie sich interessanter, spannender und anschaulicher wünschten. Weitere 11 Schüler brachten ähnliche Verbesserungsvorschläge für die gesamte Veranstaltung vor, insbesondere die statistischen Daten sollten ihrer Meinung nach verständlicher und spannender präsentiert werden. Jeweils 4 Probanden schlugen vor, die Veranstaltung Altersgruppen spezifisch anzubieten und dementsprechend zu gestaltet bzw. die Veranstaltungsdauer kürzer zu halten. Zwei weitere wichtige Verbesserungsvorschläge wurden von insgesamt 3 Schülern genannt: Erstens der Wunsch, die Gefahren des Gelegenheitsrauchens hervorzuheben und zweitens mehr Informationen über das Passivrauchen zu vermitteln. 9 der Probanden schrieben, dass die Veranstaltung keine Verbesserung benötigen würde, da sie mit dieser Form der Präsentation vollkommen zufrieden seien.

Die zahlreichen positiven Ergebnisse innerhalb dieses Fragenblocks lassen die Vermutung zu, dass die Veranstaltung positiv bei den Schülern angekommen ist und ein weiteres Interesse für dieses Thema besteht.

Als weitere Verbesserungsvorschläge bezüglich der Veranstaltung weist die Autorin noch einmal auf das Problem der Identifizierung eines Rauchers hin, auf das bereits in Kapitel 5.3 eingegangen wurde. Da die Gefahren des täglichen oder gelegentlichen Rauchens genauso groß sind sollte dies anhand von weiteren Beispielen verdeutlicht werden. Auch das Passivrauchen und die Gefahren, die damit verbunden sind, sollten stärker in den Vordergrund der Veranstaltung gestellt werden. Rauchenden Schülern muss die Verantwortung, die sie gegenüber Nichtrauchern haben, bewusst gemacht werden und Nichtraucher sollten weiter in ihrer ablehnenden Haltung gegenüber Zigaretten bestärkt werden.

6.4 Einstellungen der Schüler bezüglich des Rauchens

Im dritten Teil der Fragebögen wurden die Einstellungen der Schüler zu Begründung des Rauchens bzw. Nichtrauchens anhand von Einstellungsstatements gemessen. Grundsätzlich ist die Messung der Einstellung nur schwer möglich. Daher erheben die Fragen nicht den Anspruch eine allgemeingültige Einstellungsmessung zu erreichen. Das liegt u. a. auch daran, dass viel zu wenige Items erfasst wurden. Daher sollen lediglich Unterschiede dieser Fragen vor und nach der Veranstaltung erfasst werden, ohne dass man inhaltlich von einer bestimmten Einstellung reden könnte. Dazu wurden die Fragen 3.1 bis 3.10 jeweils zu den drei Erhebungszeitpunkten in gleicher Form gestellt. Dies lässt zusätzlich zu der Erfassung der momentanen Einstellung zum Thema Rauchen auch Schlüsse auf eine Veränderung aufgrund der Präventionsveranstaltung zu.

Den befragten Jugendlichen wurden Aussagen vorgegeben, die dem Rauchen zugeschrieben werden, wie beispielsweise „Rauchen macht selbstsicher". Erfragt wurden Zustimmung und Ablehnung zu diesen Aussagen mit Hilfe einer Skala von „stimme ich voll zu" über "stimme ich zu", „stimme ich teilweise zu" und „stimme ich kaum zu" bis zu „stimme ich nicht zu". Die Ergebnisse sind getrennt nach Raucher und Nichtraucher dargestellt.

Da der Fragenblock sehr komplex ist, wird aus Gründen der Übersichtlichkeit auf die Nennung jeder einzelnen Zahl verzichtet und nur prägnante Werte und Tendenzen aufgezeigt.

Zunächst folgt eine Darstellung der einzelnen Aussagen mit der jeweils meist genannten Antwort ohne Unterscheidung zwischen Raucher und Nichtraucher, um einen Überblick über die Grundeinstellung bezüglich der Aussagen zu geben:

- Die Aussage „Raucher sind cool" wurde von den meisten Probanden mit „stimme ich nicht zu" bewertet. FB 1: 55 %, FB 2: 55 % und FB 3: 34 %.

- „Raucher haben einen schwachen Willen" bewerten die meisten mit „stimme ich teilweise zu". FB 1: 39 %, FB 2: 35 % und FB 3: 34 %.

- Dass Rauchen ihre Gesundheit gefährdet beurteilt die Mehrheit der Probanden mit „stimme ich voll zu". FB 1: 84 %, FB 2: 87 % und FB 3: 82 %.

- Dass das Rauchen die Gesundheit von anderen gefährdet, bewerten die meisten mit „stimme ich voll zu". FB 1: 61 %, FB 2: 67 % und FB 3: 66 %.

- „Rauchen dient der Stressbewältigung" beurteilen viele der Probanden mit „stimme ich teilweise zu". FB 1: 32 %, FB 2: 33 %, FB 3: 31 %.

- Der Aussage, dass Raucher mehr Freunde haben, stimmen die Meisten nicht zu. FB 1: 56 %, FB 2: 49 % und FB 3: 42 %.

- „Rauchen macht sexy" beurteilt die Mehrheit der Probanden mit „stimme ich nicht zu". FB 1: 78 %, FB 2: 74 % und FB 3: 69 %.

- Der Aussage, dass Rauchen beruhigt, stimmen viele der Probanden mit „teilweise" zu. FB 1: 37 %, FB 2: 35 % und FB 3: 35 %.

- „Rauchen macht selbstsicher" bewerten die meisten Probanden mit „stimme ich nicht zu". FB 1: 49 %, FB 2: 44 % und FB 3: 44 %.

- Die letzte Aussage, dass Rauchen schlank macht, schätzt die Mehrheit mit „stimme ich nicht zu" ein. FB 1: 50 %, FB 2: 56 % und FB 3: 49 %.

		Fragebogen 1						Fragebogen 2						Fragebogen 3					
		Stimme ich voll zu	Stimme ich zu	Stimme ich teilweise zu	Stimme kaum zu	Stimme ich nicht zu	Keine Angabe	Stimme ich voll zu	Stimme ich zu	Stimme ich teilweise zu	Stimme kaum zu	Stimme ich nicht zu	Keine Angabe	Stimme ich voll zu	Stimme ich zu	Stimme ich teilweise zu	Stimme kaum zu	Stimme ich nicht zu	Keine Angabe
3.1 Raucher sind cool	Raucher	3%	3%	10%	27%	55%	2%	11%	0%	16%	18%	55%	0%	12%	4%	19%	21%	42%	2%
	Nichtraucher	1%	0%	8%	13%	76%	1%	2%	1%	9%	11%	76%	1%	1%	2%	9%	11%	75%	2%
	Gesamt	2%	1%	9%	17%	70%	1%	4%	1%	11%	12%	71%	1%	4%	3%	13%	14%	64%	2%
3.2 Raucher haben einen schwachen Willen	Raucher	6%	10%	40%	21%	23%	0%	11%	8%	45%	13%	24%	0%	7%	5%	28%	18%	42%	0%
	Nichtraucher	22%	18%	38%	10%	10%	3%	26%	17%	33%	15%	7%	1%	20%	26%	36%	11%	6%	2%
	Gesamt	17%	16%	39%	13%	13%	2%	22%	16%	35%	15%	11%	1%	15%	20%	34%	12%	17%	1%
3.3 Raucher gefährden ihre Gesundheit	Raucher	79%	10%	8%	2%	2%	0%	76%	11%	3%	3%	8%	0%	74%	18%	4%	2%	4%	0%
	Nichtraucher	86%	11%	1%	0%	2%	0%	91%	7%	0%	0%	1%	1%	85%	10%	2%	0%	2%	2%
	Gesamt	84%	11%	3%	0%	2%	0%	87%	8%	1%	1%	3%	1%	82%	12%	2%	1%	2%	1%
3.4 Raucher gefährden die Gesundheit von Anderen	Raucher	45%	23%	23%	10%	0%	0%	45%	21%	21%	5%	8%	0%	44%	26%	21%	4%	5%	0%
	Nichtraucher	68%	22%	7%	2%	1%	0%	73%	16%	8%	1%	1%	1%	76%	14%	6%	0%	3%	1%
	Gesamt	61%	22%	12%	4%	1%	0%	67%	17%	11%	2%	3%	1%	66%	17%	11%	2%	4%	1%
3.5 Rauchen dient der Stressbewältigung	Raucher	24%	34%	32%	3%	6%	0%	32%	21%	39%	5%	3%	0%	23%	37%	33%	4%	4%	0%
	Nichtraucher	10%	20%	32%	20%	15%	2%	6%	22%	30%	19%	22%	1%	5%	20%	30%	27%	14%	3%
	Gesamt	14%	24%	32%	15%	13%	1%	11%	21%	33%	16%	18%	1%	11%	26%	31%	19%	11%	2%
3.6 Raucher haben mehr Freunde/Kontakte	Raucher	0%	5%	23%	19%	52%	2%	16%	11%	5%	29%	37%	3%	14%	9%	23%	19%	35%	0%
	Nichtraucher	3%	13%	24%	24%	56%	0%	2%	1%	18%	26%	53%	1%	4%	7%	16%	25%	47%	2%
	Gesamt	2%	4%	16%	22%	56%	0%	5%	3%	15%	26%	49%	1%	7%	8%	17%	24%	42%	2%
3.7 Rauchen macht sexy	Raucher	6%	2%	8%	21%	63%	2%	13%	5%	5%	21%	55%	0%	9%	4%	12%	19%	56%	0%
	Nichtraucher	1%	0%	7%	9%	84%	0%	1%	1%	9%	9%	79%	1%	1%	0%	11%	11%	76%	2%
	Gesamt	2%	0%	7%	13%	78%	0%	4%	2%	8%	12%	74%	1%	3%	1%	12%	14%	69%	1%
3.8 Rauchen beruhigt	Raucher	27%	27%	32%	6%	6%	0%	37%	18%	34%	8%	3%	0%	30%	25%	37%	5%	4%	0%
	Nichtraucher	3%	14%	39%	20%	22%	2%	3%	14%	35%	22%	23%	3%	2%	16%	34%	24%	22%	2%
	Gesamt	10%	18%	37%	16%	18%	1%	10%	15%	35%	19%	19%	2%	11%	19%	35%	17%	16%	1%
3.9 Rauchen macht selbstsicher	Raucher	5%	8%	21%	18%	48%	0%	8%	11%	24%	24%	32%	3%	1%	4%	26%	30%	33%	3%
	Nichtraucher	1%	7%	14%	27%	50%	3%	0%	4%	23%	24%	47%	2%	1%	11%	19%	16%	51%	2%
	Gesamt	2%	7%	16%	24%	49%	2%	2%	5%	23%	24%	44%	2%	3%	9%	21%	21%	44%	2%
3.10 Rauchen macht schlank	Raucher	6%	8%	23%	15%	45%	3%	5%	5%	16%	18%	53%	0%	9%	14%	16%	18%	44%	0%
	Nichtraucher	3%	9%	21%	12%	52%	3%	2%	9%	21%	10%	57%	1%	2%	11%	16%	16%	52%	2%
	Gesamt	4%	9%	21%	13%	50%	3%	3%	8%	20%	12%	56%	1%	4%	13%	16%	17%	49%	2%

Tabelle 5: Einstellung der Probanden bezüglich des Rauchens

Obwohl bei der Gesamtbetrachtung aller Befragten über die drei Fragebögen geringe Veränderungen erkennbar sind, zeigen sich bei der differenzierten Betrachtung der Antworten der Raucher und Nichtraucher einige Besonderheiten, auf die im Folgenden genauer eingegangen wird:

3.1 „Raucher sind cool"

Bei den Rauchern erkennt man eine deutliche Veränderung bei Antwort 1 („Stimme ich voll zu"): Diese nimmt von FB 1 (3 %) auf FB 2 (11 %) und FB 3 (12 %) deutlich zu. Im Gegenzug nimmt die Verneinung dieser Aussage („Stimme ich nicht zu.") von 55 % auf 42 % ab. Bei den Nichtrauchern bleibt die Verteilung der Einstellung dieser Aussage über den gesamten Betrachtungszeitraum relativ konstant.

3.2 „Raucher haben einen schwachen Willen"

Bei dieser Aussage ist zunächst ein deutlicher Unterschied zwischen Rauchern und Nichtrauchern bei Antwort 1 und 5 festzustellen. Bei Antwort 5 „stimme ich nicht zu" ist bei den Rauchern ein deutlicher Anstieg zu erkennen (23 %, 24 %, 42 %). Antwort 1 „stimme ich voll zu" wird dagegen deutlich mehr von Nichtrauchern gewählt (22 %, 26 %, 20 % gegenüber 6 %, 11 %, 7 % bei den Rauchern) und ist nach einem Anstieg kurz nach der Veranstaltung langfristig wieder rückläufig (22 %, 26 %, 20 %).

3.3 „Raucher gefährden ihre Gesundheit"

Raucher und Nichtraucher geben mehrheitlich die Antwort 1 „stimme ich voll zu". (Raucher: 79 %, 76 %, 74 %, Nichtraucher 86 %, 91 %, 85 %) an. Bei den Nichtrauchern lässt sich eine deutliche Zunahme der Antwort 1 von FB 1 zu FB 2 feststellen (86 %, 91 %) die in FB 3 wieder auf 85 % zurückgefallen ist. Bei den Rauchern ist ein Rückgang der Antwort 1 von FB 1 (79 %), zu FB 2 (76 %) und FB 3 (74 %) zu verzeichnen.

3.4 „Raucher gefährden die Gesundheit von anderen"

Bei genauer Betrachtung der Auswertung dieses Statements ist auffällig, dass die geringsten Unterschiede zwischen Rauchern und Nichtrauchern bei Antwort 2 „stimme ich zu" vorzufinden sind. Diese Antwort wurde von Rauchern und Nichtrauchern ähnlich stark bewertet (Raucher: 23 %, 21 %, 26 %, Nichtraucher: 22 %, 16 %, 14 %). Weiter kann festgestellt werden, dass bei Nichtrauchern die Antwort 1 „stimme ich voll zu" von FB 1 (68 %), zu FB 2 (73 %) zu FB 3 (76 %) weitere Zustimmung gefunden hat. Bei den Rauchern ändert sich Antwort 1 kaum (von 44 % in FB 1 und 2 auf

45 %in FB 3). Dagegen ändert sich Antwort 5 „stimme ich nicht zu" bei den Rauchern von FB 1 zu FB 2 deutlich (von 0 % in FB 1 auf 5 % in FB 2).

3.5 „Rauchen dient der Stressbewältigung"

Bei Antwort 1 „stimme ich voll zu" gehen die Meinungen der Raucher und Nichtraucher am deutlichsten auseinander: Deutlich mehr Raucher stimmen diesem Statement voll zu (24 %, 32 %, 23 %) als Nichtraucher (10 %, 6 %; 5 %). Antwort 1 verändert sich bei den Rauchern von einer Zunahme von FB 1 zu FB 2 (24 % auf 32 %) zu einer Abnahme in FB 3 (23 %). Bei den Nichtrauchern nimmt Antwort 1 von FB 1 zu FB 3 ab (10 %, 6 %, 5 %).

3.6 „Raucher haben mehr Freunde/Kontakte"

Hier wird bei näherer Betrachtung der Ergebnisse von den Rauchern die Veränderung der Antwort 1 „stimme ich voll zu" deutlich (von FB 1 0 % zu FB 2 16 %). Die Antwort 4 „stimme ich kaum zu" nimmt bei Rauchern (19 %, 29 %) und Nichtrauchern (24 %, 26 %) von FB 1 zu FB 2 zu, die Antwort 5 „stimme ich nicht zu" nimmt bei beiden von FB 1 zu FB 2 zu FB 3 jedoch ab (Raucher: 52 %, 37 %, 35 %, Nichtraucher: 58 %, 53 %, 47 %).

3.7 „Rauchen macht sexy"

Bei differenzierter Betrachtung der Angaben von Rauchern und Nichtrauchern lassen sich bei Antwort 1 „stimme ich voll zu" Unterschiede feststellen. Mehr Raucher als Nichtraucher geben Antwort 1 (Raucher: 6 %, 13 %, 9 %, Nichtraucher: 1 %, 1 %,1 %). Des Weiteren ist eine deutliche Zunahme von FB 1 zu FB 2 bei den Rauchern festzustellen (6 %, 13 %). Die meisten der Raucher und Nichtraucher geben bei diesem Statement die Antwort 5 „stimme ich nicht zu" an (Raucher: 63 %, 55 %, 56 %, Nichtraucher: 84 %, 79 %, 76 %), ein Sinken des ersten Prozentwertes des FB 1 ist in FB 2 und FB 3 bei beiden festzustellen.

3.8 „Rauchen beruhigt"

Antwort 1 „stimme ich voll zu" wird deutlich häufiger von den Rauchern angekreuzt (Raucher: 27 %, 37 %, 30 %, Nichtraucher: 3 %, 3 %, 2 %). Weiter ist eine Zunahme von FB 1 zu FB 2 der Antwort 1 bei den Rauchern festzustellen (27 %, 37 %). Keinen deutlichen Unterschied zwischen Rauchern und Nichtrauchern findet sich bei Antwort 3 „stimme ich teilweise zu", bis auf die Tatsache, dass die Werte der Raucher steigen (32 %, 34 %, 37 %), während die der Nichtraucher sinken (39 %, 35 %, 34 %).

3.9 „Rauchen macht selbstsicher"

Hier können Unterschiede zwischen Rauchern und Nichtrauchern festgestellt werden. Antwort 5 „stimme ich nicht zu" wird von Rauchern (48 %, 32 %, 33 %) als auch Nichtrauchern (50 %, 47 %; 51 %) am häufigsten genannt. Deutlich höher sind jedoch die Angaben der Nichtraucher. Weiter kann festgestellt werden, dass Antwort 5 bei den Rauchern (von 48 % auf 32 %) und Nichtrauchern (von 50 % auf 47 %) von FB 1 zu FB 2 abnimmt, bei den Nichtrauchern jedoch in FB 3 wieder zunimmt (von 47 % auf 51 %). Der deutlichste Unterschied findet sich bei der Betrachtung der Ergebnisse von Antwort 1 und 2 in FB 1 und FB 2 von den Rauchern. Hier ist eine Zunahme von jeweils 3 % zu verzeichnen (von 5 % auf 8 % bei Antwort 1 und von 8 % auf 11 % bei Antwort 2).

3.10 „Rauchen macht schlank"

Bei Rauchern und Nichtrauchern ist bei Antwort 5 „stimme ich nicht zu" eine Zunahme von FB 1 zu FB 2 (Raucher: 45 % auf 53 %, Nichtraucher: 52 % auf 57 %) dann wieder eine Abnahme in FB 3 zu verzeichnen (Raucher: 44 %, Nichtraucher: 52 %). Antwort 1 „stimme ich voll zu" nimmt bei den Rauchern zu (6 %, 8 %, 9 %), bei den Nichtrauchern leicht ab (2 %, 1 %, 1 %). Bei Antwort 3 „stimme ich teilweise zu" finden sich dagegen bei Rauchern und Nichtrauchern relativ gleichbleibende Prozentzahlen (Raucher: 23 %, 16 %, 16 %, Nichtraucher: 21 %, 21 %, 16 %).

Insgesamt lässt sich bei der differenzierten Betrachtung der Ergebnisse feststellen, dass sich Raucher und Nichtraucher in ihren Einstellungen zum Rauchen in den meisten Fällen deutlich voneinander unterscheiden. Die meisten Einstellungsitems, die die Mehrheit der Raucher offenbar als gute Begründungen des Rauchens sehen (Rauchen dient der Stressbewältigung und Rauchen beruhigt), werden von den Nichtrauchern eher abgelehnt. Bei beiden Aussagen wird das Rauchen quasi als Medikament mit psychischen oder physischen Wirkungen betrachtet. Wie bereits in Kapitel 2.5.1 beschrieben, ist es nicht die Zigarette, die Stress und Unruhe lindert, sondern erst Entzugserscheinungen, die vermehrt diesen Stress und die Unruhe bei Rauchern hervorrufen. Daher sieht die Autorin einen wichtigen Handlungsbedarf darin, den Jugendlichen die suchterzeugende Wirkung mit ihren Nebenwirkungen überzeugend näher zu bringen, den weit verbreiteten Irrtum der „stresslindernden Wirkung" von Zigaretten aufzuklären und vermehrt altersentsprechende Alternativen zur Stresslinderung anzubieten.

Vergleicht man die Werte für FB 1 mit denen für FB 2, so zeigt sich eine hohe Stabilität bei Antwort 5 in Frage 3.1 sowohl bei den Rauchern als auch den Nichtrauchern. Das Ergebnis lässt zwei Vermutungen zu: Zum einen, dass Jugendliche das Rauchen heute nicht mehr „cool" finden und die Raucher und Probierraucher aufgrund anderer Beweggründe damit beginnen oder – und das scheint der Autorin wahrscheinlicher – diese Antwort etwas mit der sozialen Erwünschtheit, die bereits in Kapitel 4.3 erwähnt wurde, zu tun hat. Es scheint eher der Fall zu ein, dass Jugendliche genau wissen, welche allgemeine Einstellung gegenüber dem Rauchen heute erwünscht ist. Eine gewisse „Coolness" werden die meisten der Jugendlichen dem Rauchen wohl eher heimlich zuschreiben.

Die Fragen 3.3 und 3.4 bezogen sich auf die Gesundheitsschädlichkeit von Zigaretten. Bei den Ergebnissen der Aussage „Raucher gefährden ihre Gesundheit" wird deutlich, dass es kaum Jugendliche gibt, die Zigarettenrauchen für nicht oder kaum gesundheitsschädlich halten, ob Raucher oder Nichtraucher. Da bei den Nichtrauchern das Bewusstsein, dass eine Gefährdung durch das Rauchen für sich selbst und den Raucher besteht, stärker ausgeprägt ist als bei den Rauchern, scheint es weiter einen pädagogischen Handlungsbedarf darin zu geben, Raucher nicht ausschließlich auf die Gefahren des Rauchens aufmerksam zu machen, sondern auch den Abhängigkeitsfaktor stärker hervorzuheben. Es ist schließlich die Abhängigkeit, die es dem Raucher so schwer macht, von der Zigarette und damit auch von dem hohen Gesundheitsrisiko wegzukommen. Je früher Prävention ansetzt, desto größer sind nach Ansicht der Autorin die Chancen, Jugendliche vor dem Rauchen und den damit verbunden gesundheitlichen Konsequenzen schützten zu können.

Einfluss bezüglich des Rauchverhaltens auf andere

Anhand der Filterfrage 3.11 „Hast Du versucht, jemanden aus Deiner Familie oder aus Deinem Freundes- und Bekanntenkreis vom Rauchen abzubringen?" soll erfasst werden, ob und, wenn ja, wessen Rauchverhalten die Probanden versucht haben zu beeinflussen.

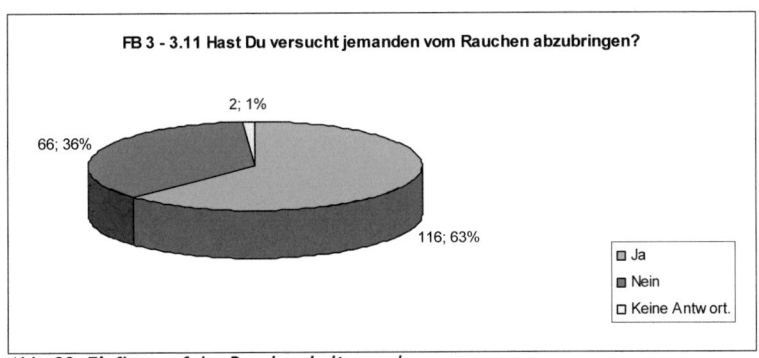

Abb. 29: Einfluss auf das Rauchverhalten anderer

Mit 63 % beantwortete die Mehrheit der befragten Schüler diese Frage mit „Ja" (siehe Abb. 30). 36 % antworteten mit „Nein" und 1 % machte keine Angabe zu dieser Frage. Das Ergebnis lässt durch den hohen Wert bei der Antwort „ja" ein positives Bestreben feststellen, welches es weiter zu unterstützen gilt.

Aufbauend auf der vorherigen Frage soll im zweiten Teil der Frage 2.11 erfasst werden, wen die befragten Schüler versucht haben, vom Rauchen abzubringen.

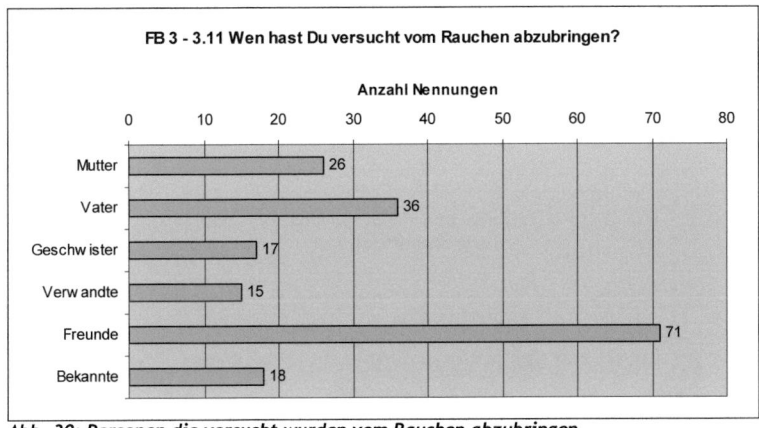

Abb. 30: Personen die versucht wurden vom Rauchen abzubringen

Die gewonnenen Ergebnisse werden im Folgenden mit den absoluten Zahlen und beginnend mit dem höchsten Wert aufgelistet, stimmen jedoch nicht mit der Summe der „Ja" Antworten überein, da bei der Beantwortung Mehrfachnennungen zulässig waren:

1. 71 Probanden versuchten ihre Freunde,

2. 36 den Vater,

3. 26 die Mutter,

4. 18 Bekannte und

5. 17 die Geschwister vom Rauchen abzubringen.

Der besonders hohe Wert bei der Antwortkategorie „Freunde" lässt die Vermutung zu, dass möglicherweise vornehmlich Nichtraucher versucht haben, auf rauchende Freunde Einfluss zu nehmen. Wie aus Kapitel 2.3.2 entnommen werden kann, haben Eltern im Vergleich zu gleichaltrigen Freunden nur einen geringen Vorbildcharakter. Das Verhalten Gleichaltriger wird demnach höher bewertet als das der Eltern, und dementsprechend versuchen Jugendliche häufiger, Einfluss auf das Verhalten ihrer Freunde als auf das der Eltern zu nehmen. Das vorliegende Ergebnis verdeutlicht, dass nicht immer negative Einflüsse (z.B. die Überzeugung zum Mitrauchen) überwiegen müssen, sondern durchaus auch positive Einstellungen von Jugendlichen versucht werden weiterzugeben.

Der Erfolg des Versuchs, jemanden vom Rauchen abzubringen, ist anhand der Anschlussfrage 3.11.1 „Warst Du bei dem Versuch jemanden vom Rauchen abzubringen erfolgreich?" ermittelt worden. Das Ergebnis ist im Folgenden anhand eines Kreisdiagramms dargestellt.

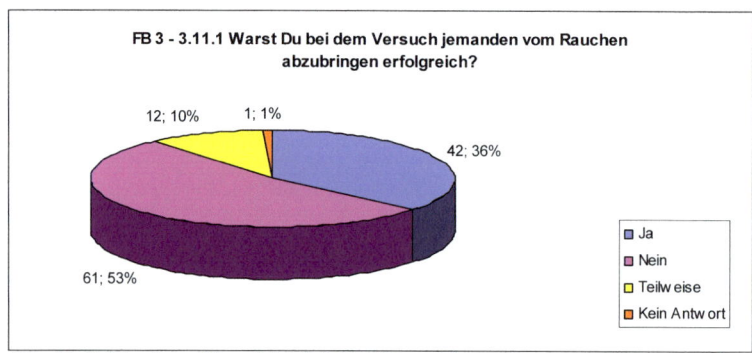

Abb. 31: Erfolgs bzw. Misserfolgs bei dem Versuch jemanden vom Rauchen abzubringen

140

Von den 63 %, die versucht haben jemanden vom Rauchen abzubringen, waren 36 % erfolgreich und 53 % nicht. 10 % der Probanden gaben an, teilweise Erfolge erzielt zu haben und weitere 1 %
machten keine Angaben.

Das Ergebnis ist durchaus positiv zu bewerten, auch wenn nicht alle Versuche der Probanden, jemanden vom Rauchen abzubringen,
erfolgreich verliefen. Ein weiterer pädagogischer Handlungsbedarf
dürfte darin bestehen, die Jugendlichen, die das Rauchen aufgegeben haben, aber auch die, welche durch ihre Bemühungen versuchen, andere vom Rauchen abzubringen, weiter zu unterstützen
und zu stärken.

Inwieweit die oben dargestellten Ergebnisse mit dem Besuch der
Veranstaltung in Zusammenhang stehen, soll nun durch Frage
3.11.2 („Bist Du durch die Veranstaltung auf die Idee gekommen,
jemanden vom Rauchen abzubringen?") näher untersucht werden.

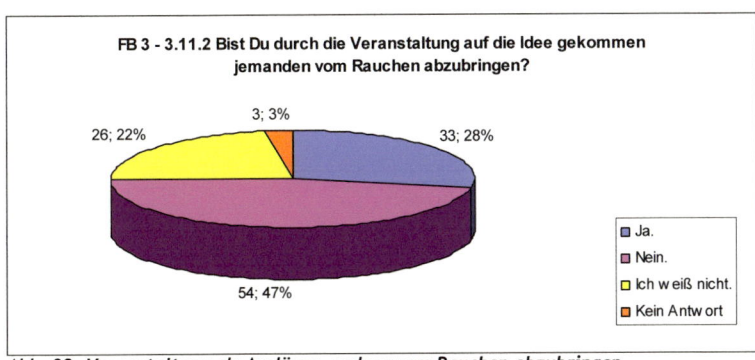

Abb. 32: Veranstaltung als Auslöser, andere vom Rauchen abzubringen

28 % der Schüler sind aufgrund der Veranstaltung auf die Idee gekommen, jemanden vom Rauchen abzubringen. 47 % gaben an,
dass es nicht die Veranstaltung war, die sie auf diese Idee gebracht
hätte und 22 % konnten nicht eindeutig sagen, ob diese Veranstaltung für ihr Handeln ausschlaggebend war. 3 % gaben keine Antwort auf diese Frage ab.

Die Tatsache, dass etwa die Hälfte der Schüler, die versucht haben
jemanden vom Rauchen abzubringen, angegeben hat, dass sie aufgrund der Veranstaltung auf diese Idee gekommen sind, entspricht
den aktuellen Bestrebungen des Ärzteteams und erfüllt den zwei-

ten Teil der zu Beginn des vierten Kapitels erwähnten Hypothese „Je mehr Jugendliche mit der Thematik Rauchen konfrontiert werden, desto mehr überdenken sie ihr eigenes Rauchverhalten bzw. das von anderen". Laut Aussage der Veranstalter liegt das Ziel der Veranstaltung nicht ausschließlich darin, Schüler, die rauchen vom Rauchen abzubringen, sondern vor allem auch darin, die Schüler, die nicht rauchen, in ihrer Einstellung durch detaillierte Informationen zu bestärken, damit sie Ihre Meinung und Einstellung verstärkt unter Freunden, in Familie und bei Bekannten vertreten können.

Einstellung bezüglich Werbung

Die Frage 3.14 in FB 1 und 2 bezieht sich auf das Thema Werbung und erfasst die Meinung der Probanden zur Fragestellung: „Was denkst Du über Zigarettenwerbung, z.B. im Kino?"

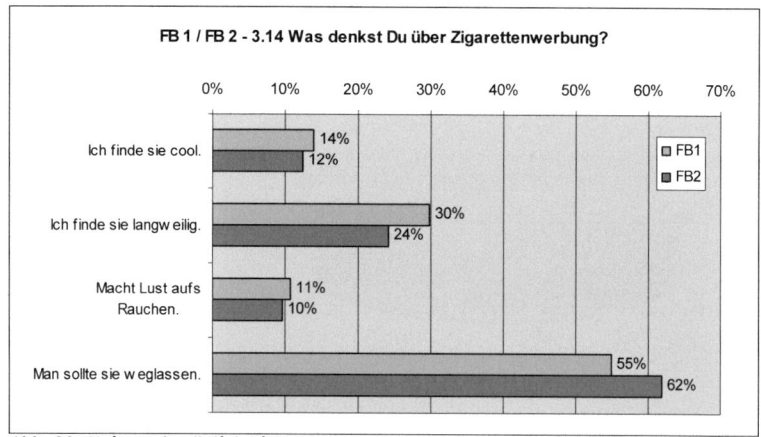

Abb. 33: Meinung bezüglich Zigarettenwerbung

Bei der Auswertung der Frage (Abb. 33) wird deutlich, dass es bei den Antwortkategorien „Ich find sie cool", „Macht Lust aufs Rauchen" und „Man sollte sie weglassen" zu einer positiven Veränderung von FB 1 zu FB 2 gekommen ist. Mit „Ich finde sie cool" beurteilen 14 % im ersten und 12 % im zweiten FB die Zigarettenwerbung und als „Langweilig" 30 % im ersten und 24 % im zweiten FB. 11 % der Probanden finden im ersten FB und 10 % im zweiten, dass „Zigarettenwerbung Lust auf Rauchen" macht. Die Mehrheit ist sowohl im ersten (55 %), als auch im zweiten FB (62 %) der Meinung, dass man Zigarettenwerbung weglassen sollte.

Diese durchaus positive Veränderung bei fast allen Statements zwischen FB 1 und 2 lässt die Vermutung zu, dass dieses Ergebnis aufgrund der Veranstaltung zustande gekommen ist. Mit dem Konditionierungsversuch mittels eines Schülers, der bereits in Kapitel 3.4.2 erläutert wurde, demonstrierte Dr. Leifert sehr verständlich, wie Werbung indirekt beeinflusst. Wie schon in Kapitel 2.3.2.2 beschrieben, verwenden geschickt aufgezogene Tabakkampagnen Motive wie „Coolness", „Schönheit", usw., um verstärkt Jugendliche anzusprechen und bei Ihnen die Lust zum Rauchen zu fördern. Damit Jugendliche ihre eigenen Überzeugungen entwickeln können, ist es besonders wichtig, ihnen die „Tricks" mit denen gearbeitet wird, um sie indirekt zu beeinflussen, deutlich zu machen. Das Ergebnis deutet darauf hin, dass Informationen, bei denen die Teilnehmer der Veranstaltung aktiv mit eingebunden werden und die anschaulich vermittelt werden (s.o. Konditionierungsversuch), zu langfristigeren positiven Veränderungen führen können.

Zum Abschluss wird eine weitere Frage angeführt, die auf den ersten Teil der zuvor erwähnten Hypothese „Je mehr Jugendliche mit dem Thema Rauchen konfrontiert werden, desto eher überdenken sie ihr eigenes Rauchverhalten..." in Frage 3.11.2 eingehen wird.

Die Frage 3.15 in FB 1 und 2 bzw. Frage 2.6 in FB 3 („Wie willst Du es Zukunft mit dem Rauchen halten?") erfasst das Rauchverhalten bzw. die Einstellung gegenüber dem Rauchen der Schüler vor und nach der Veranstaltung, um Veränderungen feststellen zu können.

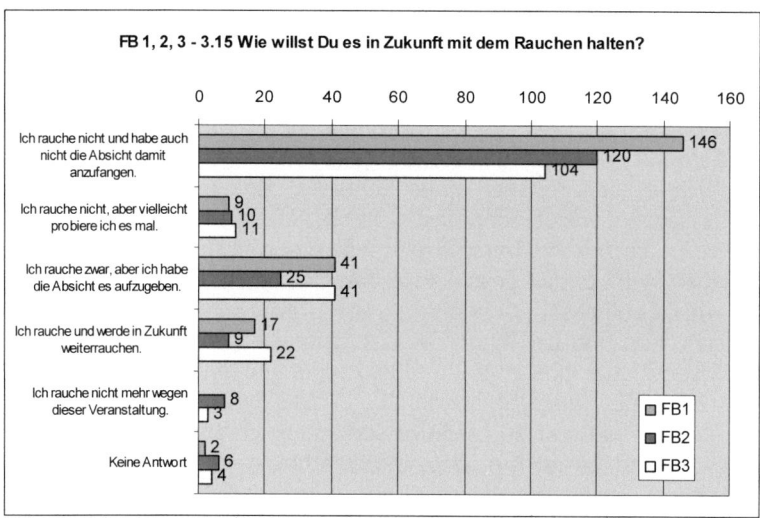

Abb. 34: Zukunftsperspektiven der Befragten bezüglich des Rauchens

Bei der Betrachtung der Abbildung erkennt man keine größeren positiven Veränderungen zwischen den Fragebogenuntersuchungen 1, 2 und 3.

Die deutlichsten positiven Veränderungen finden sich bei der Antwort „Ich rauche zwar, aber ich haben die Absicht es aufzugeben" von FB 2 zu FB 3 und bei der Angabe „Ich rauche nicht mehr wegen der Veranstaltung" in FB 2.

Diese Ergebnisse zeigen, dass im direkten Anschluss an die Veranstaltung (FB 2) 4 % der Befragten angegeben haben, dass sie aufgrund der Veranstaltung das Rauchen aufgegeben haben. Langfristig gesehen (FB 3) sagen dies noch 2 %, was darauf schließen lässt, dass sich ein Langzeiteffekt aufgrund der Veranstaltung nicht in dem gewünschten Maße eingestellt hat, aber dennoch bei ein paar Schülern zu einer Veränderung geführt hat.

Bei der Aussage „Ich rauche nicht und habe auch nicht die Absicht damit anzufangen" ist über den Beobachtungszeitraum eine stetige Abnahme zu erkennen: 68 % in FB 1, 67 % in FB 2 und 56% in FB 3. Gleichzeitig muss man jedoch beachten, dass mit einigem zeitlichen Abstand zur Veranstaltung (FB 3) die Zahl der Raucher, die das Rauchen aufgeben wollen („Ich rauche zwar, aber ich habe die Absicht es aufzugeben.") um 8 % zugenommen hat. Dies macht deutlich, wie wichtig es ist, an diesem Punkt verstärkt anzusetzen, um die Jugendlichen zu unterstützen, die das Rauchen aufgeben wollen. Erstaunlich ist der geringe Wert bei denjenigen, die das Rauchen aufgeben möchten, im Anschluss an die Veranstaltung (14 % in FB 2). Eine Erklärung für diesen Wert könnte sein, dass insgesamt der Anteil der Raucher in FB 2 deutlich geringer ist als in den anderen beiden FB. Dies könnte auch als Erklärung für den geringsten Wert (5 %) in FB 3 bei der der Antwort „Ich rauche und werde in Zukunft weiterrauchen" dienen.

„Ich rauche und werde in Zukunft weiterrauchen" weist eine deutliche Zunahme von 7 % zwischen FB 2 und FB 3 auf. Der höchste Anteil von Rauchern konnte in FB 3 bei der Frage „Bist Du Raucher?" festgestellt werden.

Bei der Aussage „Ich rauche nicht, aber vielleicht probiere ich es mal aus" kommt es zu einer Zunahme von 2 % in FB 2. Der Wert von 6 % bleibt in FB 3 konstant. Die Zunahme in FB 2 könnte, wie auch schon oben angeführt, auf den deutlich höheren Anteil der Nichtraucher in FB 2 zurückzuführen sein, deren Neugierde bezüglich des Rauchens trotz Veranstaltung nicht nachgelassen hat. Dass der Wert konstant geblieben ist, zeigt das in der Forschungsliteratur häufig beschriebene Phänomen „des Reizes des Verbotenen". Trotz Aufklärung und Information wollen Kinder und Jugendliche ihre eigenen Erfahrungen machen, um sich eine eigene Meinung bilden zu können. Die Aufgabe der Veranstaltung kann somit sein, Informationen zu vermitteln und Aufklärung zu betreiben, damit Jugendliche beim Sammeln ihrer Erfahrungen zumindest über mögliche Folgen informiert sind.

Mit Blick auf die Hypothese kann festgestellt werden, dass sich das Rauchverhalten der meisten Befragten zwar nicht so stark verändert hat, wie erhofft, aber dennoch kleine Erfolge erzielt werden konnten. Wie bereits erwähnt, sehen die Ärzte Dr. Leifert und Dr. Stremmel ihr Ziel nicht darin, alle Raucher nach dem Besuch der Veranstaltung „bekehrt" zu haben, sondern erhoffen sich ein kritischeres Denken bezüglich des Rauchens und der Gesundheitsgefährdung, die damit einhergeht.

7. Schlussbetrachtung und Ausblick

In unserer Gesellschaft ist das Rauchen mittlerweile zu einer der verbreitetesten Suchtformen geworden, die weitgehend akzeptiert bzw. toleriert wird.[323] Die Tatsache, dass 82 % der erwachsenen Raucher schon als Teenager mit dem Rauchen begonnen haben, verdeutlicht die Notwendigkeit von Raucherpräventionsprogrammen, die Kinder und Jugendliche vor dem Rauchen schützten.[324] Der Bedarf an präventiven Maßnahmen für Heranwachsende wird insbesondere vor dem Hintergrund deutlich, dass ein nichtrauchender Jugendlicher nach Überschreiten des 21. Lebensjahres mit großer Wahrscheinlichkeit auch den Rest seines Lebens Nichtraucher bleiben wird. Erschreckend ist das Ausmaß der Gesundheitsgefährdung sowohl durch das Rauchen selbst, als auch durch das Passivrauchen. Allein in Deutschland sterben jährlich 140.000 Menschen an den Folgen des Rauchens. Angesichts dieser erschreckenden Statistik stellt sich die Frage, warum noch immer zu wenig Geld und Mühe in Raucherpräventionsprogramme für Kinder und Jugendliche investiert wird. Eine Erklärung für die Zurückhaltung, zumindest in Deutschland, könnten die Einnahmen des Staates aus den Tabaksteuern sein: Allein im Jahr 2005 beliefen sich diese auf 14 Milliarden Euro.[325] Auf eine solch hohe Summe wird nur ungern verzichtet. Diese Rechnung wird so auf Dauer jedoch nicht aufgehen: Allein die medizinischen Kosten, die aufgrund des Rauchens jährlich entstehen, sind nach Aussage der WHO deutlich höher. Es sind jedoch in erster Linie nicht die anfallenden Kosten, welche die Notwendigkeit von Raucherpräventionsprogrammen verdeutlichen, sondern vor allem die gesundheitlichen Gefährdungen, die mit bzw. durch das Rauchen für Kinder und Jugendliche hervorgerufen werden. Kinder und Jugendliche sollten das Recht haben, über die Folgen des Rauchens aufgeklärt zu werden, da unter anderem durch die Werbekampagnen der Zigarettenindustrie ein völlig verzerrtes und verharmlosendes Bild vom Rauchen vermittelt wird. Ebendies ist einer der Gründe, die die Veranstalter der Raucherpräventionsveranstaltung der Universitätsklinik Freiburg dazu veranlasst haben, auf ehrenamtlicher Basis Kindern und Jugendlichen eine raucherpräventive Veranstaltung anzubieten. Sie verfolgen nicht ausschließlich das Ziel, rauchende Schüler vom Rauchen abzubringen, sondern vielmehr nichtrauchende Schüler in ihrer

---

[323] vgl. Meister, R., 1987: a. a. O.
[324] vgl. Sührig, C., 2007: a. a. O., S. 6
[325] vgl. ebd.

Einstellung weiter zu bestärken. Die Veranstaltung ist für Schüler aller Schulformen von 12 bis 18 Jahren konzipiert. Dabei arbeiten die Dozenten mit Informationen über Inhaltsstoffe, Krankheitsbilder, statistische Daten, Furchtappelle und Emotionen, die den Schülern innerhalb der drei Veranstaltungsteile vermittelt werden. Die Ärzte Dr. Leifert und Dr. Stremmel sind sich durchaus bewusst, dass eine einmalige Veranstaltung wie diese nicht bei allen Schülern zu sofortigen Veränderungen bezüglich des Rauchens führen wird. Dennoch sind sie davon überzeugt, mit ihrer Veranstaltung einen Denkanstoß geben zu können, der sich positiv auf das Verhalten und die Einstellung der Schüler auswirken wird.

Da es in Deutschland bisher noch relativ wenige Raucherpräventionsprogramme speziell für Jugendliche gibt, ist es wichtig, sich zunächst ein Bild sowohl von der Akzeptanz, als auch von den möglichen Auswirkung der Veranstaltung zu machen, um davon ausgehend mögliche Konsequenzen für die weitere Entwicklung der Veranstaltung aufzuzeigen. Anhand der zugrunde liegenden Pilotstudie sollten die Auswirkungen auf das Rauchverhalten und die Einstellung zum Rauchen überprüft werden. Bei der Untersuchung handelt es sich um eine regionale Befragung von Schülern der 8. bis 12. Schulklassen des Freiburger Walter-Eucken Gymnasiums. Die Fragebögen wurden in jeweils drei Bereiche gegliedert, die unterschiedliche Aspekte zu den Themen „sozialstatistische Angaben", „Zigarettenkonsum von Jugendlichen" (s. Kapitel 2.3) „Primärprävention des Tabakkonsums" (s. Kapitel 3.3.1) und „Einstellung zum Rauchen" (s. Kapitel 2.3.2.2) beinhalten. Im Folgenden werden die prägnantesten Ergebnisse der vorliegenden empirischen Untersuchung noch einmal zusammengefasst und die verschiedenen Fragestellungen inhaltlich miteinander verknüpft.

Im Rahmen der vorliegenden Pilotstudie sind die Teilnehmer des Raucherpräventionsprogramms der Universitätsklinik Freiburg zu drei Zeitpunkten (eine Woche vor dem Veranstaltungstermin, am Tage nach der Veranstaltung und weitere drei Monate später) zu ihrem Rauchverhalten, der Einstellung zum Rauchen sowie der Veranstaltung selbst befragt worden. Bei der Analyse der Ergebnisse (vgl. Kapitel 6) sind unterschiedliche Veränderungen hinsichtlich des Rauchverhaltens der befragten Schüler festgestellt worden, die auf die Veranstaltung zurückzuführen sind.

So zeigte sich bei der Auswertung von Frage 1.7 („Bist Du Raucher?"), dass der Anteil der Raucher von zunächst 28,8 % in FB 1 auf 21,3 % in FB 2 zurück ging (s. Abb. 13). Dieser positive Einfluss auf das Rauchverhalten durch die Veranstaltung scheint sich jedoch nicht dauerhaft auszuwirken. Bei der langfristigen Betrachtung konnte diese Veränderung nicht mehr festgestellt werden, wie das Ergebnis in FB 3 (30,8 %) bestätigt. Der Anteil der Raucher liegt in FB 3 sogar über dem Ausgangswert (28,8 %) von FB 1. Bezogen auf die Geschlechterverteilung unter den Schülern, die angaben zu rauchen, lässt sich eine weitere positive Veränderung von FB 1 zu FB 2 sowohl bei den weiblichen als auch den männlichen Probanden feststellen (s. Tab. 2). Die deutlichere Veränderung konnte mit einem Rückgang auf 10,1 % bei den weiblichen Rauchern beobachtet werden. Der Wert in FB 3 (16,8 %) liegt jedoch wieder auf dem von FB 1 (16,3 %). Auch bei den männlichen Rauchern können keine Langzeiterfolge verzeichnet werden. Von einer positiven Veränderung von 1,4 % in FB 2 kam es in FB 3 zu einer Zunahme von über 3 %. Bei einer weiteren Unterteilung der Raucher und Nichtraucher nach Klassenstufen (s. Tab. 4) erkennt man zunächst, dass die Veränderungen größtenteils der Gesamtveränderung entsprechen (vgl. Abb. 13). Insbesondere in der neunten Klasse sind jedoch starke Schwankungen des Rauchverhaltens festzustellen: Von einer zunächst positiven Veränderung des Raucheranteils von FB 1 (15,4 %) zu FB 2 (9,5 %), kam es in FB 3 zu einer drastischen Zunahme der Raucher von über 20 %. Das Ergebnis verdeutlicht, dass Präventionsprogramme verstärkt in dieser Klassen- bzw. Altersstufe durchgeführt werden sollten, da hier offensichtlich starke Verhaltensänderungen festzustellen sind. Dies wird auch anhand der Ergebnisse aus Frage 2.1 aus FB 1 („Mit welchem Alter hast Du mit dem Rauchen eigentlich so richtig begonnen?") noch einmal deutlich: 34 % gaben an, dass sie mit 13-14 Jahren mit dem Rauchen begonnen hätten, dies entspricht den Klassen 8 bis 9. Weiterhin deckt sich dieses Ergebnis mit anderen Studien (vgl. Kapitel 2.3.1.1) und verdeutlicht die Notwendigkeit, Raucherpräventionsveranstaltungen für Kinder und Jugendliche anzubieten, um besonders die gefährdeten Altersgruppen rechtzeitig anzusprechen.

Bei der Untersuchung der Gründe, die gegen das Rauchen sprechen bzw. derjenigen, die zum Aufhören motivieren können (Frage 2.10 aus FB 1, vgl. Abb. 22), zeigte sich, dass sowohl Raucher als auch Nichtraucher am häufigsten die Antworten „Weil es gesundheitsschädlich ist" und „Weil es zu teuer ist" nannten. Demnach scheint den Jugendlichen bewusst zu sein, dass Rauchen gesundheitsschädlich ist. Die zu Beginn in der Einleitung genannte Aussage von W.-R. Horn „Wer raucht der stirbt, wer nicht raucht stirbt auch" soll in diesem Zusammenhang noch einmal aufgegriffen werden: Nach Ansicht der Autorin, verdeutlichen die beiden Antworten ebenso wie das Zitat von W.-R. Horn, dass Jugendliche die Gefahr, „dass Rauchen töten kann" zwar kennen, die Konsequenzen, die das Rauchen aber tatsächlich sie haben kann, noch nicht auf sich selbst übertragen. Das zeigt sich auch anhand der Antwort „weil es zu teuer ist". Sowohl für Raucher als auch für Nichtraucher scheint dies eines der Hauptargumente dafür zu sein, nicht zu rauchen bzw. das Rauchen aufzugeben. Die wirklich abschreckende Wirkung scheint demnach nicht die gesundheitliche Gefährdung zu sein, sondern die Kosten für die Zigaretten. Die Konsequenz aus diesem Ergebnis für Raucherpräventionsprogramme sollte nach Ansicht der Autorin sein, den Aspekt der gesundheitlichen Gefährdung noch drastischer darzustellen und seitens der Regierung die Erhöhung der Tabaksteuer weiter beizubehalten.

Hinsichtlich der Einstellung zum Rauchen konnte anhand der Aussagen der Probanden keine langfristige Veränderung aufgrund der Präventionsveranstaltung beobachtet werden (s.   Tabelle 5). Dennoch sind geringe positive Veränderungen bei den Nichtrauchern von FB 1 zu FB 2 bei einigen Einstellungsitems (z.B. „Rauchen macht selbstsicher" und „Rauchen dient der Stressbewältigung") festzustellen, die in FB 3 jedoch wieder rückläufig waren. Das zeigt, dass von einer kurzfristigen positiven Einstellungsänderung direkt nach der Veranstaltung auszugehen ist, aber keine Langzeiterfolge zu verzeichnen sind. Bei den Rauchern zeigte sich vor allem, dass sie positive Eigenschaften, die dem Rauchen zugeschrieben werden (wie z.B. „dient der Stressbewältigung", „mehr Freunde", „macht sexy", „beruhigt", „macht selbsicher und schlank"), deutlich positiver bewerten, als Nichtraucher; dies war auch nach dem Besuch der Veranstaltung festzustellen. Eine Veränderung ihrer Einstellung, die auf den Besuch der Veranstaltung zurückzuführen wäre, konnte nicht konstatiert werden. Aufgrund der gewonnenen Erkenntnisse der Aussagen 3.1 bis 3.10, sollte zukünftig in der Veranstaltung der Fokus stärker auf die Themen „gesundheitliche Gefährdungen für Raucher und Passivraucher" und auf die Fehlannahmen, dass Rauchen beruhige und der Stressbewältigung diene, gelegt werden. Dadurch kann die Einstellung der Raucher und Nichtraucher nicht nur durch Abschreckung, sondern auch durch Aufklärung zu diesen Themen weiter positiv beeinflusst werden. Bei der Betrachtung der Einstellung zur Zigarettenwerbung (s. Abb. 33) zeigte sich nach dem Besuch der Veranstaltung eine positive Veränderung bei fast allen Antwortmöglichkeiten. Das deutlichste Ergebnis erzielte die Aussage „Man sollte sie weglassen". Das Resultat lässt sich durchaus auf die Veranstaltung zurückführen, in der Dr. Leifert anhand eines anschaulichen Versuchs, bei dem er die Schüler miteinbezog, die Methode der Konditionierung erläuterte. Das Phänomen der Konditionierung, mit welcher die Zigarettenwerbung nachweislich arbeitet (vgl. Kap. 3.3.2.2), ist den meisten Jugendlichen völlig unbekannt. Nur wenn Kinder und Jugendliche verstanden haben, mit welchen „Tricks" sie beeinflusst werden, besteht eine realistische Chance, dass sie die richtige Entscheidung im Hinblick auf das Rauchen treffen. Um dies zu erreichen, müssen Informationen interessant und einprägsam anhand verständlicher Beispiele präsentiert werden. Das positive Ergebnis einer solchen Präsentation konnte hier aufgezeigt werden. Die Einstellung und somit auch Entscheidung, die die Schüler bezüglich ihres zukünftigen Rauchverhaltens treffen, wurde anhand von Frage 3.15 („Wie willst Du es in Zukunft mir dem Rauchen halten?") in allen drei Fragebögen untersucht. Bei der Betrachtung der Ergebnisse lassen sich zunächst nur wenige positive Veränderungen von FB 1 zu FB 2 feststellen. Lediglich bei der Antwort „Ich rauche und werde in Zukunft weiterrauchen" kam es zu einer geringen positiven Veränderung von 3 %. Nach der Veranstaltung zeigte sich jedoch wieder eine deutliche Zunahme, die den ursprünglichen Wert in FB 1 noch übersteigt. Die Veranstaltung scheint eine kurzfristige, abschreckende bzw. aufklärende Wirkung zu haben; um jedoch längerfristige Erfolge erzielen zu können, sollten die Themen und Informationen der Veranstaltung immer wieder vermittelt werden, z.B. zusätzlich im Fachunterricht, damit diese nicht in Vergessenheit geraten. Eine weitere positive Veränderung, die auf die Veranstaltung zurückzuführen ist, konnte bei der Angabe „Ich rauche nicht mehr wegen der Veranstaltung" in FB 2 festgestellt werden. 4 % der Schüler gaben an, aufgrund der Veranstaltung ihr Rauchverhalten verändert zu haben. Bei der langfristigen Beobachtung (FB 3) gaben noch 2 % der Probanden diese Antwort. Daran lässt sich erkennen, dass sich kein Langzeiterfolg bei allen Schülern eingestellt hat, es aber dennoch bei einigen Schülern zu einer Veränderung kam. Die Bewertung der Präventionsveranstaltung durch die Teilnehmer zeigen, dass die Veranstaltung von den Befragten überwiegend positiv beurteilt wurde (vgl. Abb. 24). Dies trifft insbesondere auf das Patientengespräch und den ersten Teil, der von Dr. Leifert durchgeführt wurde, zu. Der zweite Veranstaltungsteil, geleitet von Dr. Stremmel, wurde ebenfalls positiv bewertet, weist jedoch häufiger die Bewertung in den Kategorien „gut" und „teilweise gut" auf. Sowohl im Patientengespräch als auch im Teil von Dr. Leifert, wird bei der Präsentation der Informationen mit persönlichen Erlebnissen bzw. Erfahrungen gearbeitet. Wie bereits in Kapitel 4.2.1 erläutert, zeigt sich, dass besonders Kinder und Jugendliche Informationen bereitwilliger aufnahmen und annehmen, wenn sie ihnen anschaulich und überzeugend präsentiert werden, was auch mit den Ansätzen von Schwarzer[326] übereinstimmt. Die Beurteilung des zweiten Teils von Dr. Stremmel könnte darauf zurückzuführen sein, dass die medizinischen Informationen nicht wie erwünscht von den Schülern aufgenommen wurden. Hier sollte über eine Veränderung hinsichtlich der Präsentation der Informationen nachgedacht werden. Eine stärkere aktive Einbindung der Veranstaltungsteilnehmer wäre sicherlich von Vorteil.

Bei Frage 2.8.1 aus FB 2 („Welche Informationen waren für Dich wichtig und neu?") kann eine positive Resonanz bezüglich der vielen Antworten der Probanden verzeichnet werden. Am häufigsten wurden „die Informationen über Krankheiten und Folgen des Rauchens" und „die statistischen Zahlen und Fakten zum Rauchen" von Schülern genannt. Das Ergebnis lässt darauf schließen, dass ein enormer Informationsbedarf über die Gefahren und Folgen des Rauchens bei Jugendlichen besteht. Es ist nicht das Ziel der Veranstalter, das Rauchen zu verbieten, sondern den Schülern zu ermöglichen, sich aufgrund der vermittelten Inhalte bewusst mit dem Thema Rauchen auseinanderzusetzen und eigenständige Entscheidungen zu fällen. Denn schließlich bringen alle guten Ratschläge nichts, wenn Jugendliche nicht selbst von etwas überzeugt sind.

Anhand der Frage 2.8.2 in FB 2 konnten die Schüler Verbesserungsvorschläge zur Veranstaltung nennen. Die meistgenannte Antwort war „mehr abschreckende bzw. ernste Bilder oder Filme zeigen". Das Ergebnis deckt sich mit dem aus der zuvor gestellten Frage 2.7 in FB 2 („Hast Du die Veranstaltung als abschreckend empfunden?"). Hier antworteten lediglich 29 % der Schüler mit „Ja" und 49 % mit „zum Teil". Sollte für weitere Veranstaltungen darüber nachgedacht werden, mehr abschreckende Bilder und Filme einzusetzen, ist es erforderlich, die Veranstaltung entsprechend unterschiedlicher Klassenstufen zu spezifizieren. Bei jüngeren Schülern wird eine abschreckende Wirkung wahrscheinlich schneller eintreten als bei älteren. Dies muss bei der Auswahl der Bilder und Filme berücksichtigt werden. Diese Vermutung sollte allerdings anhand einer weiteren Befragung untersucht werden. Der Vorschlag einer

---

[326] vgl. Schwarzer, R., 1990: a. a. O., S. 433

klassenstufenspezifischen Unterteilung der Veranstaltung wurde von 4 Schülern angebracht und kann aufgrund der Ergebnisse von Tabelle 3 bestätigt werden. Wie bereits erwähnt, scheinen insbesondere die neunten Klassen, Schüler zwischen 13 und 14 Jahren, besonders gefährdet zu sein, mit dem Rauchen zu beginnen. Daher gilt es, Informationen besonders altersgerecht und verständlich zu präsentieren, um positive Veränderungen erzielen bzw. aufrechterhalten zu können. Inwieweit auch eine schulformspezifische Unterteilung der Veranstaltung angebracht wäre, sollte anhand weiterer Befragungen geklärt werden. Insgesamt lassen die Verbesserungsvorschläge der Schüler auf eine positive Rückmeldung der Veranstaltung schließen. Insbesondere die Angaben, „jedes Jahr den Vortrag ein wenig abgeändert zu präsentieren" und „keine Verbesserungsvorschläge – weil alles gut war", lassen zu der Schlussfolgerung kommen, dass ein Interesse nach Aufklärung und weiteren Informationen vorhanden ist und die Form der Präsentation als sehr gelungen beurteilt wurde.

Obwohl nur in einigen Bereichen der Einstellung und des Verhaltens kurzfristige, positive Veränderungen beobachtet werden konnten, so zeigte sich doch, dass aufgrund einer solchen Präventionsveranstaltung Veränderungen möglich sind. Die Veranstalter selbst erwarten keine schnellen bzw. sofortigen Veränderungen, sondern zielen vor allem darauf ab, dass ihre Informationen verstanden werden und Jugendliche ihr Handeln bezüglich des Rauchens neu überdenken. Die Entscheidung, ob sie rauchen oder nicht, liegt schließlich in ihrem Ermessen.

Daher ist es wichtig, dass das Thema Rauchen nicht nur in vereinzelten Veranstaltungen, sondern, bezogen auf das gesamte Jugendalter, in Deutschland flächendeckend auch in das Bildungssystem integriert wird.

Ausblick

Wie sich anhand der Vorschläge der Schüler zeigt, könnte durch kleine Veränderungen am Ablauf der Veranstaltung die Wirkung optimiert werden. Um zu prüfen, ob diese Veränderungen tatsächlich längerfristige Erfolge erzielen, sollte die Veranstaltung weiter evaluiert werden. Die Fragebögen müssten dabei nicht so umfangreich sein wie für diese Pilotstudie. Es würde reichen, wenn die Fragebögen aus den beiden Teilen der bisherigen Fragebögen „Fragen zum Rauchverhalten" und „Fragen zur Veranstaltung" aufgebaut würden. Diese beiden Elemente beinhalten den Kern und ermöglichen eine schnellere Auswertung, als die der vorliegenden Studie. Wie sich gezeigt hat, muss die Formulierung der Frage 1.7 („Bist. Du Raucher?") überarbeitet werden, da es notwendig ist, differenzierter nach dem Rauchverhalten unter Jugendlichen zu fragen. Abstufungen von „ich rauche täglich", „ich rauche mehrmals pro Woche", "ich rauche gelegentlich" und „ich rauche nur auf Partys" wären eine Möglichkeit, eine genauere Angabe über den Raucheranteil unter den Schülern zu ermitteln. Die offenen Fragen, deren Begründung in Kapitel 5.6 erläutert wurde, können hier aufgrund der vielen positiven Beantwortungen noch einmal bestätigt werden und sollten in weiteren Fragebögen mit aufgeführt werden. Jugendliche könnten dadurch mehr einbezogen werden und sich freier äußern.

Ein weiterer wichtiger Aspekt ist Anonymität. Es könnte sich als sehr aufwendig herausstellen, die Befragung außerhalb der Schule durchzuführen. Wenn dies jedoch nicht möglich ist, sollte zumindest die Anwesenheit einer neutralen Person, die nicht dem Lehrkörper angehört, beim Ausfüllen der Bögen sichergestellt sein. Um ehrlichere Antworten zu erhalten, muss Schülern das Gefühl der Anonymität vermittelt werden. Dies wiederum ermöglicht weniger verfälschte Ergebnisse, die schließlich eine genauere Anpassung der Präventionsveranstaltung an die jeweiligen Klassenstufen und Schulformen zulässt.

Anhand der Pilotstudie konnte gezeigt werden, dass die Präventionsveranstaltung nicht bei allen Schülern zu effektiven Langzeiterfolgen bezüglich des Rauchverhaltens und der Einstellung geführt hat. Dass sich Jugendliche aber dennoch und vielleicht gerade aufgrund der Veranstaltung zunehmend mit dem Thema Rauchen auseinandersetzen, zeigt sich insbesondere durch ein Gedicht eines Schülers, der an der Präventionsveranstaltung der Universitätsklinik Freiburg teilgenommen hat:

Schall und Rauch

Ich wünsche dir (k)ein Leiden,
weil du noch rauchst und trinkst.
Lass das doch ruhig bleiben,
das mit dem Krebs, das stimmt.

Du glaubst, dass dir das nicht passiert,
das glauben andere auch.
Heut sind sie x-mal operiert,
das kommt sehr oft vom Rauch.

Du bläst in deinem Leben,
ein kleines Häuschen in die Luft.
Du jammertest doch eben,
dass du noch Geldquellen suchst.

Auch meinst du, die Steuern,
sie sind dir viel zu hoch.
Du gibst doch mit dem Rauchen
Dem Staat freiwillig Steuern doch.

Du sagst oft, dass das Rauchen
Ein Stück Lebensqualität dir sei.
Du bist doch nur der Looser –
Verdienen tun Ärzte und der Staat dabei.

Und wenn du dies noch nicht glaubst,
dann rauch doch bitte weiter.
Der Arzt und Totengräber haben ihr Haus -
Glaub mir, es kommen „rauchfreie" Zeiten.[327]

---

[327] Wolff, J. E., 2006: Schall und Rauch

Literaturverzeichnis

Aßhauer, M. & Hanewinkel, R., 2000: Prävention des Rauchens durch die Förderung von Lebenskompetenzen, in: Jugendliche und Alltagsdrogen, Leppin, A., Hurrelmann, K. & Petermann, H., Berlin: Hermann Luchterhand

Baacke, D., 2004: Jugend und Jugendkulturen, Weinheim: Beltz

Barta, A. & Buchkremer, C., 1999: Nikotin, in: Lehrbuch der Suchterkrankungen, Gastpar, M., Mann, K. & Rommelspacher, H., Stuttgart, New York: Georg Thieme Verlag

Barta, A., Collins, S. & Torchalla, I., 2004: Rauchen bei Kindern und Jugendlichen, in: Zeitschrift für Jugendschutz. Kind Jugend Gesellschaft, 1/04

Barth, J., 2000: Tabakprävention durch Angst, Münster, New York, München, Berlin: Waxmann

Becker P., 1990: Prävention, in: Gesundheitspsychologie. Ein Lehrbuch, Schwarzer, R., (Hrsg.), Göttingen, Toronto, Zürich: Verlag für Psychologie Hogrefe

Becker, P., 1984: Primäre Prävention, in: Lehrbuch der klinischen Psychologie, Bd. 2, Schmidt, L.R. (Hrsg.), Bern: Hans Huber Verlag

Beckmann, H. & Mechnich, S., 2001: Kinder vor dem Rauchen schützen, Frankfurt am Main: Fischer,

Bengel, J. & Koch, U., 1988: Evaluation im Gesundheitswesen, in: Handbuch der Rehabilitationsforschung, Koch, U., Lucius-Horne, G. & Stegie, R. (Hrsg.), Berlin: Springer Verlag

Bengel, J., Strittmatter, R. & Willmann, H., 1999: Was erhält Menschen gesund? – Antonovskys Modell der Salutogenese – Diskussionsstand und Stellenwert, (2. Aufl.), Köln: BZgA

Bergler, R., Haase, D., Humburg, S., Steffens, M. & Noelle-Neumann, E., 1995: Ursachen gesundheitlichen Fehlverhaltens im Jugendalter – Eine empirische Arbeit am Beispiel des Zigarettenkonsums: Einstieg und Gewohnheitsbildung, Köln: Deutscher Instituts-Verlag

Bewley et al., 1974; Newman 1973; Schneider & VanMastright 1974; Spitznagel 1969, nach: Lopez, E., 1983: Rauche bei Kindern und Jugendlichen. Eine empirische Untersuchung. Basel: Beltz Verlag

Bortz, J. & Döring, N., 1995: Forschungsmethoden und Evaluation, (2. Aufl.), Berlin, Heidelberg, New York, etc. : Springer Verlag

Botvin & Eng, 1982: nach : Lopez, H. & Fuchs, R., 1990: Rauchen, in: Gesundheitspsychologie, Ein Lehrbuch Schwarzer, R., Göttingen, Toronto, Zürich: Verlag für Psychologie Hogrefe

Brandstädter, J., 1982: Prävention als psychologische Aufgabe, in: Psychologische Prävention, Brandstädter, J. & Eye, A., Bern: Verlag Hans Huber

Brandtstädter, J., 1982: Methodologische Grundfragen psychologischer Prävention, in: Psychologische Prävention, Brandstädter, J. & Eye, A., Bern: Verlag Hans Huber

Brinkbäumer, K. & Hardinghaus, B., 2007: Deutscher Dunst, in: Der Spiegel, 7/2007, S. 69ff

Bundeszentrale für gesundheitliche Aufklärung (Hrsg.) BzgA 2006a: Expertise zur Prävention des Substanzmissbrauchs. Bd. 29, BZgA: Köln

Bundeszentrale für gesundheitliche Aufklärung (Hrsg.) BZgA, 1969: Jugendliche und Rauchen, Archivexemplar, Reg. – No. 50001 (5.1.1.)

Bundeszentrale für gesundheitliche Aufklärung (Hrsg.) BZgA, 2001: Jugendliche Raucher. Veränderungen des Rauchverhaltens und Ansätze für die Prävention. Ergebnisse der Wiederholungsbefragung „Drogenaffinität Jugendlicher in der BRD 2001" der Bundeszentrale für gesundheitliche Aufklärung, Köln

Bundeszentrale für gesundheitliche Aufklärung (Hrsg.) BZgA, 2004: Drogenaffinitätsstudie, Teilband Rauchen, Köln, BZgA

Bundeszentrale für gesundheitliche Aufklärung (Hrsg.) BZgA, 2004a: Rote Reihe Tabakprävention und Tabakkontrolle Band 2: Passivrauchende Kinder in Deutschland – Frühe Schädigungen für ein ganzes Leben (4. Aufl.), BZgA: Köln

Bundeszentrale für gesundheitliche Aufklärung (Hrsg.) BZgA, 2005a: Auf dem Weg zur rauchfreien Schule, Köln: BZgA

Bundeszentrale für gesundheitliche Aufklärung (Hrsg.) BZgA, 2005b: Curriculum. „Anti-Rauchkurs", Pädagogische Intervention für rauchende SchülerInnen und Schüler, Köln: BZgA

Bundeszentrale für gesundheitliche Aufklärung (Hrsg.) BZgA, 2005c: Neue Ergebnisse zur Entwicklung des Rauchverhaltens Zugriff am 12. August 2007 unter: http://www.suchtpraevention-bundeswehr.de/suchtberichte/NeueErgebnisseRaucheJugendliche.pdf

Bundeszentrale für gesundheitliche Aufklärung (Hrsg.) BZgA, 2006c: Förderung des Nichtrauchens. Eine Wiederholungsbefragung der BZgA, Köln: BZgA

Bundeszentrale für gesundheitliche Aufklärung (Hrsg.) BZgA, 2007: lets talk about. Jugendsuchtberatung, Zugriff am 07.12.2007 unter: http://www. jugendsuchtberatung.de/download/lets_talk_about_smoking.pdf

Bundeszentrale für gesundheitliche Aufklärung (Hrsg.), 2002: Kommunikationsstrategien zur Raucherentwöhnung. Bd. 18, BZgA: Köln

Burger, R. & Davani, K., 2006: Schwarzbuch Zigarette, Wien: Ueberreuter

Caplan, G., 1964: Principles of preventive psychiatry, New York: Basic Books

Deubner, R., 1998: Rauchen als Risikoverhalten: Eine idiographische und nomothetische Analyse mit der Repertory Grid-Technik, Lengerich: Pabst

Deutsches Institut für Medizinische Dokumentation und Information, 2006: ICD-10-GM 2006 Systematisches Verzeichnis. Internationale statistische Klassifikation der Krankheiten und verwandter Gesundheitsprobleme. Köln: Deutscher Ärzte-Verlag

Diekmann, A., 2002: Empirische Sozialforschung. Grundlagen, Methoden, Anwendungen.(9. Aufl.), Reinbek bei Hamburg: Rowohlt-Taschenbuch-Verlag

Dielman, T. E., Leech, S. L., Lorenger, A.I. & Horvath, W.J., 1984: Health locus of control and self-esteem as related to adolescent health behaviour and intentions, Adolescent, 19,

Di-Franza, J. R., 2002: development of symptoms of tobacco dependence in youth: 30 month follow up data from the DANDY study. Tobacco Control. 11. S. 228ff

Dlugosch, G. E., Gesundheitsberatung, in: Lehrbuch der Gesundheitspsychologie, Schwenkmezger, P. & Schmidt, L. R., 1994:, Stuttgart: Ferdinand Enke Verlag

Dorsch, F. (Hrsg.), 1994: Dorsch Psychologisches Wörterbuch, Bern: Huber

Eltern-Initiative zur Suchtvorbeugung e.V., Nikotin, Zugriff am 30.8.2007 unter: http://www.eis-ev.de/drogen/nikotin.html

Engel & Hurrelmann 1989; *Fend* 1990; *Mansel & Hurrelmann* 1991, nach: Nordlohne, E., 1992: Die Kosten jugendlicher Problembewältigung – Alkohol, Zigaretten und Arzneimittelkonsum im Jugendalter. München: Juventa Verlag

Engel, U. & Hurrelmann, K., 1998: Was Jugendliche wagen – Eine Längsschnittstudie über Drogenkonsum, Stressreaktion und Delinquenz im Jugendalter, München: Juventa Verlag

Erben, R., Franzkowiak, P. & Wenzel, E., 1985: Die Ökologie des Körpers – Konzeptionelle Überlegungen zur Gesundheitsförderung, in: Die Ökologie des Körpers, Wenzel, E. (Hrsg.), Berlin: Suhrkamp Verlag

Evans, R. I., 1976: Smoking in children: Developing a social psychology strategy of deterrence, in: Journal of Preventive Medicine, 5, S. 122ff

Ewert, O., 1983: Entwicklungspsychologie des Jugendalters, Stuttgart: Kohlhammer

Feldhege, F., (o.J.): Konzeption einer Fachambulanz für suchtmittelgefährdete und –abhängige Klienten, München: Hektographie

Fend, H., 2000: Entwicklungspsychologie des Jugendalters, Wiesbaden: Verlag für Sozialwissenschaften

Ferchhoff, W., 1999: Jugend an der Wende vom 20. zum 21. Jahrhundert, Opladen: Leske & Budrich

Festinger 1975, nach: Lopez, H., 1983: Rauchen bei Kindern und Jugendlichen. Eine empirische Untersuchung. Basel: Beltz Verlag

Fischer, V., 2001: Suchtprävention bei Jugendlichen. Theoretische Aspekte und empirische Ergebnisse. Regensburg: Roderer Verlag

Flammer, A. & Alsaker, F., 2002: Entwicklungspsychologie der Adoleszenz, Bern: Verlag Hans Huber

Flay et al., 1983, nach: Fuchs, R. 2000: Entwicklungsbedingungen des Rauchens, in: Jugendliche und Alltagsdrogen, Leppin, A., Hurrelmann, K. & Petermann, H., Berlin: Hermann Luchterhand Verlag

Flay, B. R. d`Avernas, J. R., Best, J. A., Kersell, M. W. & Ryan ,K. B., 1983: nach: Fuchs, R. 2000: Entwicklungsbedingungen des Rauchens, in: Jugendliche und Alltagsdrogen, Leppin, A., Hurrelmann, K. & Petermann, H., Berlin: Hermann Luchterhand Verlag

Franzkowiak, P., nach: Laaser, U., 1987: Prävention und Gesundheitserziehung, Berlin: Springer

Franzkowiak 1985; Hurrelmann & Vogt 1985; Jessor 1984; Silbereisen & Kastner 1985, nach: Nordlohne, E., 1992: Die Kosten jugendlicher Problembewältigung – Alkohol, Zigaretten und Arzneimittelkonsum im Jugendalter. München: Juventa Verlag

Franzkowiak, P, 1986: Kleine Freuden, Kleine Fluchten, in: Die Ökologie des Körpers, Wenzel, E. (Hrsg.),Frankfurt am Main: Suhrkamp

Franzkowiak, P. & Hurrelmann, K., 2006: Gesundheit in: Leitbegriffe der Gesundheitsförderung. Glossar zu Konzepten, Strategien und Methoden in der Gesundheitsförderung, (6.Aufl.) Bundeszentrale für Gesundheitliche Aufklärung, Schwabenheim a. d. Selz: Fachverlag Peter Sabo

Franzkowiak, P., 1987: Risikoverhalten als Entwicklungsaufgabe. Zur Subjektiven Vernunft von Zigarettenrauchen und Alkoholkonsum in der Adoleszenz, in: Prävention und Gesundheitserziehung, Laaser, U., Dassen, G. Murza, G. & Sabo, P. (Hrsg.), Berlin: Springer Verlag

Fuchs, R., 2000: Entwicklungsbedingungen des Rauchverhaltens, in: Jugendliche und Alltagsdrogen, Leppin, A., Hurrelmann, K. & Petermann, H., Berlin: Hermann Luchterhand Verlag

Fuchs, R., Hahn, A., Jerusalem, M., Leppin, A., Mittag, W. & Schwarzer, R., 1989: Auf dem Weg einer sozialkognitiven Theorie des Gesundheitsverhaltens. Arbeitsberichte des Instituts für Psychologie, Nr. 11, Freie Universität, Berlin

Göppel, R., 2005: Das Jugendalter. Entwicklungsaufgaben, Entwicklungskrisen, Bewältigungsformen, Stuttgart: Kohlhammer

Grob, A. & Jaschinski, U. 2003: Erwachsen werden, Weinheim: Beltz Verlag

Hanewinkel, R., Ferstl, R. & Burow, F., 1993: Merkmale von Situationen, in denen Jugendliche Rauchen, in: Sucht,4, S. 232ff

Hartmann, F., Linzbach, J. Nissen, R & Schaefer, H., 1959: Fischer Lexikon der Medizin, Frankfurt: Fischer Verlag

Haustein, K.-O., 2001: Tabakabhängigkeit, Köln: Deutscher Ärzte Verlag

Havighurst 1962/ 1972, nach: Olbrich, E. & Todt, E., 1984: Probleme des Jugendalters. Neuere Sichtweisen, Berlin, Heidelberg, New York, Tokyo: Springer Verlag

Heil, F.E. & Scheller, R., 1984: Psychologische Beratung, in: Lehrbuch der Klinischen Psychologie, Schmidt, L. R., Stuttgart: Ferdinand Enke Verlag

Hess, H., *1989*: Tabak, in: Drogen und Drogenpolitik, Scheerer, S. (Hrsg.), Frankfurt: Campus Verlag

Hesse, S., 1993: Suchtprävention in der Schule, Opladen: Leske & Budrich

Hoppe-Graff, S. & Kim, H.-O., 2002: Die Bedeutung der Medien für die Entwicklung von Kindern und Jugendlichen, in: Entwicklungspsychologie, Oerter, R.& Motada, L., Weinheim, Basel, Berlin: Beltz

Horn, W.-R., 2001: Kinder und (Mit)Rauchen – können die Kinder- und Jugendärzte einen Beitrag zur Tabakprävention leisten; in: Rauchen und Kindliche Entwicklung – Raucherschäden und Primärprävention, Haustein, K.-O. (Hrsg.): Nürnberg: Verlag Perfusion

Hüttner, H.; Dotschy, R., Heß. H., Kahl, H. & Tietze, K., 1996: Rauchen unter Berliner Schülern, Ergebnisse der Berliner Studie Gesundheit im Kindesalter (GIK II) 1994/95. Bundesgesundheitsblatt, 12/96, S 454ff

Hurrelmann & Hesse 1991, nach: Hurrelmann, K., 1999: Lebensphase Jugend, Weinheim, München: Juventa Verlag

Hurrelmann, K. & Bründel, H., *1997*: Drogengebrauch Drogenmissbrauch, Darmstadt: Wissenschaftliche Buchgesellschaft

Hurrelmann, K. & Hesse, S., 1991: Drogenkonsum als problematische Form der Lebensbewältigung, in: Sucht, 37, S. 240ff

Hurrelmann, K. & Settertobulte, W., 2002: Prävention und Gesundheitsförderung im Kindes- und Jugendalter, in: Lehrbuch der klinischen Kinderpsychologie und Psychotherapie, Petermann, F., Göttingen, Bern, Toronto, Seattle: Hogrefe Verlag

Hurrelmann, K., *1984, 1995*: nach: Hurrelmann, K., 2004: Lebensphase Jugend, Weinheim, München: Juventa Verlag

Hurrelmann, K., 1988: Sozialisation und Gesundheit. Somatische, psychische und soziale Risikofaktoren im Lebenslauf. Weinheim, München: Juventa Verlag

Hurrelmann, K., 1990: Familienstress, Schulstress, Freizeitstress, Weinheim, Basel: Beltz Verlag

Hurrelmann, K., 2004: Lebensphase Jugend, Weinheim, München: Juventa Verlag

Hurrelmann, K., Rosewitz, B. & Wolf, H., 1985: Lebensphase Jugend. Eine Sozialwissenschaftliche Einführung, Weinheim, München: Juventa Verlag

Hurrelmann, K., Albert, M., Quenzel, G. & Langness, A. 2006: Die Lebensphase Jugend im gesellschaftlichen und demographischen Wandel, in: Jugend 2006. Eine pragmatische Generation unter Druck, Shell Deutschland Holding (Hrsg.), Frankfurt am Main: Fischer Verlag

Jeffery, R. W., 1997: Risikoverhalten und Gesundheit: Individuelle und populationsbezogene Perspektive, in: Public Health und Gesundheitspsychologie, Weitkunat, R., Haisch,J. &. Kessler, M. (Hrsg.), Bern: Huber

Jessor, R., 1984: Adolescent development and behavioral health, in: Behavioral health: A handbook of health enhancement and disease prevention, Matarazzo, J.D., Weiss, S. M., Herd, J.A., Miller N.E. & Weiss S. M. (Eds.), New York: Wiley, S. 78 f.

Kandel, 1978; *Smith & Fogg*, 1978; *Spille & Guski*, 1975, nach: Sieber, M. & Angst:, J., 1981: Drogen-, Alkohol- und Tabakkonsum, Bern, Stuttgart, Wien: Verlag Hans Huber

Kasten, H., 1999: Pubertät und Adoleszenz. Wie Kinder heute Erwachsen werden. München, Basel: Ernst Reinhard Verlag

Kichhoff, S., Kuhnt, S., Lipp, P. & Schlawin, S., 2000: Der Fragebogen, (3. Aufl.), Wiesbaden: Verlag für Sozialwissenschaften

Klett, 2004: Suchtprävention ohne erhobenen Zeigefinger. Zugriff am 05.08.2007 unter: http://www.klett-pressebox.de/sixcms/media.php/273/themendienst _28_11-12.pdf

Kölli, T., 2004: Von der Zierpflanze zur Jugenddroge, in: proJugend 2/2004

Kolte, B., 2006: Rauchen zwischen Sucht und Genuss, Wiesbaden: Verlag für Sozialwissenschaften;

Kracke, B., 1993: Pubertät und Problemverhalten bei Jungen, Weinheim: Psychologische Verlagsunion

Kröger & Reese, 2000: Schulische Suchtprävention nach dem Lebenskompetenzkonzept – Ergebnisse einer vierjährigen Interventionsstudie. Sucht, 46/00, S. 218ff

Küfner, H., 1999: Prävention, in: Lehrbuch der Suchterkrankungen. Gastpar, M., Mann, K. & Rommelspacher, H., Stuttgart: Thieme Verlag

Legewie, H., 1982: Prävention, in: Grundbegriffe der Psychotherapie, Bastine, R., Fiedler, P.A., Grawe, K., Schmidtchen, S. & Sommer, G., Weinheim: Edition Psychologie

Leifert, J., 2007: PowerPoint-Vortrag Prävention

Lopez, H. & Fuchs, R., 1990: Rauchen, in: Gesundheitspsychologie. Ein Lehrbuch. Schwarzer, R., Göttingen, Toronto, Zürich: Verlag für Psychologie Hogrefe

Loppez, H., 1983: Rauchen bei Kindern und Jugendlichen. Eine empirische Untersuchung, Basel: Beltz Verlag

Masche, 1999: Entwicklungspsychologische Überlegungen, in: DVJJ-Journal. S. 31ff

Meister, R., 1987: Rauchgewohnheiten und Prävalenz broncho-pulmonaler Symptome in der Bevölkerung der Bundesrepublik, in Rauchen und Atemwege. Prävention und therapeutische Aspekte, Geisler, S. (Hrsg.), München: Verlag für angewandte Wissenschaften

Meyer, C., Ulbricht, S., Schumann, A., Hannöver, W., Rumpf, H.-J., Bischof, G., Hapke, U., Thonack, J., Möllmann, R. & John, U., 2003: Ein Leitfaden zur motivierenden Kurzberatung von Rauchern in der häuslichen Praxis, in: Alkohol und Nikotin: Frühintervention, Akutbehandlung und politische Maßnahmen, Rumpf, H.-J. & Hüllinghorst, R., Freiburg i.Br.; Lambertus Verlag

Müller, H., Kersch, B. & Petermann, H., 1996: Problembelastungen – Drogengebrauch – schulische Prävention, in: Kindheit, Familie und Jugend, Möller, R., Abel, J., Neubauer, G. & Treumann, K. P., Münster, New York: Waxmann

Müller-Böling, D. & Klandt, H., 1993: Methoden Empirischer Wirtschafts- und Sozialforschung, Köln: Förderkreis Gründungs-Forschung

Mummenday, H., 1995: Die Fragebogen-Methode: Grundlagen und Anwendungen in Persönlichkeits-, Einstellungs- und Selbstkonzepterforschung, Göttingen: Hogrefe

Murray et al., 1987, Vatianan et al., 1986, nach: Lopez, H. & Fuchs, R., 1990: Rauchen, in: Gesundheitspsychologie. Ein Lehrbuch. Schwarzer, R., Göttingen, Toronto, Zürich: Verlag für Psychologie Hogrefe

Nasseri, K., 1979: Letters to the editor. International Journal of Epidemiology 8, S. 389f

Niederberger, J.M., 1987: Rauchen als sozial erlerntes Verhalten, Stuttgart: Ferdinand Enke Verlag

Nordlohne, E., 1992: Die Kosten jugendlicher Problembewältigung – Alkohol, Zigaretten und Arzneimittelkonsum im Jugendalter, München: Juventa Verlag

Oerter, R. & Dreher, E,. 2002: Das Jugendalter, in: Entwicklungspsychologie, Oerter, R. & Montada, L. (Hrsg.), Weinheim, Basel, Berlin: Beltz

Oerter, R. & Dreher, E., 1995: Jugendalter, in: Entwicklungspsychologie. Ein Lehrbuch, (3. Aufl.), Oerter, R & Montada, L., Weinheim: Psychologie Verlags Union

Oerter, R., 1981: Entwicklung und Sozialisation, (2. Aufl. Von Bd. 3), Donauwörth: Auer

Oerter, R., 1985: Lebensbewältigung im Jugendalter, Weinheim: Ed. Psychologie, VCH

Paulus, J., 2000: Rauchen erzeugt Stress. Psychologie Heute, 04/2000

Perrez, M. & Gebert, S., 1994: Veränderung gesundheitsbezogenen Risikoverhaltens: Primäre und sekundäre Prävention, in: Lehrbuch der Gesundheitspsychologie, Schwenkmezger, P. & Schmidt, L. R., Stuttgart: Ferdinand Enke Verlag

Perrez, M., 1991: Prävention, Gesundheits- und Entfaltungsförderung, in: Lehrbuch der klinisches Psychologie. Bd. 2: Intervention, Perrez, M. & Baumann, U., Bern: Hans Huber Verlag

Perrez, M., 1998: Prävention und Gesundheitsförderung, in: Klinische Psychologie-Psychotherapie, Perrez, M. & Baumann, U. (Hrsg.), Bern: Hans Huber Verlag

Pophan, Schmidt & DeLint, 1975: nach: Becker P., 1990: Prävention, in: Gesundheitspsychologie. Ein Lehrbuch, Schwarzer, R., (Hrsg.), Göttingen, Toronto, Zürich: Verlag für Psychologie Hogrefe

Pschyrembel, W., 2002: Pschyrembel. Klinisches Wörterbuch. Berlin: de Gruyter

Raithel, J., 2004: Jugendliches Risikoverhalten Wiesbaden: Verlag für Sozial-wissenschaften

Riemann, K. & Gerber, U., 1997: Standardisierung von Fragestellungen zum Rauchen, Köln: BZgA

Rist, F., 2003: Alkohol und Nikotin: Bedeutung und Versorgungslage, in: Alko-hol und Nikotin: Frühintervention, Akutbehandlung und politische Maßnahmen, Rumpf, H.-J. & Hülinghorst, R., Freiburg i.Br.: Lambertus Verlag

Rist, F., 2003: Warum konsumieren Menschen Alkohol und Tabak? in: Alkohol und Nikotin: Frühintervention, Akutbehandlung und politische Maß-nahmen, Rumpf, H.-J. & Hülinghorst, R., Freiburg i.Br.: Lambertus Verlag

Röhrle, B., 1992: Prävention psychischer Störungen, in: Klinische Psychologie, Bd. 2, Bastine, R.H.E., Stuttgart, Berlin, Köln: Verlag W. Kohlhammer

Rollett, B., 2002: Frühe Kindheit, Störungen, Entwicklungsrisiken, Förde-rungsmöglichkeiten, in: Entwicklungspsychologie, (5. Aufl.), Oerter, R. & Montada, L., Weinheim: Beltz

Ruhr Nachrichten, 10.3.2007

Sassen, G., 1987: Der Gesundheitsbegriff in der Gesundheitserziehung, in: Prävention und Gesundheitserziehung, Laaser, U., Sassen, G., Murza, G. & Sabo, P. (Hrsg.), Berlin, Heidelberg, New York, London, Paris, Tokyo: Springer-Verlag

Schäfers, B., 2002: Soziologie des Jugendalters. Eine Einführung. Opladen: Leske & Budrich

Schelsky, H., 1957: Die skeptische Generation. Düsseldorf, Köln: Eugen Died-richs Verlag

Schenk, J., 1982: Suchtmittelmissbrauch, in: Psychologische Prävention, Brandstädter, J. & Eye, A., Bern, Stuttgart, Wien: Verlag Hans Huber

Schenk-Danzinger, L., 1999: Entwicklung, Sozialisation, Erziehung: Schul- und Jugendalter, Stuttgart: Klett-Cotta

Schmid, H. & Knaus, A., 1999: Wenn jede Zigarette zählt: Raucherkarriere wird bereits in der Jugendzeit vorgespurt, in: Standpunkt 3/99. S. 4f

Schmidt, B., 1999: Diagnostik der Abhängigkeitserkrankungen, in: Lehrbuch der Suchterkrankungen. Gastpar, M., Mann, K. & Rommelspacher, H., Stuttgart: Thieme Verlag

Schmidt, F., 1987: Prävention des Rauchens – eine wichtige Aufgabe für die Schule, in: Prävention und Gesundheitserziehung, Laaser, G., Sassen, G., Muza, G. & Sabo, P. (Hrsg.), Berlin: Springer Verlag

Schmidt, L. R. & Dlugosch, G. E., 1992: Entwicklungspsychologische Aspekte der Gesundheitspsychologie, in: Zeitschrift für Klinische Psychologie, 21/1992, S. 1ff

Schnell, R., Hill, P. & Esser, E., 1999: Methoden der empirischen Sozialfor-schung, (6. Aufl.), München, Wien: R. Oldenburg Verlag

Schultze-Werninghaus, G., 1986: Die funktionellen Folgen des Zigarettenrauchens, in: Rauchen und Atemwege, Geisler, S. (Hrsg.) u.a. München: Verlag für angewandte Wissenschaften

Schwarzer, R., 1992: Psychologie des Gesundheitsverhaltens. Reihe Gesundheitspsychologie, Bd1, Göttingen, Toronto, Zürich: Hogrefe Verlag für Psychologie

Schwarzer, R., 1990: Gesundheitspsychologie: Einführung in das Thema, in: Gesundheitspsychologie. Ein Lehrbuch, Schwarzer, R., Göttingen, Toronto, Zürich: Verlag für Psychologie Hogrefe

Seiffge-Krenke, I., 1994: Gesundheitspsychologie des Jugendalters, Götingen: Hogrefe

Semmer, N., 1991: Gesundheitsverhalten in Kindes und Jugendalter: Ausgewählte Ergebnisse der Berlin-Bremen-Studie, Baden-Baden: Nomos.

Sieber, M., 1988: Zwölf Jahre Drogen, Bern: Hans Huber Verlag

Silbereisen, 1998, nach: Kolip, P. 2000: Tabak- und Alkoholkonsum bei Jugendlichen: Entwicklungstrend, Prävalenz und Konsummuster in den alten Bundesländern, in: Jugendliche und Alltagsdrogen, Leppin, A., Hurrelmann, K. & Petermann, H., Berlin: Hermann Luchterhand Verlag

Silbereisen, R. K., Schönpflug, R. & Albrecht, H. T., 1990: Smoking and drinking: Prospective Analysis in German and Polis adolescents, in: Hurrelmann, K. & Lösel, F. (Hrsg.), Health Hazards in adolescence, Berlin: de Gruyter

Stange, H., 1995: Kindheit und Jugend zwischen Chancen und Risiken. Gesellschaftliche Voraussetzungen von Erziehung heute, in: Perspektiven für pädagogisches Handel. Eine Einführung in Erziehungswissenschaftliche Schulpädagogik, (2. Aufl.), Nyssen, E. & Schön, B., Weinheim: Juventa Verlag

Sührig, C., 2007: Rauchfreie Zone Deutschland. Nichtraucherschutz politisch nicht gewollt? in: Politik betrifft uns 1/2007, S. 1ff

Turbin, M. S., Jessor, R., Costa, F. M., 2000: Adolescent cigarette smoking: health-related behavior or normative transgression? Preventive Science, 1 (3)

Ulrich, D., 1987: Krise und Entwicklung. Zur Psychologie der seelischen Gesundheit, München: Psychologie Verlags Union

Unland, H. & Lindinger, P., 2003: Rauchen, in: Psychologische Gesundheitsförderung, Jerusalem, M. & Weber, H., Göttingen, Bern, Toronto, Seattle: Hogrefe Verlag für Psychologie Verlag

Wakefield, M., Nichter, B. & Giovino, G. 2003: Effects of anti-smoking advertising on youth smoking: A review. In: Journal of Health Communication, 8 (3), nach: Bundeszentrale für gesundheitliche Aufklärung (Hrsg.) BzgA 2006a: Expertise zur Prävention des Substanzmissbrauchs. Bd. 29, BZgA: Köln

Walden, K., 2000. Allgemeine Lebenskompetenzen und Fertigkeiten: ALF, Baltmannsweiler: Schneider-Verlag Hohengehren

Wiborg, G., 2001: Primärprävention des Rauchens in Kindheit und Adoleszenz. Evaluation einer Kampagne zur Primärprävention des Rauchens an Schulen, in: Rauchen und Kindliche Entwicklung – Raucherschäden und Primärprävention. Aktuelle Beiträge zur Raucherentwöhnung und Möglichkeiten der Behandlung. Haustein, K.-O. (Hrsg.), Nürnberg: Verlag Perfusion

Wöbcke, M., 1977: Rauschmittelmißbrauch – Prävention und Therapie, München:
Kösel

Wolff, J. E., 2006: Schall und Rauch, o. A.

Zimbardo, P. G. & Gerrig, R. J., 1999: Psychologie, Berlin, Heidelberg: Springen